工程施工与质量简明手册丛书

城市轨道交通

戴军 陈建军 王云江 ◎ 主编

中国建材工业出版社

图书在版编目（CIP）数据

城市轨道交通／戴军，陈建军，王云江主编．－北京：中国建材工业出版社，2021.6
（工程施工与质量简明手册丛书）
ISBN 978-7-5160-3175-9

Ⅰ.①城⋯ Ⅱ.①戴⋯ ②陈⋯ ③王⋯ Ⅲ.①城市铁路－铁路施工－技术手册 Ⅳ.①U239.5-62

中国版本图书馆 CIP 数据核字（2021）第 052975 号

城市轨道交通
Chengshi Guidao Jiaotong
戴　军　陈建军　王云江　主编

出版发行：中国建材工业出版社
地　　址：北京市海淀区三里河路1号
邮　　编：100044
经　　销：全国各地新华书店
印　　刷：北京雁林吉兆印刷有限公司
开　　本：787mm×1092mm　1/32
印　　张：9.875
字　　数：220千字
版　　次：2021年6月第1版
印　　次：2021年6月第1次
定　　价：**38.00元**

本社网址：**www.jccbs.com**，微信公众号：**zgjcgycbs**
请选用正版图书，采购、销售盗版图书属违法行为
版权专有，盗版必究。 本社法律顾问：北京天驰君泰律师事务所，张杰律师
举报信箱：zhangjie@tiantailaw.com　　举报电话：**（010）68343948**
本书如有印装质量问题，由我社市场营销部负责调换，联系电话：（010）88386906

内 容 简 介

本书依据现行国家和行业施工与质量验收标准、规范,并结合城市轨道交通实践编写而成,基本涵盖了城市轨道交通施工方法的主要领域。本书包括轨道交通车站、轨道交通区间、轨道交通车辆段、轨道交通铺轨、轨道交通高架桥梁5部分内容。

本书可供轨道交通施工技术管理人员、专业工程技术人员和施工人员使用,也可供各类院校相关专业师生学习参考。

《工程施工与质量简明手册丛书》编写委员会

主　　任：王云江
副 主 任：吴光洪　韩毅敏　吕明华　史文杰
　　　　　毛建光　姚建顺　楼忠良　陈维华
编　　委：马晓华　王剑锋　王黎明　王建华
　　　　　汤　伟　李娟娟　李新航　杨小平
　　　　　张文宏　张海东　陈　雷　陈建军
　　　　　林大干　周静增　郑林祥　赵庆礼
　　　　　赵海耀　侯　赟　顾　靖　童朝宝
　　　　　　　（编委按姓氏笔画排序）

《工程施工与质量简明手册丛书——城市轨道交通》编委会

主　编：戴　军　陈建军　王云江
副主编：郭　瑞　熊　豪　高爱林　杨　阳
　　　　　林大干
参　编：王西地　白纯钢　曲永昊　杨　剑
　　　　　李　博　吴高创　辛国强　汪业青
　　　　　陈　江　郑伟民　袁新禧　夏　冰
　　　　　徐　多　梅孙碟　曹　虎　傅湘萍
　　　　　谢自强　鲍镇杭　魏　飞
　　　　　　　（参编按姓氏笔画排序）

主编单位：杭州市建设工程质量安全监督总站
　　　　　　中铁二局集团有限公司
　　　　　　北京城建设计发展集团有限公司
　　　　　　浙江交工集团股份有限公司
参编单位：杭州萧宏建设环境集团有限公司
　　　　　　中铁隧道局集团有限公司
　　　　　　中铁建大桥工程局集团第三工程有限公司
　　　　　　浙江省建投交通基础建设集团有限公司

前 言

为及时有效地解决建筑施工现场的实际技术问题，我们策划并组织专家编写了"工程施工与质量简明手册丛书"（以下简称"丛书"）。丛书为系列口袋书，内容简明实用，"身形"小巧，便于携带，可随时查阅，使用方便。

丛书各分册分别为《建筑工程》《安装工程》《装饰工程》《市政工程（第2版）》《园林工程》《公路工程》《基坑工程》《楼宇智能》《城市轨道交通》《建筑加固》《绿色建筑》《城市轨道交通供电工程》《城市轨道交通弱电工程》《城市管廊》《海绵城市》《管道非开挖（CIPP）工程》。

《城市轨道交通》依据现行国家和行业施工与质量验收标准、规范，并结合城市轨道交通施工实践编写而成，旨在为相关工程技术管理人员、专业工程技术人员和施工人员提供一本简明实用、方便携带的小型工具书，便于他们在施工现场随时查阅，快速解决实际问题。本书包括轨道交通车站、轨道交通区间、轨道交通车辆段、轨道交通铺轨、轨道交通高架桥梁5部分内容。

对于本书中的疏漏和不当之处，敬请广大读者不吝指正。

编 者
2021.02.01

目 录

1 轨道交通车站 ··· 1
1.1 围护 ··· 1
  1.1.1 地下连续墙 ··· 1
  1.1.2 钻孔灌注桩 ·· 14
  1.1.3 钻孔咬合桩 ·· 20
  1.1.4 SMW 工法桩 ··· 29
  1.1.5 锚索、锚杆及土钉墙 ································· 32
  1.1.6 钢板桩施工 ·· 37
1.2 地基加固 ··· 41
1.3 降水 ··· 48
1.4 开挖支撑及回填 ····································· 52
  1.4.1 基坑开挖 ·· 52
  1.4.2 钢支撑 ··· 56
  1.4.3 钢筋混凝土支撑 ····································· 60
  1.4.4 栈桥 ·· 62
  1.4.5 土方回填 ·· 63
1.5 结构 ··· 65
  1.5.1 模板和支架 ·· 65
  1.5.2 主体结构 ·· 71
1.6 工程防水 ··· 85
  1.6.1 防水混凝土结构施工 ································· 85
  1.6.2 卷材防水层 ·· 93
  1.6.3 涂料防水层 ·· 99

1.6.4 变形缝防水 ……………………………… 101
1.6.5 施工缝防水 ……………………………… 104

2 轨道交通区间 ……………………………… 107

2.1 盾构区间 ……………………………… 107
2.1.1 盾构始发 ……………………………… 107
2.1.2 盾构推进 ……………………………… 124
2.1.3 盾构接收 ……………………………… 134

2.2 暗挖区间 ……………………………… 140
2.2.1 超前短管棚施工 ………………………… 140
2.2.2 超前小导管施工 ………………………… 144
2.2.3 锚杆施工 ……………………………… 146
2.2.4 喷射混凝土施工 ………………………… 148
2.2.5 钻爆开挖 ……………………………… 151
2.2.6 隧道二次衬砌施工 ……………………… 156
2.2.7 矿山法施工隧道防排水 ………………… 157
2.2.8 联络通道施工（冷冻法） ……………… 161

3 轨道交通车辆段 ……………………………… 166

3.1 清淤固化处理施工 ……………………… 166
3.2 砂井施工 ……………………………… 169
3.3 桩基施工 ……………………………… 171
3.3.1 钻孔灌注桩施工 ………………………… 171
3.3.2 CFG桩基施工 …………………………… 171
3.3.3 双向搅拌桩+插塑板 …………………… 176
3.3.4 地基加固 ……………………………… 180
3.4 土工合成材料施工 ……………………… 180
3.5 碎石垫层施工 ……………………………… 183

3.6 路基填筑施工 ·················· 186
3.7 过渡段施工 ···················· 192
3.8 路基混凝土挡墙施工 ·············· 195
3.9 堆载预压 ······················ 198
3.10 路基防护工程施工················ 200

4 轨道交通铺轨 ······················ 205

4.1 控制网测设施工 ················ 205
4.2 基底处理施工 ·················· 210
4.3 地下线普通整体道床施工 ·········· 212
4.4 整体道床道岔施工 ·············· 216
4.5 钢弹簧浮置板整体道床施工 ········ 220
4.6 整体道床散铺施工 ·············· 231
4.7 车辆段整体道床施工 ············ 234
4.8 车辆段碎石道床施工方法及工艺 ···· 239
    4.8.1 碎石道床施工 ················ 239
    4.8.2 碎石道床道岔施工 ············ 241
4.9 无缝线路施工 ·················· 243
4.10 疏散平台施工··················· 250

5 轨道交通高架桥梁 ·················· 253

5.1 钻孔桩基础 ···················· 253
    5.1.1 钻孔施工 ···················· 254
    5.1.2 泥浆制备和处理 ·············· 255
    5.1.3 钢筋笼制作与安装 ············ 257
    5.1.4 混凝土灌注 ·················· 259
5.2 明挖基坑 ······················ 261
    5.2.1 基坑 ························ 261

5.2.2　基坑护壁 ························· 263
　　5.2.3　基坑回填 ························· 266
　　5.2.4　桩基承台 ························· 268
5.3　下部结构 ····························· 271
　　5.3.1　墩台 ···························· 271
　　5.3.2　支座安装 ························· 276
5.4　上部结构 ····························· 278
　　5.4.1　模板及支架 ······················· 278
　　5.4.2　钢筋工程 ························· 281
　　5.4.3　混凝土工程 ······················· 283
　　5.4.4　预应力工程 ······················· 287
5.5　桥面系及附属工程 ······················· 290
　　5.5.1　桥面防水及排水 ···················· 291
　　5.5.2　伸缩装置 ························· 295
　　5.5.3　声屏障 ··························· 297

参考文献 ································· 299

1 轨道交通车站

1.1 围 护

1.1.1 地下连续墙

地下连续墙施工流程见图 1.1。

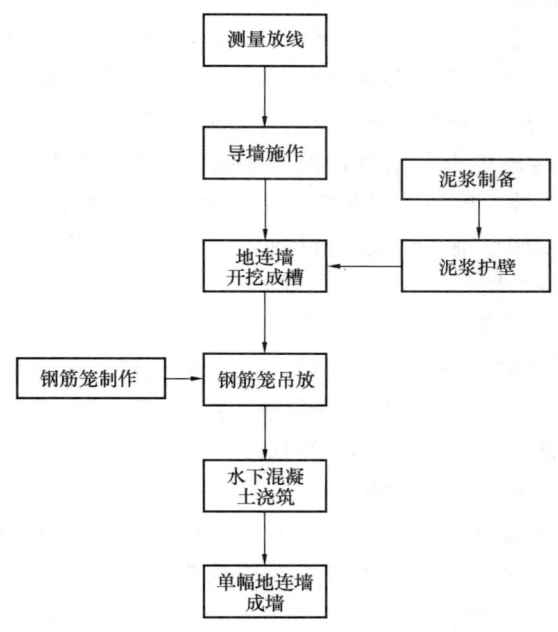

图 1.1 地下连续墙施工流程

1. 施工要点

(1) 导墙

① 导墙的垂直度控制对成槽垂直度至关重要,所以必须严格控制导墙的施工质量,尤其是其内墙面的垂直度和平整度。

② 导墙测量放样。根据图纸要求的地下连续墙位置及尺寸关系,用全站仪放出地下连续墙中心线,在开挖接近设计底面高程15cm时,及时用水准仪抄平,打上水平桩,以作为挖槽时控制深度的依据。

③ 导墙可采用现浇或预制钢筋混凝土,为增强导墙在基坑开挖时的挡土能力,基坑的外侧导墙翼板钢筋应考虑与设备行走通道相衔接,且导墙顶面高出地面100mm以上。

④ 导墙的结构形式应根据地质条件、地下水位、施工荷载、挖槽方法、地下障碍物等情况确定。

⑤ 导墙模板采用组合钢模板或者木模板做模板,钢管脚手架支撑,模板的安装需满足垂直度、平整度,导墙间净宽、导墙偏移轴线情况严格控制。采用预制导墙时,应确保连接部分的质量。

⑥ 现浇钢筋混凝土导墙拆模后,应立即在两片导墙间按一定间距加设内支撑,防止导墙产生位移。在导墙混凝土养护期间,严禁重型机械在导墙附近行走、停置或作业,达到设计强度后及时进行土方回填。

(2) 泥浆制备和处理

① 泥浆拌制材料宜选用优质膨润土,注意使用颗粒直径200mm指标达95%以上,且发泡率高的膨润土,如采用黏土,应进行物理、化学分析和矿物鉴定,其黏粒含量应大于50%,黏土的塑性指数$I_P>20$,含砂率<5%,二氧化硅

与氧化铝含量比值宜为 3~4。原材料必须经实验室检验合格后才可现场使用。

② 在泥浆中加入适量的重晶石粉和 CMC 以增大泥浆密度和提高泥浆黏度，增大槽内泥浆压力和增强泥皮的护壁能力。

③ 新拌制的泥浆应在良液槽中存放 24h 以上或加分散剂，并不断用泵搅拌，使黏土或膨胀土充分水化后方可使用。

④ 施工中可回收利用的泥浆应进行分离净化处理，符合标准后方可使用。废弃泥浆的处理不得污染环境。

⑤ 泥浆贮备量应满足槽壁开挖使用需要。

⑥ 施工期间，导墙顶面高出地面 100mm 以上，槽内泥浆必须高于地下水位 1.0m 以上，且距离导墙顶面 0.5m，以免溢出。在容易产生泥浆渗漏时，应及时堵漏和补浆，使槽内泥浆液面保持正常高度。

（3）槽段开挖

① 施工单位选用的挖槽机械应与工程地质和水文地质条件、施工环境、地下连续墙的结构尺寸及质量要求等相配套。

② 槽段划分应综合考虑工程地质和水文地质情况、槽壁的稳定性、钢筋笼重量、设备起吊能力、混凝土供应能力等条件。槽段分段接缝位置应尽量避开转角部位，并采用间隔式开挖，与后浇带位置相重合。

③ 连续墙的接头形式，应具有良好的抗渗性和整体性。

④ 槽深入岩时，成槽必须采用配套的成槽机进行成槽施工，提高成槽效率。当成槽机在圆砾石层中成槽依然不顺利时，可先采用旋挖钻机钻导向孔，从导向孔中将圆砾

直接抓取出，再利用成槽机的抓斗将中间位置的圆砾石抓出，并且在圆砾石层中成槽时还需要提高泥浆的黏度；当下部岩层强度较高，成槽机无法成槽时，根据现场实际情况可采用铣槽机成槽或者冲击钻、旋挖桩辅助成孔，成槽机清底。

⑤ 挖槽时应派专人进行施工记录，包括：泥浆液面高度、槽段定位、槽深、槽宽和垂直度等，若发生塌方，应及时分析原因，妥善处理。

⑥ 槽段挖至设计高程后，应及时检查槽位、槽深、槽宽、垂直度，合格后方可进行清底。

⑦ 在槽段开挖结束后，灌注槽段混凝土前，应进行槽段的清底换浆工作，以清除槽底沉碴，置换出槽内稠泥浆，直至沉碴厚度、槽内泥浆指标符合设计要求为止。清底换浆时，应注意保持槽内始终充满泥浆，以维持槽壁的稳定。

⑧ 清底应自底部抽吸并及时补浆，清底后的槽底泥浆相对密度不应大于 1.15，沉淀物淤积厚度不应大于 100mm。

（4）钢筋笼制作与安装

① 钢筋笼应在平台上制作成型并应符合下列规定：

a. 钢筋笼纵向预留导管位置，并上下贯通。

b. 钢筋笼底端应在 0.5m 范围内的厚度方向上做收口处理。

c. 吊点焊接应牢固，并保证钢筋笼起吊刚度。

d. 钢筋笼设定位垫块，确保设计对保护层厚度的要求。

② 钢筋笼平台宜采用 12 号槽钢焊接，平台底层采用钢筋混凝土铺平，平台比场地中硬地坪高出 100mm，在平台上根据设计的钢筋间距、各类主筋的长度和位置画出控制标记，以保证钢筋笼的加工精度。

③ 钢筋的净距应大于3倍粗骨料粒径。

④ 预埋件应与主筋连接牢固，外露面包扎严实。

⑤ 钢筋笼应在刷壁、清槽、换浆合格后3～4h以内吊装完毕，并应对准槽段中心线缓慢沉入，不得强行入槽。

⑥ 钢筋笼对接宜采用机械连接，如采用闪光对焊，应确保闪光对焊的焊接质量，对焊时注意两根轴线的一致，掌握好预热、加压的时间。成品要求：轴心偏差小于$0.1d$，且不得大于2mm。

⑦ 钢筋笼和导管吊放入槽、施工接头安装固定自检合格后，通知监理工程师对单元槽段进行验收，得到监理的检验认可后，方可灌注水下混凝土。

⑧ 钢筋笼起重吊装应编制专项施工方案。经监理部审查合格后实施，重量超过30t时，应组织专家会评审合格后方可实施。钢筋笼吊点焊接位置要根据施工方案中经验算后给出的明确部位合理布设，并保证焊接质量。确保钢筋笼吊运安全，起吊时先试吊，待稳定后再平稳吊起。起吊时现场管理人员必须到岗，场内运输作业规范，专职司索指挥，保证人员及设备安全。

（5）混凝土灌注

① 灌注地下连续墙的混凝土宜采用商品混凝土，导管法灌注；混凝土配合比应按流态混凝土设计，并应符合下列规定：

a. 强度等级应比设计强度提高一级配制。

b. 水灰比不应大于0.6。

c. 每立方米混凝土中水泥用量：当粗骨料采用卵石时，不应小于370kg；采用碎石时不应小于400kg。坍落度应为180～220mm。

② 导管的构造和使用应符合下列要求：

a. 导管水平布置距离不应大于 3m，距离槽段端部不应大于 1.5m，导管下端距槽底应为 300～500mm。

b. 混凝土灌注前应在导管内临近泥浆面位置吊挂隔水栓。

c. 导管连接应严密牢固，使用前应试拼并进行隔水栓通过试验。

d. 水下混凝土浇注采用导管法施工，导管直径为 200～250mm，导管采用丝扣连接，丝扣之间用橡胶密封圈密封。

③ 控制地下连续墙混凝土绕流的主要施工措施：

根据不同的地层条件选择合适的泥浆，成槽过程中控制槽内泥浆液面高度，液面下降及时补浆，确保槽内液面高于地下水位 0.5m 以上；钢筋笼下放完成后，其背后空隙用砂袋回填，并用反力箱将砂袋砸压密实；在加工钢筋笼时，在工字钢板两侧，沿笼体通长宜设置两块 0.1mm 厚、宽度不小于 600mm 的止浆铁皮。

（6）墙体接头形式及处理

① 地下连续墙各墙幅之间竖向接头形式有锁口管、工字钢接头、十字钢板接头、预制接头、桩接头等，施工时应按照设计要求，采用的接头形式应能承受混凝土浇灌时的侧向压力，灌注混凝土时不得发生位移或混凝土绕管现象。

② 墙接头应紧贴槽段垂直缓慢沉放，不得碰撞槽壁和强行入槽。墙接头应沉入槽底 300～500mm。

③ 后继槽段开挖后，应对前槽段竖向接头进行清刷，清除附着土渣、泥浆及绕流混凝土等障碍物，清刷至刷壁器钢刷位置无土渣。

2. 质量要点

（1）导墙结构应建于坚实的地基上，伸入原状土内0.3m，顶部宜高出地面不少于100mm，如存在易坍塌的杂填层、淤泥质层，宜适当加深导墙深度。

（2）预制导墙接头连接必须牢固。

（3）施工中可回收利用的泥浆应进行分离净化处理，符合标准后方可使用。当泥浆相对密度大于1.3，黏度无法测定，pH值大于14时，应考虑放弃，废弃泥浆应根据城市环卫要求处理。

（4）挖槽过程中应观测槽壁变形、垂直度、泥浆液面高度，并应控制抓斗上下运行速度。如发现较严重坍塌时，应及时将机械设备提出，分析原因，妥善处理。

（5）清底应自底部抽吸并及时补浆，清底后的槽底泥浆相对密度应大于1.15，沉淀物淤积厚度不应大于100mm。

（6）钢筋笼入槽前，必须对已成槽段侧部的垂直面进行测壁并槽底清孔，对槽底泥浆和沉淀物进行置换和清除，置换量不应小于该槽段总体积的1/3或下部的5m范围。最后在沿深度方向每递增5m和槽底以上0.2m等处进行泥浆质量检查，各点的泥浆应满足：相对密度小于1.15，黏度小于30s，含砂量小于8%。

（7）清孔或置换泥浆符合要求后，应在8h内将钢筋笼吊下，并在8h内浇捣完；接头管吊入槽内必须按设计位置垂直放置，下放过程中遇障碍物不得强冲。

（8）钢筋笼除结构焊缝需满焊及四周钢筋交点需全部点焊外，其余交点可采用50%交错点焊。钢筋笼不得发生散笼变形。

（9）钢筋笼上、下段搭接长度为45d（d为钢筋直径），搭接段应按规范错开，如接头安排在同一断面时，则搭接长度为 70d。当有抗震要求时，搭接长度应按抗震要求加长。

（10）钢筋笼起吊时应保持笼体的垂直度和水平度，入槽过程中，摆正内外两侧方向，遇到阻力时不允许强行冲击下放。

（11）钢筋笼应在槽段接头洗刷、清槽、换浆合格后及时吊放入槽，并应对准槽段中心线缓慢沉入，不得强行入槽。

（12）钢筋笼分段沉放入槽时，下节钢筋笼平面位置应正确并临时固定在导墙上，上、下节主筋对正、连接牢固，并经检查合格后，方可继续下沉。

（13）浇筑混凝土的导管使用前应进行水密试验，检验压力应大于 0.3MPa，浇捣过程中导管插入混凝土一般为 2~4m，不得小于 1.15m。

（14）地下连续墙应采用掺外加剂的防水混凝土。

（15）导管水平布置距离不应大于 3m，距槽段端部不应大于 1.5m。

（16）混凝土灌注应符合下列规定：钢筋笼沉放就位后应及时灌注混凝土，并不应超过 4h；各导管储料斗内混凝土储量应保证开始灌注混凝土时埋管深度不小于 500mm；各导管剪断隔水栓吊挂线后应同时均匀连续灌注混凝土，因故中断灌注时间不得超过 30min；导管随混凝土灌注应逐步提高，其埋入混凝土深度应为 1.5~3.0m，相邻两导管内混凝土高差不应大于 0.5m；混凝土不得溢出导管落入槽内；混凝土灌注速度不应低于 2m/h；混凝土灌注宜高出设计高程 300~500mm。

（17）每一单元槽段混凝土应按每 100m³ 制作抗压强度试件一组，每 5 个槽段应制作抗渗压力试件一组。

（18）地下连续墙各墙幅间竖向接头应符合设计要求，使用的锁口管应承受混凝土灌注时的侧压力，灌注混凝土时不得发生位移和混凝土绕管现象。

（19）锁口管应紧贴槽段对准位置垂直、缓慢沉放，不得碰撞槽壁和强行入槽，锁口管应沉入槽底 300~500mm。

（20）锁口管在混凝土灌注 2~3h 后应进行第一次起拔，以后每 30min 提升一次，每次提升 50~100mm，直至终凝时全部拔出。

（21）后续槽段开挖后，应对前槽段竖向接头进行清刷，清除附着土渣、泥浆等物。

（22）墙底注浆压力及注浆量应进行试验而定，以墙顶抬起不超过 1cm 为限，墙底注浆管必须固结于钢筋笼上，注浆喷嘴插入墙底 50cm，并不得堵塞，浆体强度必须符合设计要求。

3. 质量验收

地下连续墙的施工质量验收标准参照《地下铁道工程施工质量验收标准》（GB/T 50299—2018）。

（1）导墙

其具体施工允许偏差应符合下列规定：

① 内墙面与地下连续墙纵轴线平行度为±10mm。

② 内外导墙间距为±10mm。

③ 导墙内墙面垂直度为 0.5%。

④ 导墙内墙面平整度为 3mm。

⑤ 导墙顶面平整度为 5mm。

（2）泥浆制备和处理

泥浆配比应根据地质条件和成槽过程中地面沉降控制要

求确定,泥浆的性能指标应符合表 1.1 规定。

表 1.1 制备泥浆的性能指标

泥浆性能	新配制		循环泥浆		废弃泥浆		检验方法
	黏性土	砂性土	黏性土	砂性土	黏性土	砂性土	
密度 (g/cm^3)	1.04~1.05	1.06~1.08	<1.10	<1.15	>1.25	>1.35	比重计
黏度 (s)	20~24	25~30	<25	<35	>50	>60	漏斗计
含砂率 (%)	<3	<4	<4	<7	>8	>11	洗砂瓶
pH 值	8~9	8~9	>8	>8	>14	>14	试纸

(3) 槽段开挖

槽段开挖精度应符合表 1.2 要求。

表 1.2 成槽质量标准

项目	允许偏差	检验方法
槽宽	0~+50mm	超声波测井仪
垂直度	0.3%	超声波测井仪
槽深	比设计深度深100~200mm	超声波测井仪

(4) 钢筋笼制作与安装

钢筋笼的制作和入槽安置允许偏差应符合表 1.3 的规定。

表 1.3 地下连续墙钢筋笼制作的允许偏差

项目	偏差(mm)	检查方法
钢筋笼长度	±50	钢尺量,每片钢筋网检查上、中、下三处
钢筋笼宽度	±20	
钢筋笼厚度	0,-10	
主筋间距	±10	任取一断面,连续量取间距,取平均值作为一点,每片钢筋网上测四点
分布筋间距	±20	
预埋件中心位置	±10mm	抽查

（5）混凝土灌注

混凝土浇灌应符合下列规定：

① 钢筋笼沉放就位后应及时灌注混凝土，并不应超过 4h。

② 混凝土的初灌量应保证埋管深度不小于 500mm。

③ 混凝土应均匀连续灌注，因故中断灌注时间不得超过 30min。

④ 灌注混凝土过程中，导管埋入混凝土深度应不小于 3.0m，相邻两导管内混凝土高差不应大于 0.5m。

⑤ 混凝土不得溢出导管落入槽内。

⑥ 混凝土灌注速度不应低于 2m/h，同时应防止锁口管起拔困难。

⑦ 置换出的泥浆应及时处理，不得溢出地面。

⑧ 混凝土灌注宜高出设计高程 300～500mm。

⑨ 每个单元槽段混凝土应按每 100m³ 制作抗压强度试件一组，每 5 个槽段应制作抗渗压力试件一组。

城市轨道交通工程中所使用的混凝土一般采用商品混凝土，对于试件的留置在《预拌混凝土》（GB/T 14902—2012）中规定如下：

用于交货检验的混凝土试样应在交货地点采取。每100m³ 相同配合比的混凝土取样不少于一次；一个工作班拌制的相同配合比的混凝土不足 100m³ 时，取样也不得少于一次；当在一个分项工程中连续供应相同配合比的混凝土量大于 1000m³ 时，其交货检验的试样为每 200m³ 混凝土取样不得少于一次。其具体留置方式根据现场需要进行选择。

（6）墙体接头形式及处理

国内暂无相关验收规范，根据施工经验，提供参考验收标准如下：

① 每幅地下连续墙均需认真刷壁，刷壁次数不得少于8次，以刷壁时无障碍物及钢刷无泥土为准。

② 接头刷壁工序，由监理单位和施工单位责任人共同旁站验收，验收合格后方可进入下一道工序。

（7）地连墙分项工程验收

地下连续墙工程验收应符合以下规定：

① 地下连续墙每一单元槽段施工，必须对下列项目进行过程检查，并符合本章有关规定：

钢筋笼制作的长、宽、高和钢筋间距、焊接、预埋件位置及钢筋笼吊装、入槽深度及位置；泥浆配置及循环泥浆和废弃泥浆的处理；槽段成槽后的宽、深和垂直度及清底和接头壁清刷；锁口管吊装时的插入深度、垂直度以及起拔方法和时间；混凝土配合比、坍落度、导管布置及混凝土灌注。

② 基坑开挖后应进行地下连续墙验收，并符合下列规定：

混凝土抗压强度和抗渗压力应符合设计要求，墙面无露筋、露石和夹泥现象；墙体结构允许偏差应符合表 1.4 要求。

表1.4 地下连续墙各部位允许偏差值

项目\允许偏差	临时支护墙体	单一或复合结构墙体
平面位置	±50mm	+30mm 或 0
不平整度	50mm	小于5mm
垂直度	0.5%	0.3%
预留孔洞	50mm	30mm
预埋件	—	30mm
预埋连接钢筋	—	30mm
变形缝,后浇带	—	±20mm

4. 安全与环保措施

(1) 安全要求

① 机械设备操作人员和指挥人员必须持证上岗,严格遵守安全操作规程,工作时集中精力,谨慎工作,不擅离职守,严禁酒后驾驶。

② 机械设备发生故障后及时检修,决不带故障运行,不违规操作,杜绝机械和车辆事故。

③ 钢筋笼、导管架、导管的起吊配备专用工具、卡具。

④ 渣土坑周围设置安全防护栏杆,并作醒目警示。

⑤ 所有现场施工人员必须戴好安全帽,穿好防滑鞋,不准穿高跟皮鞋、拖鞋进入施工现场。特种作业人员佩戴专门的防护用具。

⑥ 夜间施工有足够的照明设施,所有电器设备符合施工现场安全用电规定。

(2) 环保要求

① 落实门前三包责任制。不得在工地门前围挡外侧公

用场地堆放材料、淤泥、垃圾等。

② 污水的处理和排放。场地内设沉淀池和冲洗池,并做到:所有的生活或其他污水必须分别处理后方可排入市政排水管网。施工产生的泥浆,未经沉淀不得排入市政排水管网。废浆和淤泥应使用封闭的专用车辆进行运输。

③ 噪声与振动控制。工程施工时采取降低噪声、振动措施。如通风机和空压机选择低噪声型号,并设置隔声设施,选用液压设备以降低噪声。

④ 每周对环保工作进行一次例行检查,内容包括:污染情况、污染种类、污染强度、环境影响等;污染防治措施的落实情况、可行性和效果分析;存在问题和拟采取的纠正措施;安全文明施工、环保工作计划等。

1.1.2 钻孔灌注桩

钻孔灌注桩施工流程见图 1.2。

1. 施工要点

(1) 钻孔

① 开钻或穿越软硬不均匀土层交界处时,应缓慢钻进并保持钻杆垂直。

② 在松软杂填土或含水量较大的软塑性土层中钻进时,钻杆不得摇晃。

③ 钻进中随时清理孔口积土,当发现钻杆跳动、机架摇晃、不进尺等现象时,应停钻检查。

④ 钻孔至设计高程后应空钻清渣,提钻后及时加盖。

(2) 泥浆护壁成孔

① 护筒设置位置应正确、稳定,与孔壁之间应用黏土填实。其埋置深度,黏土层不应小于 1.0m,砂质或杂填土层不应小于 1.5m。

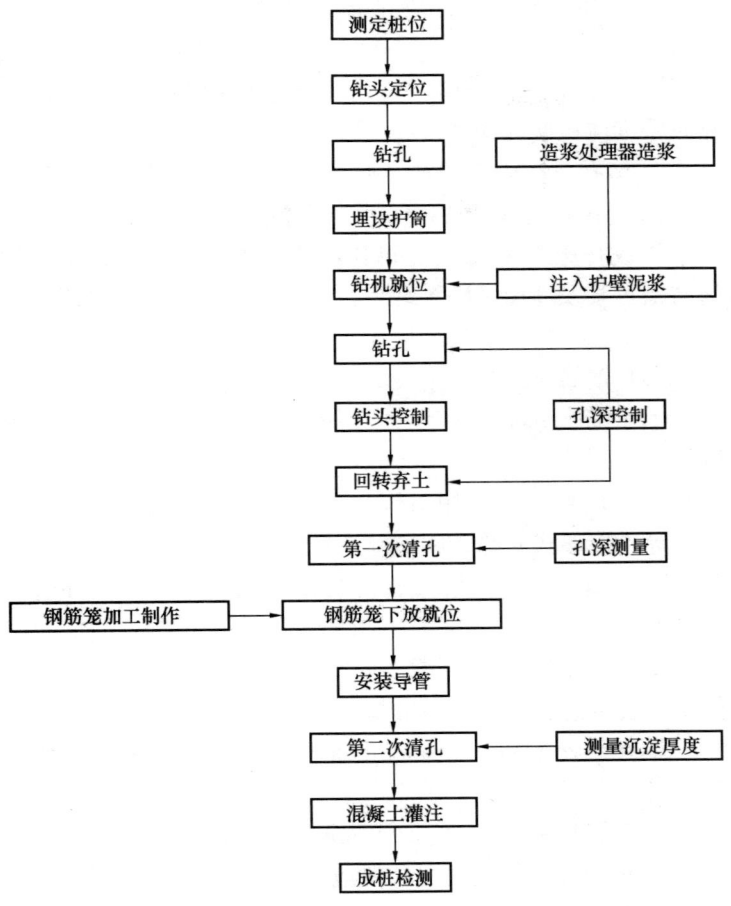

图 1.2 钻孔灌注桩施工流程

② 泥浆要求同地下连续墙泥浆要求。
③ 清孔施工应符合下列规定:

a. 孔壁土质不易坍塌时，可用空气吸泥机清孔。

b. 用原土造浆时，清孔后泥浆相对密度应控制在1.1左右。

c. 孔壁土质较差时，宜用泥浆循环清孔，清孔后泥浆相对密度应控制在1.15～1.25。

d. 清孔过程中必须补足泥浆，并保持浆面稳定。

e. 清孔后立即吊放钢筋笼，并灌注水下混凝土。

f. 成孔施工中如发现斜孔、弯孔、缩孔、塌孔或沿护筒周围冒浆及地面沉陷等现象时，应及时采取措施处理后方可继续施工。

（3）钢筋笼加工与吊装

① 钢筋笼绑扎应牢固，其加工除满足设计要求外，尚应符合下列规定：

a. 主筋接头可采用对焊、绑扎、搭接焊或冷挤压、气压焊等连接形式并符合相应施工技术规定。

b. 导管灌注水下混凝土桩的钢筋笼内径应大于导管连接处外径10cm以上。

c. 钢筋笼应按吊装条件确定分段加工长度，并设置钢筋保护层定位装置和焊接吊装耳环。

d. 钢筋笼下端0.5～0.8m范围内主筋应稍向内侧弯曲呈倾斜状。

e. 钢筋间距不得大于300mm，并宜采用螺旋筋。

② 钢筋笼向钻孔内吊装时应符合下列规定：

a. 钢筋笼应吊直扶稳，对准孔位缓慢下沉，不得摇晃碰撞孔壁和强行入孔。

b. 分段吊装时，将下段吊入孔内后，其上端应留1m左右临时固定在孔口处，上下段钢筋笼的主筋对正连接合格

或搭接 $45d$（d 为钢筋直径），单面焊接 $10d$、双面焊接 $5d$，焊接合格后继续下沉。

(4) 混凝土灌注

① 混凝土必须具有良好的和易性，配合比应经试验确定。细骨料宜采用中、粗砂，粗骨料宜采用粒径不大于 40mm 卵石或碎石。坍落度：干孔作业成孔宜为 100～210mm，水下灌注宜为 160～210mm。

② 混凝土灌注前应检查成孔和钢筋笼质量。混凝土应连续一次性灌注完毕，并保证密实度。

③ 干作业成孔应沿钢筋笼内侧连续灌注混凝土，不得满口倾倒。

④ 泥浆护壁成孔应采用水下灌注混凝土，其灌注混凝土导管宜采用直径为 200～250mm 的多节钢管，管节连接应严密、牢固，使用前应试拼，并进行隔水栓通过试验。

2. 质量要点

(1) 钻孔灌注桩的外侧应设置防渗帷幕。

(2) 灌注桩钻孔施工前，必须进行试成孔试验（数量不少于 2 个）。如果测得的孔径、垂直度、孔壁稳定和回淤等监测指标不符合设计要求时，应拟定补救措施或重新考虑施工工艺。

(3) 灌注桩钻孔成孔应达到设计深度。

(4) 泥浆相对密度应控制在 1.15～1.25，泥浆含砂率不大于 4%。

(5) 钢筋笼吊放入孔时，不得碰撞孔壁，其顶部、底部的标高，平面位置均应符合设计要求，误差不大于 50mm。

(6) 灌注桩钻孔各工序应连续进行，钢筋笼放入孔内后，应进行第二次清孔，在测得沉淤厚度符合规定后半小时内必须灌注混凝土。灌注充盈系数（实际灌注混凝土体积与设计桩身计算体积之比）不得小于 1。

3. 质量验收

钻孔灌注桩的施工质量验收标准参照《地下铁道工程施工质量验收标准》（GB/T 50299—2018）。

（1）钻孔

其成孔应符合下列规定：

① 成孔时，钻头位置就位应正确、垂直；成孔过程中应随时检测。

② 桩位以线路中心为准，允许偏差为：纵向±100mm，横向+500mm，垂直度 3‰。

（2）泥浆护壁成孔

其根据土层按照表 1.5 选用冲程和泥浆相对密度。

表 1.5　各类不同土层冲程和泥浆相对密度选用值

土层类别	冲程	泥浆相对密度
护筒及以下范围内	0.9～1.1	1.1～1.3
黏土	1～2	清水
砂土	1～3	1.3～1.5
砂卵石	1～3	1.3～1.5
风化岩	1～4	1.2～1.4
塌孔回填后重新钻孔	1	1.3～1.5

（3）钢筋笼加工与吊装

钢筋笼的制作必须符合设计要求。其允许偏差为：主筋间距±10mm，箍筋间距±20mm，钢筋笼直径±10mm，长度±30mm。

（4）混凝土灌注

混凝土试件制作，同一配合比每班不得少于一组，泥浆护壁成孔的灌注桩每 100m³ 制作一组且每根不得少于一组。

城市轨道交通工程中所使用的混凝土一般采用商品混凝土，对于试件的留置在《预拌混凝土》（GB 14902—2012）中规定如下：

用于交货检验的混凝土试样应在交货地点采取。每 100m³ 相同配合比的混凝土取样不少于一次；一个工作班拌制的相同配合比的混凝土不足 100m³ 时，取样也不得少于一次；当在一个分项工程中连续供应相同配合比的混凝土量大于 1000m³ 时，其交货检验的试样为每 200m³ 混凝土取样不得少于一次。

具体留置方式根据现场需要进行选择。

4. 安全与环保措施

（1）安全要求

① 搞好施工现场安全生产和文明施工工作，加强安全生产教育。

② 施工前必须对机械设备进行检查、维修、保养。

③ 钻机在施钻的全过程中必须有专人看守。

④ 严格控制钻杆钻进时的钻速和钻压，防止塌孔埋钻。

⑤ 人工辅助吊放钢筋笼时，严格注意辅助人员的安全。

⑥ 施工范围内应拉警戒线，防止坠人、坠物。

（2）环保要求

① 遵守国家有关环境保护法规的规定，采取措施控制施工现场的各种粉尘、废气、废水、固体废物以及噪声、振动对环境的污染和危害。

② 妥善处理泥浆水，未经处理不得直接排入城市排水

设施和河流。

③ 水泥浆需运至甲方或有关部门指定地点排放，严禁随意排放污染环境。

1.1.3 钻孔咬合桩

其施工流程与钻孔灌注桩大致相同，属于钻孔灌注桩的一类。

1. 施工要点

钻孔咬合桩通过桩间咬合来保证其整体连续性、密闭性。咬合桩分素混凝土桩（A桩，使用超缓凝混凝土）与钢筋混凝土桩（B桩）两种桩型，施工中通过A、B两种桩型的分期施作，相互嵌合，形成咬合密闭结构，达到围护与止水的效果。

（1）导墙

① 施工咬合桩前，在桩顶上部沿咬合桩两侧设计位置外放100mm，施工咬合桩钢筋混凝土导墙，导墙应采用现浇钢筋混凝土结构，强度等级不应低于C20，导墙平面应按桩位设置成搭接圆孔型，与桩位对应，不宜设置成直线型。

② 导墙结构形式应根据地质条件和施工荷载情况确定，导墙应满足强度及稳定性的要求。导墙背侧及下部如遇到不良地质或废弃构筑物时，应做地基处理。

③ 导墙的定位孔直径应大于套管直径20～30mm，导墙厚度应根据地质情况确定，宜为200～500mm。

④ 导墙顶面宜高出地面100mm，待导墙混凝土强度达到设计强度后，重型机械设备才可在导墙附近作业、停留。

（2）试桩

① 咬合桩排桩布置形式按有筋桩和无筋桩搭配、有筋桩和有筋桩搭配两种类型。有筋桩混凝土强度盾构机不应低

于C25，无筋桩混凝土强度等级宜与有筋桩相同，且不低于C20。

② 咬合桩桩直径宜采用800mm、1000mm、1200mm三种类型，桩间咬合量不宜小于200mm，桩底最小咬合量不应小于50mm。

③ 咬合桩成孔设备应采用全套管全回转钻机、全套管钻机或旋挖钻机施工，施工前，应按成控开关深度提前准备钢套管，检查钢套管顺直度，偏差应小于1/500。

④ 咬合桩施工前应进行试桩，试桩应符合下列规定：

a. 试桩位置的工程地质条件应具有代表性。

b. 试桩数量应根据工程规模和施工场地地层特点确定，且不应少于1组，每组不应少于3根。

c. 试桩过程应详细记录，包含施工设备、工艺参数、成孔时间、承压水等情况内容。

⑤ 咬合桩钻孔施工第一次应先施工相邻两根无筋桩，再施工中间的有筋桩，采用硬法切割工艺施工中，有筋桩、无筋桩均应采用普通水下混凝土，待无筋桩混凝土终凝后进行有筋桩切割成孔；软法切割工艺施工时，无筋桩应采用超缓凝混凝土，有筋桩应采用普通混凝土，待无筋桩混凝土初凝前进行有筋桩切割成孔。

（3）硬切割成孔

① 硬切割成孔时应根据工程特点、地质条件、设计要求和试成孔情况合理选用。成孔施工应不间断一次完成，不得无故停钻。成孔完毕后的工序应连续施工，成孔完毕至浇筑混凝土的间隔时间不宜多于24h。

② 钻机定位准确、水平、稳固，钻机回转盘中心与设计桩位中心偏差不大于10mm，并校正钻机垂直度；成孔前

检查钢套管直径，保证成孔符合设计桩径要求。

③ 成孔时复核地下水对取土的影响，应复核下列规定：

a. 下压套管时，取土面应始终高于套管底口不小于 2.5m。

b. 终孔时取土面应高于套管底口不小于 1.5m。

c. 取土时遇到承压水、特殊地质等影响时，取土面高于套管底口土体高度应根据试桩结果确定。

④ 套管接长时应按序接管，检测垂直度，地面以上应预留套管长度不小于 1.2m。

（4）软切割成孔

① 软切割成孔施工起始桩前应设置一根砂桩，并在砂桩接缝处采取止水措施，以辅助后续成孔施工，待后续施工段完成后，挖出砂桩内回填的砂，下放钢筋笼并灌注混凝土。

② 施工有筋桩应在无筋桩混凝土初凝前完成切割成孔。

③ 咬合桩成孔入岩时，岩层成孔施工可改换冲击锤从套管内钻至桩底，岩层成孔完成后直接浇筑混凝土。

④ 如无筋桩超缓凝混凝土出现早凝现象或机械设备故障等问题，造成咬合桩施工未能按正常要求进行而形成事故桩，应采取防水、补强措施。

（5）钢筋笼制作与吊装

① 钢筋笼宜分段制作，分段长度根据钢筋笼整体刚度、原材料长度及起重设备有效高度等因素确定。

② 钢筋笼制作前应将钢筋校直，清除表面污垢、锈蚀，控制下料长度。

③ 钢筋笼外形尺寸应符合设计要求，允许偏差应符合表 1.6 规定。

表 1.6　钢筋加工及安装质量检验标准

检验项目	允许误差(mm)	检验方法
主筋间距	±10	钢尺量
箍筋间距或螺距	±20	钢尺量
保护层厚	±5	钢尺量
钢筋笼长	±50	钢尺量
钢筋笼直径	±10	钢尺量

④ 钢筋笼主筋保护层允许偏差为±20mm，钢筋笼上应设置保护层垫块，每节钢筋笼不应少于2组，长度大于12m的，中间应增加1组。每组垫块数量，圆形钢筋笼不少于3块，矩形钢筋笼每面不少于1块，且应均匀分布在同一截面主筋上。

⑤ 钢筋笼底端应做30°的收口，便于钢筋笼吊装入孔。

⑥ 钢筋笼焊接宜采用帮条焊，单面焊不少于10d（d为钢筋直径）、双面焊不少于5d，焊缝宽度不应小于0.8d，厚度不应小于0.3d，两主筋断面的间隙为2～5mm。

⑦ 钢筋笼焊接过程中，应即时清渣，钢筋笼两端的加强筋与主筋全部点焊，同一截面内的接头数量不应大于主筋总数的50%，相邻接头应上下错开，错开距离不应小于35d。

⑧ 环形箍筋与主筋的连接应采用电弧焊点焊连接，螺旋箍筋与主筋的连接可采用铁丝绑扎并间隔点焊固定或直接点焊固定。

⑨ 如钢筋连接采用机械连接，应复核《钢筋机械连接技术规程》(JGJ 107—2016)相关要求：

a. 钢筋机械连接技术单位应提供有效的检验报告。

b. 同一连接区段内有接头的受力钢筋截面面积占受力钢筋总截面面积的百分率，Ⅱ级接头不应大于50%，Ⅰ级接头不受限制；错开距离不应小于钢筋直径的35倍。

⑩ 钢筋笼吊装安放时，采用不对称配筋时应严格按设定的方式放置，钢筋笼全部入孔后检查安装位置，确认符合要求后，将钢筋笼吊筋进行固定。

（6）混凝土灌注

① 单桩混凝土灌注应连续进行，灌注混凝土的充盈系数不得小于1。

② 当孔内无水时应采用干孔灌注，宜采用高抛混凝土施工，桩顶4m深度范围内宜采用插入式振捣棒振实。当孔内有水时应采用导管法水下灌注混凝土，混凝土应安放隔水栓，将导管提离孔底0.5m，混凝土初灌量应确保埋住导管0.8～1.3m。

③ 导管的埋入深度宜保持在3～10m之间，最小埋入深度不得小于2m，严禁将导管提出混凝土面或埋入过深，一次提拔导管不得超过6m。

④ 一边灌注混凝土一边拔套管，应始终确保混凝土高出套管底端不小于2.5m，套管逐节拔出、逐节拆除。

⑤ 在最后一节钢套管一次拔出时，混凝土导管应留在孔内，待钢套管完全拔出并拆除后，测量孔内混凝土面标高，并根据需要进行混凝土补灌，灌注高度达到规定标高时方可停止灌注。

⑥ 混凝土实际灌注高度宜适当超灌，超灌300～500mm，确保桩顶混凝土强度满足设计要求。

2. 质量要点

（1）咬合桩施工应进行桩位、桩长、桩径、垂直度及桩身质量的检验。

（2）施工前对混凝土拌制原材料质量、配合比、混凝土强度等级等进行检查。混凝土中胶凝材料宜采用普通硅酸盐水泥、矿渣硅酸盐水泥,严禁采用快硬型水泥。混凝土中砂采用中砂或粗砂,含泥量不大于3%。

(3) 钢筋笼制作应对钢筋规格、焊条规格、品种、焊缝长度、外观和质量、主筋和箍筋的制作偏差进行检查。

(4) 软切割施工采用超缓凝混凝土,其配合比应符合下列规定:

① 超缓凝混凝土缓凝时间应在施工前试验确定,且不应少于60h。

② 缓凝外加剂的监测应符合《混凝土外加剂》(GB 8076—2008)的标准要求。

③ 干孔灌注时坍落度不宜大于140mm,水下灌注时宜为(160±20)mm。

④ 混凝土的3d强度值不大于3MPa,最终强度满足设计要求。

(5) 施工过程中对钢筋笼安放的实际位置进行检查、混凝土坍落度进行检测。

(6) 分段施工接头的措施:段与段之间的接头问题,采用砂桩接头是一个比较好的方法。在先施工的端头设置一个砂桩(成孔后用砂灌满),待施工段到此接头时,挖出砂灌上混凝土,并在其外侧施做旋喷桩止水。

(7) 防止管涌的措施:

在成孔过程中,依据套管的切割下压能力,一般情况下始终保持套管超前于冲抓面至少2m以上,轻抓慢挖,使孔内留有一定厚度的反压土层,防止管涌现象的发生。其主要措施如下:

① 在地下水丰富的含砂地层施工,钢套管尽量压入砂层中一般2～4m,就不会出现管涌。

② 在地下水位过高时，可以在套筒内补水，以平衡套筒外的水压力。

③ 在施工过程中随时注意套筒内涌沙现象，有问题及时处理。

(8) 防止串孔的措施：

在有筋桩成孔过程中，由于无筋桩混凝土未凝固，还处于流动状态，因此，无筋桩混凝土有可能从有筋桩、无筋桩相交处涌入成桩的孔内，称之为"串孔"，防止串孔发生通常采用以下几个方法：

① 无筋桩混凝土的坍落度应尽量小一些，为(160±20)mm，以便降低混凝土的流动性，有筋桩混凝土坍落度为(200±20)mm。

② 套管底口应始终保持超前于开挖面一定距离，至少不应少于2.5m，以便造成一段"瓶颈"阻止混凝土的流动。

③ 如有必要（如遇地下障碍物套管底无法超前时）可向套管内浇注入一定量的水，使其保持一定的反压来平衡无筋桩混凝土的压力，阻止"串孔"的发生。

④ 有筋桩成孔过程中应注意观察相邻两侧无筋桩混凝土顶面，如发现混凝土下陷应立即停止有筋桩开挖，并一边将套管尽量下压，一边向有筋桩内填土或注水，直到完全制止住"串孔"为止。

⑤ 有筋桩成孔期间加强过程控制，保证桩的垂直精度，在成孔过程中冲击抓斗轻抓慢进，套管钻机尽量减小摇管幅度，以此减弱对两侧无筋桩混凝土的扰动，可以预防混凝土"串孔"问题。

3. 质量验收

钻孔咬合桩的施工质量验收标准参照《地下铁道工程施

工质量验收标准》(GB/T 50299—2018)。

(1) 钻孔

其成孔应符合下列规定：

① 成孔时，钻头位置就位应正确、垂直；成孔过程中应随时检测。

② 桩位以线路中心为准，允许偏差为：纵向±100mm，横向+500mm，垂直度3‰。

(2) 钢筋笼加工与吊装

施工质量验收标准参照《地下铁道工程施工质量验收标准》(GB/T 50299—2018)，钢筋笼的制作必须符合设计要求。其允许偏差为：主筋间距±10mm，箍筋间距±20mm，钢筋笼直径±10mm，长度±30mm。

(3) 混凝土灌注

施工质量验收标准参照《地下铁道工程施工质量验收标准》(GB/T 50299—2018)。

混凝土试件制作，同一配合比每班不得少于一组，泥浆护壁成孔的灌注桩每100m^3制作一组且每根不得少于一组。

城市轨道交通工程中所使用的混凝土一般采用商品混凝土，对于试件的留置在《预拌混凝土》(GB 14902—2012)中规定如下：

用于交货检验的混凝土试样应在交货地点采取。每100m^3相同配合比的混凝土取样不少于一次；一个工作班拌制的相同配合比的混凝土不足100m^3时，取样也不得少于一次；当在一个分项工程中连续供应相同配合比的混凝土量大于1000m^3时，其交货检验的试样为每200m^3混凝土取样不得少于一次。

具体留置方式根据现场需要进行选择。

4. 安全与环保措施

（1）安全要求

安全帽、安全带、安全网定期检查，不符合要求的，严禁使用。

受压容器应有安全阀、压力表，并避免暴晒、碰撞；氧气瓶严防沾染油脂；乙炔发生器、液化石油气必须设置防止回火的安全装置。

咬合桩施工采用履带式吊车进行挖孔、钢筋笼下放、混凝土灌注等作业。履带吊车施工安全注意事项如下：

① 吊车应在平坦的地面上作业、行走和停放。在正常作业时，机械倾斜度不得大于3°。

② 吊车如需带载行走时，载荷不得超过允许起重量的70%，并且严禁长距离带载行驶。

③ 吊车行走时转弯不应过急，当转弯半径过小时，应分次转弯；当路面凹凸不平时，不得转弯。

（2）环保要求

① 施工期间，对既有水利设施加强保护。施工用水不得给邻近居民、单位和周围环境造成污染。

② 污染环境的废物，如建筑、生活垃圾、废弃材料等，经分拣后运至建设单位和当地环保部门指定地点排放、堆码、掩埋或销毁。易于引起尘害的细料堆应予遮盖和适当洒水。

③ 采取有效措施控制现场的粉尘土、废气、污水、噪声振动对环境的污染和危害，不燃烧各种有毒的物质。

④ 取土、弃土、排污等按设计文件及与当地环保等有关部门签订的协议执行。弃土场要远离河道、沟渠。

⑤ 钻孔桩排出的污水不直接排入河道、市内排污管或

地面随流,避免对周围水源地产生影响。废弃泥浆用特制罐车运至指定位置,外运过程中不得外漏。

1.1.4 SMW工法桩

SMW工法桩施工流程见图1.3。

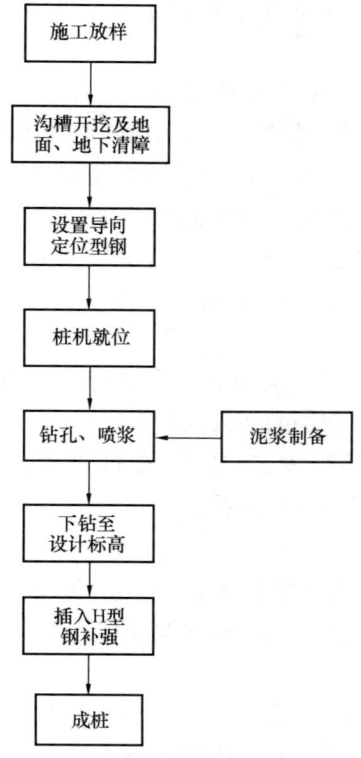

图1.3 SMW工法桩施工流程

1. 施工要点

(1) SMW工法水泥土搅拌桩施工

① 围护桩施工前必须对施工区域地下障碍物进行探测,

如有障碍物必须对其清理及回填素土，分层夯实后方可进行围护桩施工。

② 现场第一批桩（不少于 3 根）须始终在监理人员检查下施工。检查内容：水泥投放量、浆液水灰比（宜用密度法控制）、浆液泵送时间、搅拌下沉及提升时间、桩长及垂直度控制方法。

③ 搅拌桩施工应有连续性，不得出现 24h 施工冷缝（施工组织设计预留除外）。如因特殊原因出现施工冷缝，则需补强并在图纸及现场标明位置以便最后统一考虑加强方案，超过 48h 须在接头旁加桩或进行压密注浆补强。

（2）型钢插拔

① 型钢须保持平直，若有焊接接头，接头处须确保焊接可靠。

② 型钢必须在搅拌桩施工完毕后 3h 内插入，施工方应有可靠措施保证型钢的插入深度。

③ 待主体结构施工完后拔除 H 型钢。拔型钢的同时，搅拌桩空隙内跟踪灌浆封孔。

2. 质量要点

（1）SMW 工法水泥土搅拌桩的施工采用三轴搅拌设备，在桩体范围内必须做到水泥搅拌均匀，桩体垂直偏差不得大于 1/250。

（2）型钢插入左右定位误差不得大于 20mm，宜插在搅拌桩靠近基坑一侧，垂直度偏差不大于 1/250，底标高误差不大于 200mm。

3. 质量验收

施工质量验收标准参照《建筑地基基础工程施工质量验收标准》（GB 50202—2018）。

（1）SMW 工法水泥土搅拌桩施工

其具体验收标准见表 1.7。

表 1.7 水泥土搅拌桩地基质量检验标准

项目	序号	检查项目	允许偏差或允许值		检查方法
			单位	数值	
主控项目	1	水泥及外渗剂质量	设计要求		查产品合格证书或抽样送检
	2	水泥用量	不小于设计值		查看流量表
	3	桩体强度	不小于设计值		按规定办法
	4	地基承载力	不小于设计值		按规定办法
一般项目	1	机头提升速度	m/min	≤0.5	量机头上升距离及时间
	2	桩底标高	mm	±200	测机头深度
	3	桩顶标高	mm	±200 −50	水准仪（最上部 500mm 不计入）
	4	桩位偏差	mm	<50	用钢尺量
	5	桩径		≤0.04D	用钢尺量，D 为桩径
	6	垂直度		≤1/150	经纬仪
	7	搭接	mm	>200	用钢尺量

（2）型钢插拔

其具体验收标准见表 1.8。

表 1.8 加筋水泥土桩质量检验标准

序号	检查项目	允许偏差或允许值		检查方法
		单位	数值	
1	型钢长度	mm	±10	用钢尺量
2	型钢垂直度	％	<1	经纬仪
3	型钢插入标高	mm	±30	水准仪
4	型钢插入平面位置	mm	10	用钢尺量

4. 安全与环保措施

(1) 安全要求

① 施工现场应实施机械安全管理及安装验收制度,机械安装要按照规定的安全技术标准进行检测。

② 施工过程中严格执行国家颁布的安全生产操作规程及有关规定,严禁违章指挥、违章操作。

③ 各种专用机械必须有可靠的安全防护装置,由使用者专门负责。

④ 夜间作业设置有足够强度的照明设施,危险区要悬挂警告标志。

⑤ 现场的各种机械设备都有完整、有效的安全防护保险装置,机械运动部分有防护罩,并做到一机一闸一漏电开关。

(2) 环保要求

① 在设备选型时,选择低噪声设备型号,降低声源噪声。对运土机械、运输车辆加强维修保养,安装消声器。

② 在运输或存放砂、石、水泥、黏土等容易产生扬尘的散装建筑材料时应加盖篷布密封。

③ 对土石方作业区及汽车运输道路要经常洒水,防止尘土飞扬,污染空气。

④ 必要时,搅拌场和弃碴场四周设隔挡建筑,以防止扬尘的扩散。

⑤ 做好施工驻地及施工场地的布置和排水系统设施,保证生活污水、生产废水不污染水源。

1.1.5 锚索、锚杆及土钉墙

土钉墙施工流程见图1.4。

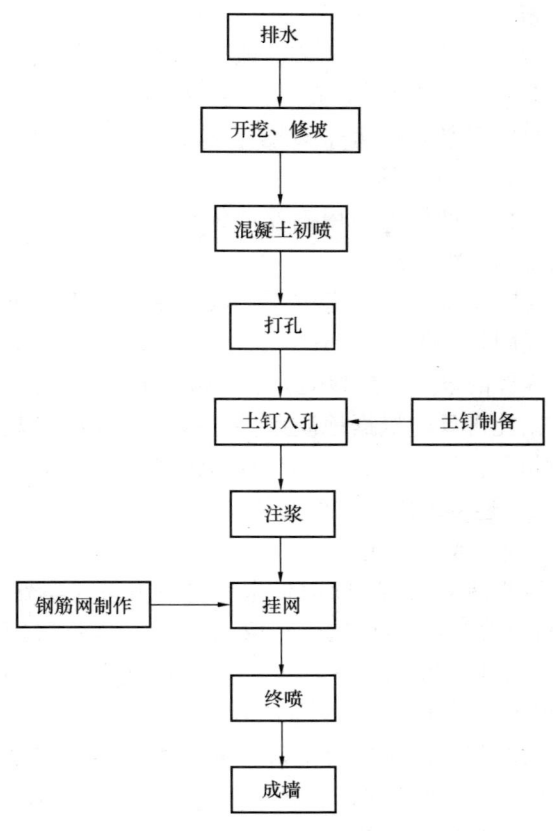

图 1.4 土钉墙施工流程

1. 施工要点

(1) 锚杆、锚索布置

① 最上层锚杆覆土厚度不应小于 3m。

② 上下两层锚杆间距宜为 2~5m,水平间距宜为 2~3m。

③ 倾斜度宜为 15°～35°。

④ 位置正确并应避开邻近地下构筑物或管线，如锚杆长度超过施工范围时，应取得有关单位同意。

⑤ 锚固段必须设置于滑动土体 1m 以外的地层中，锚固段与非锚固段应界限分明。

⑥ 锚杆的杆体可采用钢筋或钢绞线，钢筋应除锈，钢绞线锚固段应擦拭干净：

a. 锚杆杆体应设置定位器，其间距：锚固段不宜大于 2m，非锚固段宜为 2～3m；

b. 锚杆的锚头、垫板受力后不得变形和损坏。

⑦ 钻孔机具应根据地质条件选择，锚杆应在基坑土方开挖至其设计位置后及时安装。设有腰梁的锚杆，其腰梁应与桩体水平连接牢固后方可安装。

（2）锚杆或土钉注浆

① 注浆液采用水泥浆时，水泥应采用强度等级 42.5 以上普通硅酸盐水泥，水灰比宜取 0.50～0.55；采用水泥砂浆时，水灰比宜取 0.40～0.45，灰砂比宜取 0.5～1.0，拌和用砂宜选用中粗砂。

② 水泥浆或水泥砂浆内可掺入能提高注浆固结体早期强度或微膨胀的外掺剂，其掺入量宜按室内试验确定。

③ 注浆管端部至孔底的距离不宜大于 200mm，注浆压力宜为 0.4～0.6MPa，注浆及拔管过程中，注浆管口应始终埋入注浆液面内，应在水泥浆液从孔口溢出后停止注浆；注浆后，当浆液液面下降时，应进行孔口补浆。

④ 采用二次压力注浆工艺时，二次压力注浆宜采用水灰比 0.50～0.55 的水泥浆；二次注浆管应牢固绑扎在杆体上，注浆管的出浆口应采取逆止措施；二次压力注浆时，终

止注浆的压力不应小于 1.5MPa。

⑤ 采用分段二次劈裂注浆工艺时，注浆宜在固结体强度达到 5MPa 后进行，注浆管的出浆孔宜沿锚固段全长设置，注浆顺序应由内向外分段依次进行。

⑥ 基坑采用截水帷幕时，地下水位以下的锚杆注浆应采取孔口封堵措施。

⑦ 寒冷地区在冬期施工时，应对注浆液采取保温措施，浆液温度应保持在 5℃ 以上。

(3) 喷射混凝土面层施工

① 在坡面做喷射混凝土厚度标记，将 $\phi 6.5$ 的钢筋编成网片，用插入土中的钢筋固定。钢筋网片均应与上部搭接，给下步留茬，钢筋网搭接长度应不小于一个网格边长。

② 喷射混凝土的射距宜在 0.6～1.2m 范围内，并自上而下喷射，射流方向应垂直指向喷射面，在钢筋部位应先喷填钢筋后方，然后喷填前方，防止在钢筋背面出现空隙。

③ 当喷射混凝土厚度超过 120mm 时，应分二次喷射，每次喷射厚度宜为 50～70mm。当下步喷射混凝土前，应仔细清除预留施工缝接合面上的浮浆层，并喷水使之潮湿。

④ 喷混凝土终凝 2h 后，应根据当地条件，采取连续喷水养护 5～7d。

喷混凝土的粗骨料最大粒径不宜大于 12mm，可通过外加减水剂和速凝剂来调节所需工作度和早强时间。

2. 质量要点

(1) 沉桩前，应根据基坑开挖边线，开挖板桩槽至原状土，并沿板桩两侧设置导向围檩。

(2) 板桩咬合应紧密，个别不密封处应采取密封加固措施。

3. 质量验收

(1) 锚杆、锚索布置

其施工质量验收标准参照《建筑基坑支护技术规程》(JGJ 120—2012),相关验收标准如下:

① 钻孔深度宜大于设计深度 0.5m。
② 钻孔孔位的允许偏差应为 50mm。
③ 钻孔倾角的允许偏差应为 3°。
④ 杆体长度应大于设计长度。
⑤ 自由段的套管长度允许偏差应为 ±50mm。

(2) 锚杆或土钉注浆

施工质量验收标准参照《地下铁道工程施工质量验收标准》(GB/T 50299—2018) 和《建筑地基基础工程施工质量验收标准》(GB 50202—2018):

① 检测数量不应少于锚杆总数的 5%,且同一土层中的锚杆检测数量不应少于 3 根。
② 检测试验应在锚杆的固结体强度达到设计强度的 75% 后进行。
③ 检测锚杆应采用随机抽样的方法选取。
④ 检测试验的张拉值应按表 1.9 取值。
⑤ 当检测的锚杆不合格时,应扩大检测数量。

表 1.9 锚杆的张拉值

支护结构安全等级	锚杆张拉值与轴向拉力标准值 N_k 的比值
一级	1.4
二级	1.3
三级	1.2

（3）喷射混凝土面层施工

其施工质量验收标准参照《建筑地基基础工程施工质量验收标准》（GB 50202—2018）。

墙面喷射混凝土的厚度应采用钻孔检测，钻孔数宜每 $100m^2$ 墙面积一组，每组不应少于3点，土钉墙厚度允许偏差±10mm，按照混凝土要求留置试件，强度满足设计要求。

4. 安全与环保措施

（1）安全要求

① 开挖应自上而下分层进行，每层开挖的最大高度应与土体的自稳能力相适应，以保持边坡稳定。

② 应选用对坡面扰动较小的施工机具和施工方法，在开挖中应防止上部和上下层连接处局部失稳。

③ 喷射混凝土时，喷嘴左右5m范围内不得站人，严禁喷嘴对人。

④ 喷射混凝土作业时，中断时间若超过1h，必须将仓内及输料管内混合料全部喷出。

（2）环保要求

① 应根据喷射方式、混凝土配合比等，采用合适的降尘措施，控制现场空气中粉尘含量，对从事喷射混凝土作业的人员，定期进行健康检查。

② 操作湿喷机喷射作业时，必须佩戴防护用品。

③ 喷浆完成后将现场废弃料收集到一起，集中处理，可以用于临时工程建设。

④ 在洞口及拌合站设置四级沉淀池，集中处理施工污水。

1.1.6 钢板桩施工

钢板桩施工流程见图1.5。

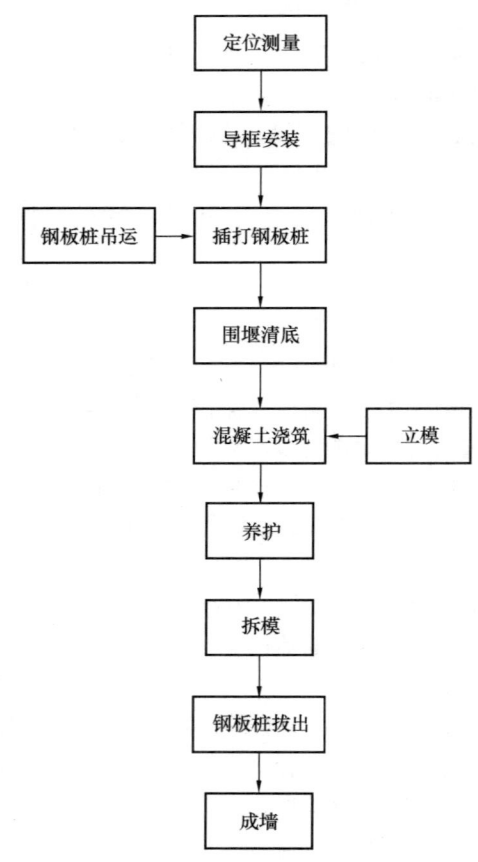

图 1.5 钢板桩施工流程

1. 施工要点

(1) 板桩的检验

对钢板桩,一般有材质检验和外观检验,以便对不合要求的板桩进行矫正,减少打桩过程中的困难。

外观检验：包括表面缺陷、长度、宽度、厚度、高度、端头矩形比、平直度和锁口形状等项内容。

(2) 钢板桩插打

① 钢板桩用吊机带振锤施打，施打前一定要熟悉地下管线、构筑物的情况，认真放出准确的支护桩中线。

② 打桩前，对板桩逐根检查，剔除连接锁口锈蚀、变形严重的板桩，不合格者待修整后才可使用。

③ 打桩前，在板桩的锁口内涂油脂，以方便打入拔出。

④ 钢板桩施打采用屏风式打入法施工。屏风式打入法不易使板桩发生屈曲、扭转、倾斜和墙面凹凸，打入精度高，易于实现封闭合拢。施工时，将 10～20 根板桩成排插入导架内，使它呈屏风状，然后施打。通常将屏风墙两端的一组板桩打至设计标高或一定深度，并严格控制垂直度，用电焊固定在围檩上，然后在中间按顺序分 1/3 或 1/2 板桩高度打入。屏风式打入法的施工顺序有正向顺序、逆向顺序、往复顺序、中分顺序、中和顺序和复合顺序。施打顺序对板桩垂直度、位移、轴线方向的伸缩、板桩墙的凹凸及打桩效率有直接影响。因此，施打顺序是板桩施工工艺的关键之一。其选择原则是：当屏风墙两端已打设的板桩呈逆向倾斜时，应采用正向顺序施打；反之，用逆向顺序施打；当屏风墙两端板桩保持垂直状况时，可采用往复顺序施打；当板桩墙长度很长时，可用复合顺序施打。

(3) 钢板桩的拔除

① 拔桩起点和顺序：对封闭式板桩墙，拔桩起点应离开角桩 5 根以上。可根据沉桩时的情况确定拔桩起点，必要时也可用跳拔的方法，拔桩的顺序最好与打桩时相反。

② 振打与振拔：拔桩时，可先用振动锤将板桩锁口振

活以减小土的黏附，然后边振边拔。对较难拔除的板桩可先用柴油锤将桩振下100～300mm，再与振动锤交替振打、振拔。

③ 起重机应随振动锤的启动而逐渐加荷，起吊力一般略小于减振器弹簧的压缩极限。

④ 供振动锤使用的电源为振动锤本身额定功率的1.2～2.0倍。

⑤ 对引拔阻力较大的板桩，采用间歇振动的方法，每次振动15min，振动锤连续不超过1.5h。

⑥ 对拔桩后留下的桩孔，必须及时回填处理。回填的方法采用填入法，填入法所用材料为砂。

2. 质量要点

（1）在插打过程中随时测量监控每块桩的斜度不超过2%，当偏斜过大不能用拉齐方法调正时，拔起重打。

（2）密扣且保证开挖后入土不小于2m，保证板桩顺利合拢；特别是工作井的四个角要使用转角板桩，若没有此类板桩，则用旧轮胎或烂布塞缝等辅助措施密封。

（3）打入桩后，及时进行桩体的闭水性检查，对漏水处进行焊接修补，每天派专人检查桩体。

3. 质量验收

施工质量验收标准参照《建筑地基基础工程施工质量验收标准》（GB 50202—2018），具体验收标准见表1.10。

表1.10 重复使用的钢板桩检验标准

序号	检查项目	允许偏差或允许值		检查方法
		单位	数值	
1	桩垂直度	%	<1	用钢尺量
2	桩身弯曲度		<2%l	用钢尺量，l为桩长

续表

序号	检查项目	允许偏差或允许值		检查方法
		单位	数值	
3	齿槽平直度及光滑度	无电焊渣或毛刺		用1m长的桩段做通过试验
4	桩长度	不小于设计长度		用钢尺量

4．安全与环保措施

（1）安全要求

① 打钢板桩时，非操作人员应远离，做好警示线，同时应设有专人指挥现场作业。

② 打桩时，应先用钢丝绳套在桩机上，待桩机将钢板桩提立竖直后再将钢板桩打入土基中，防止钢板桩滑落。

③ 钢板桩打桩过程中，桩机应距离基坑2m以上。

④ 打桩机停止工作后，应立即切断电源，并对机械进行养护。

⑤ 作业后，应锁住安全限位装置，并保证全部制动生效。

（2）环保要求

① 保证施工场地排水通畅，不产生淤积的泥水。

② 在居民区周边进行施工时，注意降噪，避免扰民。

③ 施工废水排放之前需要先进行处理，然后进行排放。

④ 进行围堰施工时，施工垃圾应及时处理，防止污染水源，严禁直接抛弃在河道内。

1.2 地基加固

地基加固施工流程见图1.6。

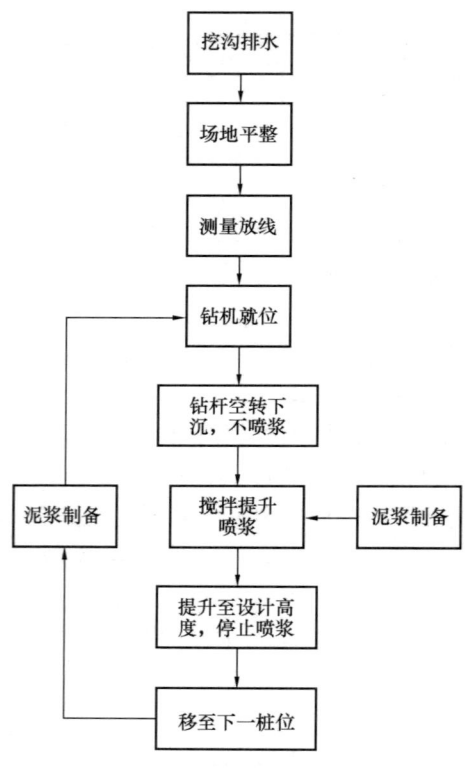

图 1.6 地基加固施工流程

1. 施工要点

（1）注浆

① 施工过程必须对注浆点位、浆液配比、注浆深度、注浆压力、浆液流量、注浆管提升速度等关键技术指标进行严格控制和跟踪检查。

② 应采用轻便触探器、静力触探、钻取土样等方法对加固土体进行检验。注浆效果检测点一般为注浆孔数的

2%~5%。如检验点不合格率超过20%，或虽未超过20%但检验点的平均值达不到设计要求时，在确认设计原则正确后，应对不合格的注浆区实施重复注浆。检测点位置应由监理工程师指定。

③ 所有的试验及检验报告应及时提交监理工程师审查，在得到书面许可后方可进行下一道工序的施工。

(2) 高压旋喷桩

① 施工过程中必须对每根桩的定位、桩长、垂直度、水泥用量、水灰比、喷浆的连续性、喷浆压力及浆液流量、喷浆提升速度、复搅等进行严格的控制和跟踪检查。

② 应采用轻便触探器、静力触探、钻取土样等方法对桩身质量和桩身强度进行检验。检验点的数量为注浆孔数的2%~5%，不足20孔的工程，至少检验3个点。检测点位置应由监理工程师指定。

③ 所有的试验及检验报告应及时提交监理工程师审查，在得到书面许可后方可进行下一道工序的施工。

(3) 搅拌桩

施工要点与1.1.4 SMW工法桩的水泥搅拌桩相同。

2. 质量要点

(1) 对地下工程的地基加固，应有专门的地基加固设计和施工组织设计，以确保工程要求。

(2) 地基加固处理的设计、施工应由具有相应资质的单位承担。当地基加固设计与主体结构设计不是同一设计单位时，地基加固设计施工图必须由主体结构设计单位认可并签字，施工单位不得自行设计。

(3) 当加固地基载荷试验结果未达到设计要求，应由设计核定并办理签证手续。

(4) 渗透注浆法

① 注浆终止条件可分注浆压力控制和注浆量控制两类。采用压力控制时,注浆终止压力不宜低于与埋深相应的静水压力和管道消耗阻力的压力,且不能低于 0.5MPa。采用注浆量控制时,注浆量根据设计要求而定。

② 注浆加固检验点的设置应符合下列条件:注浆加固面积在 $100m^2$ 内必须有 2 个检验点,加固面积每超过 $100m^2$ 应增加一个检验点。当检验结果低于设计指标的 70% 时,每单位面积增加一倍数量的检验点。

(5) 劈裂注浆法

① 钻孔前应校正钻机立轴垂直度,钻孔垂直度误差应小于 1%,钻进过程中须用泥浆护壁或下套管护壁,确保孔壁完整无塌孔现象。

② 注浆芯管应与射浆孔位置相吻合,每个注浆段的吸浆量小于 1～2L/min 时,可作为压浆终止条件。

③ 注浆加固检验点的设置应符合下列条件:注浆加固面积在 $100m^2$ 内必须有 2 个检验点,加固面积每超过 $100m^2$ 应增加一个检验点。当检验结果低于设计指标的 70% 时,每单位面积增加一倍数量的检验点。

(6) 树根桩法

① 桩位偏差不应超过 5cm,桩身垂直度偏差不应超过 1.0%;成孔钻进中,应有防止缩孔和塌孔措施。

② 压浆压力控制应为 1.5～2.0MPa,一般采用一次性压浆,浆液从孔底泛起,直至孔口泛浆为止。

③ 树根桩在施工中,每根桩应取一组试件,以测定桩身混凝土强度。试件规格应选用 150mm×150mm×150mm 的立方块,每组为三块。

④ 用于基础的承载桩，一个工程的验桩（动载或静载试验）数量，不应少于总数的60%。

（7）高压喷射注浆法

① 沉桩后的桩位偏差不应超过5cm。

② 在旋喷过程中，钻孔中正常的冒浆量不应超过注浆量的20%。超过该值或完全不冒浆时，必须查明原因并采取相应措施。

③ 用作基坑（槽）侧向围护或防渗帷幕的旋喷柱，应安排好桩位施工顺序，至少需跳打2个桩位，防止相邻桩体窜孔和穿浆。

④ 注浆加固面积在200m²内必须有2个检验点，加固面积每超过200m²应增加一个检验点。检验点应布置在桩体内，位置由设计人员确定。

（8）降水加固法

① 降水完毕后，应根据工程结构特点和土方回填进度，陆续关闭及逐根拔除井点管，土中所留的孔应立即用砂土填实。

② 深井在下放潜水泵的井管（或喷射井点管）以前必须清孔，滤网位置应在需要抽水的地层范围内。对有真空装置的井点管的管节和各接头的密封性均需要严加检查，不得漏气。

③ 排水管路的连接、埋深、走向和坡度均按设计要求施工，排水口应在降水影响范围以外。

3. 质量验收

施工质量验收标准参照《建筑地基基础工程施工质量验收标准》（GB 50202—2018）。

（1）注浆

其具体验收标准见表1.11。

表 1.11 注浆地基质量检验标准

项目	序号	检查项目		允许偏差或允许值		检查方法
				单位	数值	
主控项目	1	原材料检验	水泥	设计要求		查产品合格证书或抽样送检
			注浆用砂：粒径 细度模数 含泥量及有机物含量	mm %	<2.5 <2.0 <3	实验室试验
			注浆用黏土：塑性指数 黏粒含量 含砂量 有机物含量	 % % %	>14 >25 <5 <3	实验室试验
			粉煤灰：细度 烧失量	不粗于同时使用的水泥		实验室试验
				%	<3	
			水玻璃：模数	2.5～3.3		抽样送检
			其他化学浆液	设计要求		查产品合格证书或抽样送检
	2	注浆体强度		设计要求		取样检验
	3	地基承载力		设计要求		按规定方法
一般项目	1	各种注浆材料称量误差		%	<3	抽查
	2	注浆孔位		mm	±20	用钢尺量
	3	注浆孔深		mm	±100	量测注浆管长度
	4	注浆压力(与设计参数比)		%	±10	检查压力表读数

（2）高压旋喷桩

其具体验收标准见表 1.12。

表 1.12　高压喷射注浆地基质量检验标准

项目	序号	检查项目	允许偏差或允许值		检查方法
			单位	数值	
主控项目	1	水泥及外掺剂质量	符合出厂要求		查产品合格证书或抽样送检
	2	水泥用量	设计要求		查看流量表及水泥浆水灰比
	3	桩体强度或完整性检验	设计要求		按规定方法
	4	地基承载力	设计要求		按规定方法
一般项目	1	钻孔位置	mm	≤50	用钢尺量
	2	钻孔垂直度	%	≤1.5	经纬仪测钻杆或实测
	3	孔深	mm	±200	用钢尺量
	4	注浆压力	按设定参数指标		查看压力表
	5	桩体搭接	mm	>200	用钢尺量
	6	桩体直径	mm	≤50	开挖后用钢尺量
	7	桩身中心允许偏差		≤0.2D	开挖后桩顶下 500mm 处用钢尺量，D 为桩径

（3）搅拌桩

质量验收与 1.1.4 SMW 工法桩的水泥搅拌桩相同。

4．安全与环保措施

（1）安全要求

① 钻孔桩机设备进场前需进行安全验收，验收通过后方可投入施工。

② 机械设备发生故障后及时检修，决不带故障运行，不违规操作，杜绝事故。

③ 设备电路需按规范布设，并定期进行安全隐患排查。

④ 夜间施工时，需保证场地照明，并派专人巡查，防止事故发生。

（2）环保要求

① 钻孔注浆后，地表浮浆需及时清理、运出，避免污染施工场地。

② 施工产生的泥浆，未经沉淀不得排入市政排水管网。废浆和淤泥应使用封闭的专用车辆进行运输。

③ 施工现场应配备洒水降尘器具，设专人负责洒水降尘并及时清除浮土。

④ 噪声与振动控制。工程施工时采取降低噪声、振动措施。如通风机和空压机选择低噪声型号，并设置隔声设施，选用液压设备以降低噪声。

1.3 降 水

降水施工流程见图1.7。

1. 施工要点

（1）疏干降水

① 定位探管：

a. 施工井位时详细调查核实场区地下管线分布情况，当无法确定时可采用人工开孔的方法，当确认地下无各种管线后方可施工。

b. 为避开各种障碍物，降水井间距可作局部调整，但间距最大不应超过130％设计井间距。

c. 基槽土方开挖前，降水井的布设应已形成封闭或超前2倍基槽宽度。

② 钻机对中：将冲击钻机安装好后移至井位附近，核

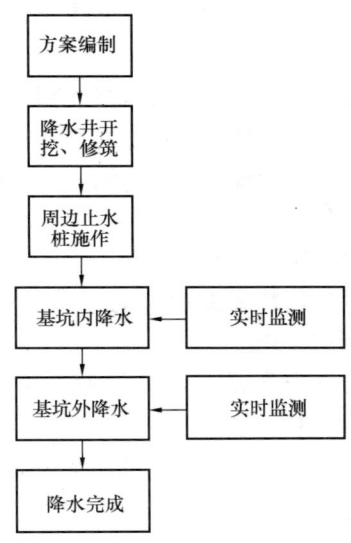

图 1.7 降水施工流程

对井位,将钻头中心对准管井中心点,调节钻机垂直度,井身要做到以下要求:

a. 井径误差±20mm。

b. 垂直度误差≤1%。

c. 井深应满足设计要求。

③ 井管安装:井孔深度经验收合格后,用抽渣筒清孔,清孔后采用汽车吊吊装井管。各节井管之间应同心并焊接严密,吊装时调整好井管中心位置与垂直度,井点管就位固定后,管上口临时封闭。

④ 填充滤料:井管吊放好后沿井管周围均匀投放滤料,滤料为$\phi 8 \sim \phi 10$mm 碎石,滤料填至井口下 1m 左右时用黏性土填实夯平。滤料投放前应清孔稀释泥浆。当投放滤料管

口有泥浆水冒出或向管内灌水能很快下渗时为渗水性能合格。

⑤ 洗井：采用空压机、活塞联合洗井，在空压机洗净之后再采用活塞洗井。重复以上洗井过程，直至满足出水含砂率小于 1/10000，以保证抽水设备正常运转及不致使泥砂带出会引起地层下沉。

a. 洗井要求达到"水清砂净"。

b. 下管、填充填料完成后应立即进行洗井，成井与洗井间隔时间不能超过 8h。

c. 采用隔离塞分段洗井，如果泥浆中含泥砂量较大，可先进行捞渣，再进行洗井。

d. 当常规洗井效果不好时，可加洗井剂浸泡后再洗井。

⑥ 试抽：管井运行前进行试抽，检查抽水是否正常，有无淤塞现象，如情况异常，应进行检修。

⑦ 正式抽降水：试抽正常后进行正式降水，基坑开挖至地下水位标高前的超前抽水时间不少于 14d，水位没达到设计深度以前，每天观测 3 次水位，水位达到设计深度后，每天观测一次水位。观测时记录水位、流量、含砂量，抽水过程中还应经常对抽水机械的电动机、传动轴、电流及电压等进行检查。

⑧ 停泵拔管：管井降水完毕后，可用起重设备将管井管口套紧徐徐拔出，滤水管拔出后可洗净再用，所留孔洞应用砂砾填实，上部 500mm 用黏性土填充夯实。

（2）降承压水

对承压水应进行坑底稳定性验算。根据计算结果确定是否采用降承压水的措施，以确保基坑工程安全，应符合下列规定：

① 正式降承压水前应做抽水试验确定降水参数,并报监理工程师审批,届时按抽水试验参数及周边环境状况再进行围护墙设计。

② 井点布置应综合考虑基坑周围环境条件、地质条件和现场施工条件,当基坑周围环境容许时,宜在基坑外设置井点。

③ 施工中必须将基坑内的疏干降水和抽取承压水分成两个独立的系统,并根据各自的技术要求制定降水施工组织设计。降水设计及计划应报监理工程师审查批准并备案。

④ 施工单位应对各工况下坑底抗承压水头的安全系数进行验算,并根据验算结果制订详细的降水和封井计划。

⑤ 坑内抽取承压水可按需抽取。

⑥ 承压水降水停止前应进行工况安全性计算,并得到监理工程师和设计方认可。

2. 质量要点

注入孔口的泥浆相对密度≤1.10(根据需要是否采用泥浆护壁),排出孔口的泥浆相对密度≤1.20。洗井应在下管填砾后8h内进行,洗井剂必须浸泡24h后再洗井,焦磷酸钠洗井液的配置浓度一般为0.6~1.0%。

3. 质量验收

疏干降水施工质量验收标准参照《地下铁道工程施工质量验收标准》(GB/T 50299—2018)和《建筑深基坑工程施工安全技术规范》(JGJ 311—2013):

(1) 钻孔孔径应比管径大200~300mm。

(2) 孔径应垂直、上下一致,孔底比管底深0.5~1m。

(3) 钢管井点管的滤管应采用穿孔钢管,孔隙率不应小于25%,外壁垫筋缠镀锌铅丝后并包土工布滤网,管井井点管采用无砂混凝土管时，其孔隙率不应小于20%，并外壁垫筋缠丝包土工布滤网。

（4）为防止因降水带出地层细颗粒物质造成地面沉降，抽出的水含砂量必须保证：粗砂含量<1/50000；中砂含量<1/20000；细砂含量<1/10000。

4. 安全与环保措施

（1）安全要求

① 根据现场实际需求另外留两台发电机组作为应急备用电源，确保降水系统用电不中断，从而确保降水效果。

② 成立应急小组，明确各应急小组人员工作职能，发现问题能及时上报。

③ 施工现场内要有安全标志，危险地区要设示警牌，且不得随意移动。

④ 排水设施派专人监控，每日安排专职人员定期检查。

（2）环保要求

① 专人维护场地、专职管理泥浆池，防止溢失，泥浆排污不影响场地环境。

② 施工产生的泥浆，未经沉淀不得排入市政排水管网。废浆和淤泥应使用封闭的专用车辆运输。

③ 施工前应了解地下水源情况，注意地下水资源的保护。

1.4 开挖支撑及回填

基坑开挖流程见图1.8。

1.4.1 基坑开挖

1. 施工要点

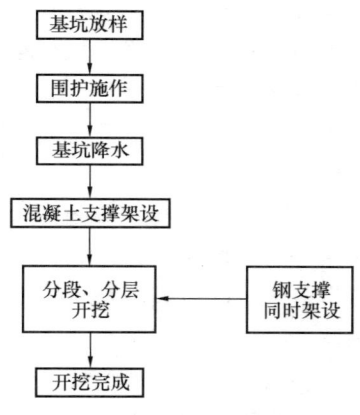

图 1.8 基坑开挖流程

（1）基坑开挖必须按设计要求分段开挖和浇筑底板。每段开挖中又分层、分小段，并限时完成每小段的开挖和支撑。因此，主要施工参数有：分段、分层、分小段；每小段宽度，每小段开挖的无支撑暴露时间以及每小段开挖厚度。

（2）选择基坑开挖的方法，开挖的步序，如何分段、分层、分小段开挖及限时完成每小段的开挖和支撑应严密细化。

（3）端头井的开挖，应首先撑好标准段内的 2 根对撑，再挖斜撑范围内的土方，最后挖除坑内的其余土方。斜撑范围内的土方，应自基坑角点沿垂直于斜撑方向向基坑内分层、分段、限时地开挖并架设支撑。对长度大于 20m 的斜撑，应先挖中间再挖两端。其主要施工参数有：每小段宽度，每小段开挖的无支撑暴露时间以及每层开挖厚度。

（4）基坑开挖过程中严禁超挖，分层开挖的每一层开挖面标高不得低于该层支撑的底面或设计基坑底标高。

(5) 基坑纵向放坡不得大于安全坡度,并进行必要的人工修坡。应对暴露时间较长或可能受暴雨冲刷的纵坡采用坡面保护措施,严防纵向滑坡。

(6) 开挖过程中应及时封堵地下连续墙接缝或墙体上的渗漏点。

(7) 设计坑底标高以上 30cm 的土方,应采用人工开挖,局部洼坑应用砾石砂填实至设计标高。

(8) 坑底应设集水坑,以利于及时排除坑底积水。集水坑与基坑挡墙内侧的距离应大于 1/4 基坑宽度。

(9) 在开挖到底后,必须组织五方责任主体共同验槽,同时在设计规定时间内浇筑混凝土垫层(包括混凝土垫层以下的砾石砂垫层或倒滤层)。垫层所用混凝土的强度以及达到强度的时间必须满足设计要求。

2. 质量要点

(1) 当基坑开挖深度低于地下水位,且土层中可能发生流砂现象时,应采用井点降水;如土质较好,亦可采用明沟、盲沟和积水井排水。基坑周围的地面排水沟必须通畅,坑内排除的水和地面雨水不得倒流、回渗入坑内。

(2) 基坑开挖过程中,应对土质情况、地下水位标高、土体位移、支撑变形等进行观察测量,作好原始记录。如发现地质条件与工程勘察资料明显不符,突然发生大量涌砂、冒水,或支护结构偏移、倾斜超过规定,应采取措施。

(3) 基坑开挖与土体回填过程中,应按周围建(构)筑物、地下管线保护要求选定以下施工监测项目:

① 支护结构变位监测。

② 开挖过程中坑底隆起监测。

③ 坑周土体的水平、垂直位移监测。

④ 邻近建（构）筑物和地下管线的沉降、水平位移观测。

（4）以钻孔灌注桩、深层搅拌桩（旋喷桩）作支护的基坑，必须在桩身混凝土达到设计强度后，方可进行基坑开挖。

（5）采用支撑结构的基坑，应随挖随撑，并经常检查各支撑的紧固度，及时予以顶紧。

（6）开挖过程中，对支护墙体出现的水土流失现象，应及时封堵。

（7）基坑内不得留有松散土、淤泥、石块等杂物，基底土壤应干燥未被扰动。如有超挖，严禁用土虚填。

（8）在垫层混凝土和地下结构现浇混凝土达到设计要求时及时回填。

（9）用多层支撑支护的地下工程施工时，每拆除一层支撑前，必须将支撑下部的结构外侧空间分层填实。

（10）钢板桩拔除，应在基坑回填达到密实度要求后间隔进行，边拔边灌砂，在必要时，可采取同步注浆或布袋注浆技术。

（11）拔除钢板桩应根据现场周围情况及设备条件，选取拔桩机械，在工程附近有控制沉降要求的工程中，不得采用振动拔桩。

3. 质量验收

施工质量验收标准参照《地下铁道工程施工质量验收标准》（GB/T 50299—2018），基底应平整压实，其允许偏差为+10mm、-20mm；平整度20mm，并在1m范围内不多于一处。

4. 安全与环保措施

（1）安全要求

① 基坑边缘应设置护栏，防止坠落事故的发生。

② 防护栏杆必须自上而下用安全网封闭。
③ 基坑边缘 3m 范围内严禁堆放一切材料。
④ 挖机作业时,挖机回转半径内严禁人员入内。
(2) 环保要求
① 施工现场应配备洒水降尘器具,设专人负责洒水降尘并及时清除浮土。
② 开挖土方及时清运,对于不能及时运出的基坑土进行覆盖处理。
③ 工程施工时采取降低噪声、振动措施。如通风机和空压机选择低噪声型号,并设置隔声设施,选用液压设备以降低噪声。

1.4.2 钢支撑

1. 施工要点

(1) 钢腰梁与排桩、地下连续墙等挡土构件间隙的宽度宜小于 100mm,并应在钢腰梁安装定位后,用强度等级不低于 C30 的细石混凝土填充密实。

(2) 对预加轴向压力的钢支撑,施加预压力时应符合下列要求:

① 对支撑施加压力的千斤顶应有可靠、准确的计量装置,并经有资质检验单位标定合格。

② 千斤顶压力的合力点应与支撑轴线重合,千斤顶应在支撑轴线两侧对称、等距放置,且应同步施加压力。

③ 千斤顶的压力应分级施加,施加每级压力后应保持压力稳定 10min 后方可施加下一级压力;压力加至设计规定值后,应在压力稳定 10min 后方可按设计预压力值进行锁定。

④ 支撑施加压力过程中,当出现焊点开裂、局部压曲等异常情况时应卸除压力,在对支撑的薄弱处进行加固后方

可继续施加压力。

⑤ 当监测的支撑压力出现损失时,应再次施加压力。

(3) 对钢支撑,当夏期施工产生较大温度应力时,应及时对支撑采取降温措施。当冬期施工降温产生的收缩使支撑端头出现空隙时,应及时用铁楔将空隙揿紧。

(4) 支撑端部应设防止移动脱落的构造措施。

(5) 斜支撑和地下连续墙(或围檩)的连接构造必须满足抗剪的要求。

(6) 立柱和支撑连接构造应对支撑有三维约束作用而又不影响复加支撑预应力。

(7) 结构施工不能拆除的钢支撑,伸入结构侧墙部分必须采取止水措施。

(8) 在开挖过程中应按监测方案定时测量立柱的回弹,并及时调节立柱与支撑拉紧装置上的木楔,以释放桩回弹后作用于支撑的向上顶力。

2. 质量要点

(1) 钢支撑进入施工现场后都应做全面的检查验收,必须保证质量,进行试拼装,不符合要求的坚决不用。

(2) 基坑开挖至设计标高后,必须及时安装支撑,并按设计要求施加支撑预应力值。支撑位置应准确,其支撑端部的中心位置误差不小于 5 mm。顶梁后采用支托或吊拉的可靠措施固定牢固,严防支撑因桩体变形和施工撞击而脱落。为保证支撑安装质量,在开挖每一层每小段的过程中,当开挖出一道支撑的位置时,即按设计要求在支护桩两侧断面上测定出该道两端与支护桩的接触位置,以保证支撑与支护结构面垂直且位置准确。接触位置应平整,使之受力均匀。腰梁与支护结构的连接应牢固后方可进行横撑安装。

(3) 地面上有专人负责检查，及时提供开挖面上所需的支撑及其配件以保证支撑长度适当，每根支撑弯曲不超过15mm，并保证支撑、土体及接头的承载能力符合设计要求的安全度。

(4) 钢支撑安装按图纸设计要求，所有支撑拼接必须顺直，每次安装前先抄水平标高，以支撑的轴线拉麻线检验支撑的位置。斜撑支撑轴线要确保与钢牛腿或托架端呈水平垂直，其垂直度误差不大于2%。

(5) 每道支撑安装后，及时按设计要求施加预应力，预应力施加至设计要求加钢楔顶紧后方可拆除千斤顶。支撑下方的土在支撑未加预应力前不得开挖。考虑所加预应力损失10%，对施加预应力的油泵装置要经常检查，使之运行正常，所量出预应力值准确。每根支撑施加的预应力值要记录备查。施加预应力时，要及时检查每个接点的连接情况，并做好施加预应力的记录。

(6) 严禁支撑在施加预应力后由于和预埋件不能均匀接触而导致偏心受压。

(7) 对受拉受剪的焊缝必须敲掉焊渣检查，防止虚假焊。焊缝满焊，焊缝表面要求焊波均匀，不准有气孔、夹渣、裂纹、肉瘤等现象。

(8) 使用螺栓接拼钢支撑，同一端面相邻螺栓应穿向相反，两次旋紧，螺栓外露不得少于两牙。

(9) 对于基坑钢支撑换撑，应先将替换的钢支撑按要求安装完成并施加预应力后方可拆换。

(10) 围檩采用双拼 H350×350×14×14 或三拼 H300×300×12×12，增加支撑的整体刚度，以抵抗斜撑轴力的水平纵向分力。同时钢支撑安装必须确保支撑端头与围檩均匀接触，并设防止钢支撑端部移动脱落的构造措施，如 $\phi 16$ 钢丝绳。

（11）在端头井部位，部分斜撑和直撑呈立体交叉形式布置，在施工过程，应尽量避免相互碰撞。

3. 质量验收

施工质量验收标准参照《建筑基坑支护技术规程》（JGJ 120—2012），内支撑的施工偏差应符合下列要求：

（1）支撑标高的允许偏差应为 30mm。

（2）支撑水平位置的允许偏差应为 30mm。

（3）临时立柱平面位置的允许偏差应为 50mm，垂直度的允许偏差应为 1/150。

（4）立柱用作主体结构构件时，立柱平面位置的允许偏差应为 10mm，垂直度允许偏差应为 1/300。

4. 安全与环保措施

（1）安全要求

① 钢支撑安装前必须进行安全验算，支撑钢管需满足强度和刚度要求。

② 钢支撑与混凝土接触面需凿毛，并施加预应力，保证支撑强度。

③ 钢支撑架设应该与基坑开挖同步进行，边开挖边支撑。

④ 起吊设备的钢丝绳必须经过安全检查，且直径符合要求后方可使用。

（2）环保要求

① 施工现场夜间照明不影响周围环境，不产生光污染。

② 作业时尽量控制噪声影响，对噪声过大的设备尽可能不用或少用。

③ 对产生噪声的重点设施、设备采取加强润滑和维护保养等有效措施，以减少噪声对周围环境的影响。

1.4.3 钢筋混凝土支撑

1. 施工要点

（1）钢筋安装时，受力钢筋的牌号、规格和数量必须符合设计要求。

（2）钢筋混凝土支撑的设置位置应尽量结合围檩及主体结构楼板的设置一并考虑。

（3）应按设计要求分段、限时施工。

（4）支撑系统混凝土浇筑后，必须达到设计要求强度方可进行该支撑面以下的土体的开挖。

2. 质量验收

施工质量验收标准参照《混凝土结构工程施工质量验收规范》（GB 50204—2015）的规定。

（1）钢筋安装偏差及检验方法应符合表1.13的规定。

表1.13 钢筋安装允许偏差和检验方法

项目		允许偏差（mm）	检验方法
绑扎钢筋网	长、宽	±10	尺量
	网眼尺寸	±20	尺量连续三档，取最大偏差值
绑扎钢筋骨架	长	±10	尺量
	宽、高	±5	尺量
纵向受力钢筋	锚固长度	−20	尺量
	间距	±10	尺量两端、中间各一点，取最大偏差值
	排距	±5	
纵向受力钢筋、箍筋的混凝土保护层厚度	基础	±10	尺量
	柱、梁	±5	尺量
	板、墙、壳	±3	尺量

续表

项目		允许偏差（mm）	检验方法
绑扎箍筋、横向钢筋间距		±20	尺量连续三档，取最大偏差值
钢筋弯起点位置		20	尺量，沿纵、横两个方向量测，并取其中偏差的较大值
预埋件	中心线位置	5	尺量
	水平高差	+3，0	塞尺量测

（2）混凝土的强度等级必须符合设计要求。用于检验混凝土强度的试件应在浇筑地点随机抽取。

检查数量：对同一配合比混凝土，取样与试件留置应符合下列规定：

① 每拌制 100 盘且不超过 100m³ 时，取样不得少于一次。

② 每工作班拌制不足 100 盘时，取样不得少于一次。

③ 连续浇筑超过 1000m³ 时，每 200m³ 取样不得少于一次。

④ 每一楼层取样不得少于一次。

⑤ 每次取样应至少留置一组试件。

检验方法：检查施工记录及混凝土强度试验报告。

3. 安全与环保措施

（1）安全要求

① 振捣棒使用者应佩戴橡胶手套，穿绝缘鞋，防止振捣器漏电。

② 搅拌车转换搅拌方向时需停止搅拌后再转向，严禁直接换挡。

③ 使用溜槽时，严禁人员直接站在溜槽上操作。

（2）环保要求

① 在振捣混凝土时，对操作工人进行技术交底，严禁振捣棒直接振捣钢筋及模板。

② 在搅拌机前台及运输车清洗处设置沉淀池。排放的废水先排入沉淀地，经二次沉淀后，方可排入城市排污管网或回收用于洒水降尘。

③ 在振捣混凝土时，对操作工人进行技术交底，严禁振捣棒直接振捣钢筋及模板，减少噪声污染。

1.4.4 栈桥

1. 施工要点

栈桥板上不得堆载，栈桥上通过车辆不得超过设计承载能力，栈桥上应设警示限重标志，并设置禁止土方车、公交车等大车限制通行措施，混凝土支撑及栈桥结构达到设计强度后车辆方可驶过栈桥。车辆在栈桥上行走时，车身竖向投影不应超出栈桥范围。若需通过更重的车辆，则需提交车辆荷载要求，提交设计对栈桥及下部支撑结构体系进行复核修改。

2. 质量验收

施工质量验收标准与钢筋混凝土支撑验收标准相同。

3. 安全与环保措施

（1）安全要求

① 打桩前必须对桩进行严格检查。不允许使用有裂缝或其他缺陷的桩，以防止断桩事故。

② 吊装时应系缆风绳，使桩保持平衡，防止碰撞。

③ 周围安装安全网，防止落水事故发生。

④ 为保证栈桥畅通，栈桥上严禁堆放货物。

（2）环保要求

① 加强对可能产生扬尘的物资管理，袋装水泥、粉煤灰、石灰等在装卸及使用过程中应避免从高处摔落，应轻拿轻放，不应用力摔打。

② 对施工现场的道路、砂石等建筑材料堆场及其他作业区，在连续高湿地干燥时，要经常洒水湿润，保持尘土不上扬。

③ 散体物料、建筑垃圾必须按照规定实行车辆密闭化运输，装卸时严禁凌空抛散。易飞扬的细颗粒散体材料尽量库内存放，如露天存放时采用苫盖严密，运输和卸运时防止遗撒飞扬。

1.4.5 土方回填

1. 施工要点

（1）土方回填前应清除基底的垃圾、树根等杂物，抽除坑穴积水、淤泥，验收基底标高。如在耕植土或松土上填方，应在基底压实后再回填。

（2）对填方土料应按设计要求验收后方可填入。

（3）填方施工过程中应检查排水措施，每层填筑厚度、含水量控制、压实程度。填筑厚度及压实遍数应根据土质、压实系数及所用机具确定。如无试验依据，应符合表1.14的规定。

表1.14 填土施工时的分层厚度及压实遍数

压实机具	分层厚度（mm）	每层压实遍数
平碾	250～300	6～8
振动压实机	250～350	3～4
柴油打夯机	200～250	3～4
人工打夯	<200	3～4

2. 质量验收

填方施工结束后,应检查标高、边坡坡度、压实程度等,检验标准应符合表1.15的规定。

表1.15 填土工程质量检验标准　　　　　　（mm）

项目	序号	检查项目	允许偏差或允许值					检验方法
			柱基基抗基槽	场地平整		管沟	地(路)面基础层	
				人工	机械			
主控项目	1	标高	−50	±30	±50	−50	−50	水准仪
	2	分层压实系数	设计要求					按规定方法
一般项目	1	回填土料	20	20	50	20	20	用2m靠尺和楔形塞尺检查
	2	分层厚度及含水量	设计要求					观察或土样分析
	3	表面平整度	20	20	30	20	20	用塞尺或水准仪

3. 安全与环保措施

（1）安全要求

① 使用推土机回填时,严禁从一侧直接推入沟坑。

② 人工使用手推车回填时,沟坑边应设置挡板。

③ 回填土应从两侧对称回填,并分层夯实。

（2）环保要求

① 使用推土机、装载机、挖掘机、平地机、压路机、打夯机等施工机械时,应注意其粉尘、尾气的排放,以免污染大气。

② 禁止将有毒有害废弃物用作土方回填，以免污染地下水和环境。

③ 土方运输车在从土源出场时将松土拍实、整形，并加以覆盖；现场存土点用绿色密目网覆盖。土方外运时应注意避免遗撒及粉尘污染路面及大气。施工道路每天安排洒水车进行洒水降尘。注意运输土料、渣土过程中的遗撒问题，避免污染环境，影响市容。

1.5 结 构

支模工程施工流程见图1.9。

1.5.1 模板和支架

1. 施工要点

（1）模板应按图加工、制作，通用性强的模板宜制作成定型模板。

（2）模板面板背侧的木方高度应一致。制作胶合板模板时，其板面拼缝处应密封。地下室外墙和人防工程墙体的模板对拉螺栓中部应设止水片，止水片应与对拉螺栓环焊。

（3）与通用钢管支架匹配的专用支架，应按图加工、制作。搁置于支架顶端可调托座上的主梁，可采用木方、木工字梁或截面对称的型钢制作。

（4）支架立柱和竖向模板安装在基土上时，应符合下列规定：

① 应设置具有足够强度和支承面积

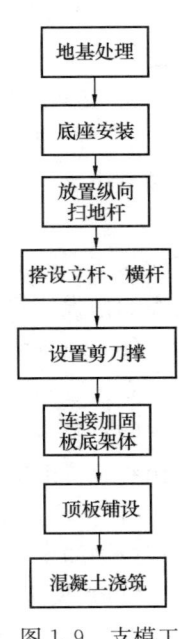

图1.9 支模工程施工流程

的垫板，且应中心承载。

② 基土应坚实，并应有排水措施；对湿陷性黄土，应有防水措施；对冻胀性土，应有防冻融措施。

③ 对软土地基，当需要时可采用堆载预压的方法调整模板面安装高度。

（5）竖向模板安装时，应在安装基层面上测量放线，并应采取保证模板位置准确的定位措施。对竖向模板及支架，安装时应有临时稳定措施。安装位于高空的模板时，应有可靠的防倾覆措施。应根据混凝土一次浇筑高度和浇筑速度，采取合理的竖向模板抗侧移、抗浮和抗倾覆措施。

（6）采用门式钢管架搭设模板支架时，应符合下列规定：

① 支架应符合现行行业标准的有关规定。

② 当支架高度较大或荷载较大时，宜采用主立杆钢管直径不小于48mm并用加强横杆的门架搭设。

（7）支架的垂直斜撑和水平斜撑应与支架同步搭设，架体应与成形的混凝土结构拉结。钢管支架的垂直斜撑和水平斜撑的搭设应符合国家现行有关钢管脚手架标准的规定。

（8）对现浇多层、高层混凝土结构，上、下楼层模板支架的立杆应对准，模板及支架钢管等应分散堆放。

（9）模板安装应保证混凝土结构构件各部分形状、尺寸和相对位置准确，并应防止漏浆。

（10）模板安装应与钢筋安装配合进行，梁柱节点的模板宜在钢筋安装后安装。

（11）模板与混凝土接触面应清理干净并涂刷脱模剂，脱模剂不得污染钢筋和混凝土接槎处。

（12）模板安装完成后，应将模板内杂物清除干净。

（13）后浇带的模板及支架应独立设置。

（14）固定在模板上的预埋件、预留孔和预留洞均不得遗漏，且应安装牢固、位置准确。

2. 质量要点

（1）对跨度不小于 4m 的梁、板，其模板起拱高度宜为梁、板跨度的 1/1000～3/1000。

（2）采用碗扣式、插接式和盘销式钢管架搭设模板支架时，应符合下列规定：

① 碗扣架或盘销架的水平杆与立柱的扣接应牢靠，不应滑脱。

② 立杆上的上、下层水平杆间距不应大于 1.8m。

③ 插入立杆顶端可调托座伸出顶层水平杆的悬臂长度不应超过 650mm，螺杆插入钢管的长度不应小于 150mm，其直径应满足与钢管内径间隙不小于 6mm 的要求。架体最顶层的水平杆步距应比标准步距缩小一个节点间距。

④ 立柱间应设置专用斜杆或扣件钢管斜杆加强模板支架。

3. 质量验收

施工质量验收标准参照《混凝土结构工程施工质量验收规范》（GB 50204—2015）的规定。

（1）主控项目

① 模板及支架用材料的技术指标应符合国家现行有关标准的规定。进场时应抽样检验模板和支架材料的外观、规格和尺寸。

② 现浇混凝土结构模板及支架的安装质量，应符合国家现行有关标准的规定和施工方案的要求。

③ 后浇带处的模板及支架应独立设置。

④ 支架竖杆和竖向模板安装在土层上时，应符合下列规定：

a. 土层应坚实、平整，其承载力或密实度应符合施工方案的要求。

b. 应有防水、排水措施；对冻胀性土，应有预防冻融措施。

c. 支架竖杆下应有底座或垫板。

（2）一般项目

① 模板安装质量应符合下列规定：

a. 模板的接缝应严密。

b. 模板内不应有杂物、积水或冰雪等。

c. 模板与混凝土的接触面应平整、清洁。

d. 用作模板的地坪、胎膜等应平整、清洁，不应有影响构件质量的下沉、裂缝、起砂或起鼓。

e. 对清水混凝土及装饰混凝土构件，应使用能达到设计效果的模板。

② 脱模剂的品种和涂刷方法应符合施工方案的要求。脱模剂不得影响结构性能及装饰施工；不得沾污钢筋、预应力筋、预埋件和混凝土接槎处；不得对环境造成污染。

③ 模板的起拱应符合现行国家标准《混凝土结构工程施工规范》（GB 50666）的规定，并应符合设计及施工方案的要求。

检查数量：在同一检验批内，对梁，跨度大于18m时应全数检查，跨度不大于18m时应抽查构件数量的10%，且不应少于3件；对板，应按有代表性的自然间抽查10%，且不应少于3间；对大空间结构，板可按纵、横轴线划分检查面，抽查10%，且不应少于3面。

④ 现浇混凝土结构多层连续支模应符合施工方案的规定。上下层模板支架的竖杆宜对准。竖杆下垫板的设置应符合施工方案的要求。

⑤ 固定在模板上的预埋件和预留孔洞不得遗漏,且应安装牢固。有抗渗要求的混凝土结构中的预埋件,应按设计及施工方案的要求采取防渗措施。

预埋件和预留孔洞的位置应满足设计和施工方案的要求。当设计无具体要求时,其位置偏差应符合表 1.16 的规定。

检查数量:在同一检验批内,对梁、柱和独立基础,应抽查构件数量的 10%,且不应少于 3 件;对墙和板,应按有代表性的自然间抽查 10%,且不应少于 3 间;对大空间结构墙可按相邻轴线间高度 5m 左右划分检查面,板可按纵、横轴线划分检查面,抽查 10%,且均不应少于 3 面。

表 1.16 埋件和预留孔洞的安装允许偏差

项目		允许偏差(mm)
预埋板中心线位置		3
预埋管、预留孔中心线位置		3
插筋	中心线位置	5
	外露长度	+10,0
预埋螺栓	中心线位置	2
	外露长度	+10,0
预留洞	中心线位置	10
	尺寸	+10,0

注:检查中心线位置时,沿纵、横两个方向量测,并取其中偏差的较大值。

⑥ 现浇结构模板安装的尺寸偏差及检验方法应符合

表 1.17 的规定。

检查数量：在同一检验批内，对梁、柱和独立基础，应抽查构件数量的 10%，且不应少于 3 件；对墙和板，应按有代表性的自然间抽查 10%，且不应少于 3 间；对大空间结构，墙可按相邻轴线间高度 5m 左右划分检查面，板可按纵、横轴线划分检查面，抽查 10%，且均不应少于 3 面。

表 1.17 现浇结构模板安装的允许偏差及检验方法

项目		允许偏差（mm）	检验方法
轴线位置		5	尺量检查
底模上表面标高		±5	水准仪或拉线、尺量
模板内部尺寸	基础	±10	尺量
	柱、墙、梁	±5	尺量
	楼梯相邻踏步高差	±5	尺量
垂直度	柱、墙层高≤6m	8	经纬仪或吊线、尺量
	柱、墙层高>6m	10	经纬仪或吊线、尺量
相邻两块模板表面高差		2	尺量
表面平整度		5	2m 靠尺和塞尺量测

注：检查轴线位置当有纵横两个方向时，沿纵、横两个方向量测，并取其中偏差的较大值。

4. 安全与环保措施

（1）安全要求

① 对模板支架进行详细的受力分析和验算，确保计算结果满足规范要求。

② 明确材料的规格尺寸及接头方式；纵横向的扫地杆、剪刀撑的布置，顶部立杆的伸出长度等构造措施。

③ 明确混凝土浇捣程序及方法、模板支撑的安放顺利以及其他安全技术措施。优先考虑从中部向四周扩展的浇筑方法。

（2）环保要求

① 严格控制作业时间，一般晚 10 时到次日早 6 时严禁使用强噪声机械作业。

② 尽量避免或减少施工过程中的光污染。夜间室外照明灯应加设灯罩，透光方向集中在施工范围。电焊作业采取遮挡措施，避免电焊弧光外泄。

③ 人工传递架子管时要轻拿轻放，禁止向地下抛架子管和扣件。

1.5.2 主体结构

1. 施工要点

（1）底板

底板施工工艺流程见图 1.10。

① 底板施工前应将坑底软弱土清除干净，并用砾石、砂、碎石或素混凝土填平。

② 素混凝土垫层标高、厚度及强度满足设计要求，面层应无蜂窝、麻面和裂缝。

③ 底板与地下连续墙的接触面必须凿毛、清洗，并在漏水处进行堵漏处理。

④ 底板钢筋与地下墙体底板相接时，应将钢筋连接器全部凿出弯正，连接时必须用测力扳手控制其旋紧程度并满足规范要求。

⑤ 底板钢筋、预埋件、预留孔洞等设置经监理工程师检查合格办理隐蔽工程验收后方可浇筑混凝土。

⑥ 底板混凝土浇捣必须按顺序连续不断完成，采用高

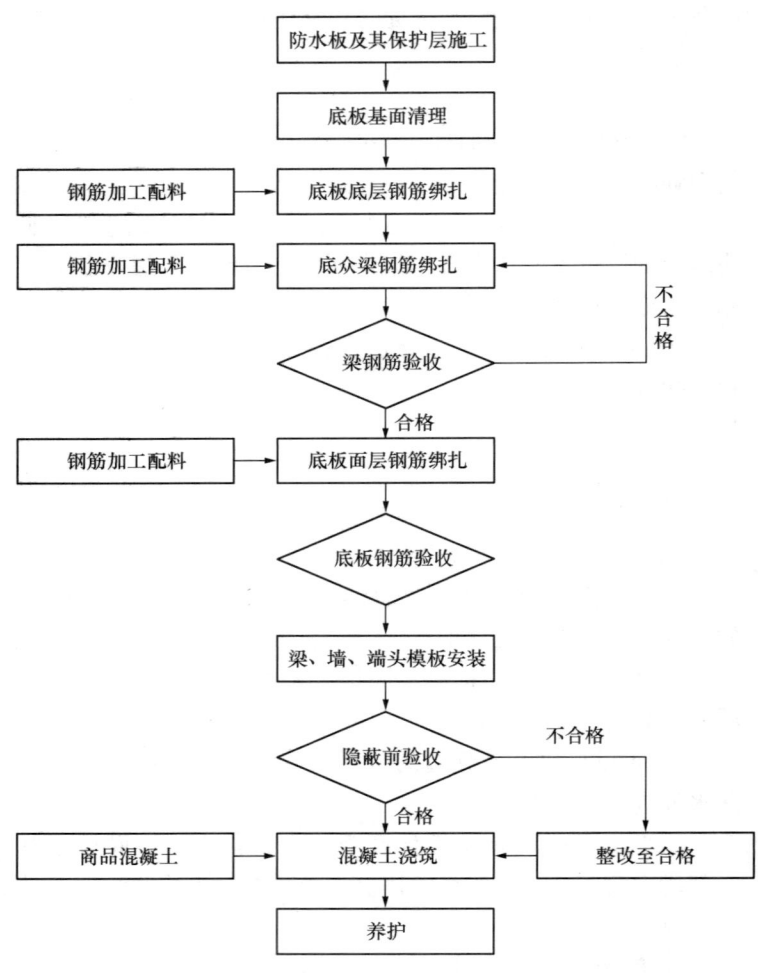

图 1.10 底板施工工艺流程

频振动器振捣密实，不得出现漏振或过振现象。

（2）侧墙

侧墙施工工艺流程见图1.11。

与围护结构叠合时侧墙施工如下：

① 侧墙施工前必须将地下墙凿毛处理，并按设计做好防水施工。

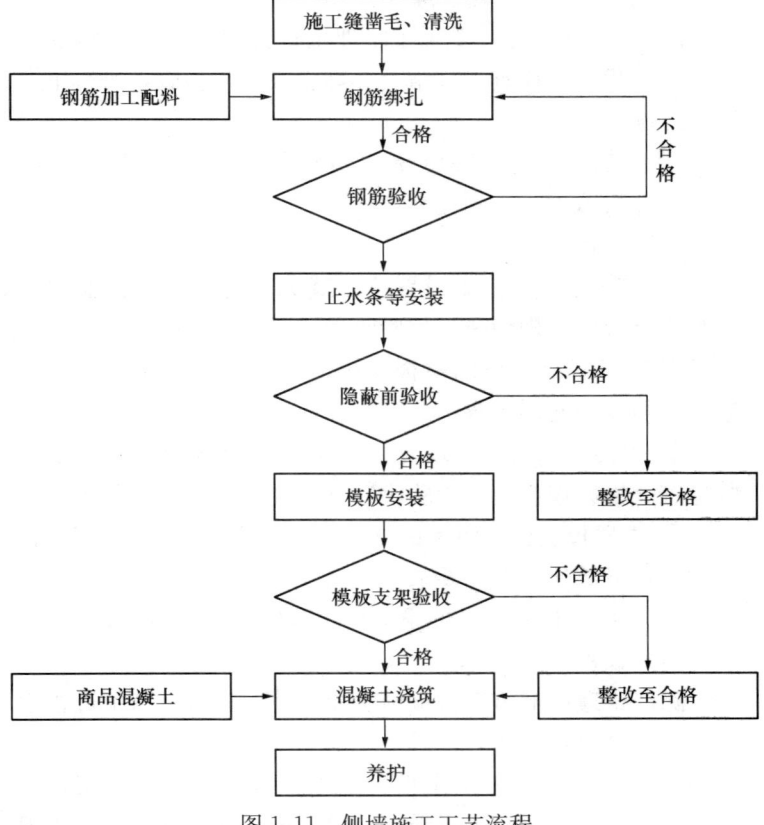

图1.11 侧墙施工工艺流程

② 对地下连续墙的墙面渗漏应按规范及设计要求处理。

③ 侧墙内模及支架应有足够的强度、刚度和侧向稳定性。

④ 对支撑架等预埋件必须按设计进行止水处理并经监理工程师认可后方可进行下一道工序的施工。

⑤ 应根据设计要求设置施工缝和后浇带，并保证其稳固、可靠、不变形、不漏浆。

⑥ 立内模之前，应通知监理工程师对防水层、钢筋及预埋件工程进行检查，合格后办理隐蔽工程验收，进行下一道工序施工。

⑦ 一次立模浇捣高度超过 3m 时，应采取合理立模补强措施并报监理工程师批准。

（3）中板

① 应根据设计要求设置施工缝和后浇带，并经监理工程师检查合格办理隐蔽工程验收后方可浇筑混凝土。

② 中楼板梁、板的模板支架应采用满堂支架，其密度应满足强度和变形要求。

③ 中楼板钢筋、预埋件、预留孔洞等设置经监理工程师检查合格办理隐蔽工程验收后方可浇筑中楼板混凝土。

④ 中楼板底标高应考虑支架、搭板沉降及施工误差后，仍能满足下部建筑限界要求。

⑤ 中楼板达到设计要求的拆模强度后方可拆模。

（4）顶板

除严格遵循上节中楼板施工要求外，还应在施工过程中采取如下措施：

① 顶板（或上一层中板）施工应考虑其施工荷载，对中板（下一层中板）进行受力工况分析，并得到设计及监理

工程师的认可后方可进行。

② 顶板上堆放设备、材料等附加荷载前必须进行强度验算,并将计算书报监理工程师和设计人员书面认可。

③ 养护期结束后应立即施作顶板防水层和防水保护层,采用砂浆或混凝土作保护层时应进行养护。

2. 质量要点

(1) 底板混凝土浇捣完成的同时,及时收水、压实、抹光,终凝后及时养护,养护时间不少于规范要求。

(2) 侧墙混凝土浇灌时应分层(每层高不超过 30cm),浇捣连续不间断完成,分层浇捣时注意不出现漏振或过振。

(3) 侧墙混凝土浇捣完成后,注意及时浇水养护,不少于 14d。

(4) 侧墙外模板的拆除时间不应少于 7d。

(5) 跨度在 8m 以上的结构,必须在混凝土强度达到设计强度的 100% 时方可拆除模板。

(6) 顶板混凝土终凝前应对顶面混凝土压实、收浆成细毛面。

(7) 终凝后应及时养护,并尽量采用蓄水养护,养护时间不少于 14d。

3. 质量验收

施工质量验收标准参照《混凝土结构工程施工质量验收规范》(GB 50204—2015)的规定。

(1) 钢筋工程

① 浇筑混凝土之前,应进行钢筋隐蔽工程验收。隐蔽工程验收应包括下列主要内容:

a. 纵向受力钢筋的牌号、规格、数量、位置。

b. 钢筋的连接方式、接头位置、接头质量、接头面积百分率、搭接长度、锚固方式及锚固长度。

c. 箍筋、横向钢筋的牌号、规格、数量、间距、位置,箍筋弯钩的弯折角度及平直段长度。

d. 预埋件的规格、数量和位置。

② 钢筋、成型钢筋进场检验,当不满足下列条件之一时,其检验批容量可扩大一倍:

a. 获得认证的钢筋、成型钢筋。

b. 同一厂家、同一牌号、同一规格的钢筋,连续3批均一次检验合格。

c. 同一厂家、同一类型、同一钢筋来源的成型钢筋,连续3批均一次检验合格。

(2) 材料

① 钢筋进场时,应按国家标准《钢筋混凝土用钢 第1部分:热轧光圆钢筋》(GB/T 1499.1—2017)、《钢筋混凝土用钢 第2部分:热轧带肋钢筋》(GB/T 1499.2—2018)、《钢筋混凝土用余热处理钢筋》(GB 13014—2013)、《钢筋混凝土用钢 第3部分:钢筋焊接网》(GB/T 1499.3—2010)、《冷轧带肋钢筋》(GB/T 13788—2017)、《抗震热轧H型钢》(YB/T 4620)及《冷轧带肋钢筋混凝土结构技术规程》(JGJ 95—2011)、《冷拔低碳钢丝应用技术规程》(JGJ 19—2010)的规定抽取试件作屈服强度、抗拉强度、伸长率、弯曲性能和重量偏差检验,检验结果应符合相关标准的规定。

检验数量:按进场批次和产品的抽样检验方案确定。

② 成型钢筋进场时,应抽取试件作屈服强度、抗拉强度、伸长率和重量偏差检验,检验结果应符合国家现行相关标准的规定。

对由热轧钢筋制成的成型钢筋,当有施工单位或监理单位的代表驻厂监督生产过程,并提供原材钢筋力学性能第三方检验报告时,可仅进行重量偏差检验。

检查数量:同一厂家、同一类型、同一钢筋来源的成型钢筋,不超过30t为一批,每批中每种钢筋牌号、规格均应至少抽取1个钢筋试件,总数不应少于3个。

③ 对按一、二、三级抗震等级设计的框架和斜撑构件(含梯段)中的纵向受力普通钢筋应采用 HRB335E、HRB400E、HRB500E、HRBF335E、HRBF400E 或 HRBF500E 钢筋,其强度和最大力下总伸长率的实测值应符合下列规定:

a. 抗拉强度实测值与屈服强度实测值的比值不应小于1.25。

b. 屈服强度实测值与屈服强度标准值的比值不应大于1.30。

c. 最大力下总伸长率不应小于9%。

检查数量:按进场的批次和产品的抽样检验方案确定。

④ 钢筋应平直、无损伤,表面不得有裂纹、油污、颗粒状或片状老锈。

检查数量:全数检查。

⑤ 成型钢筋的外观质量和尺寸偏差应符合国家现行相关标准的规定。

检查数量:同一厂家、同一类型的成型钢筋,不超过30t为一批,每批随机抽取3个成型钢筋试件。

⑥ 钢筋机械连接套筒、钢筋锚固板以及预埋件等的外观质量应符合国家现行相关标准的规定。

检查数量:按国家现行相关标准的规定确定。

(3) 钢筋加工

① 钢筋弯折的弯弧内直径应符合下列规定：

a. 光圆钢筋，不应小于钢筋直径的 2.5 倍。

b. 335MPa 级、400MPa 级带肋钢筋，不应小于钢筋直径的 4 倍。

c. 500MPa 级带肋钢筋，当直径为 28mm 以下时不应小于钢筋直径的 6 倍，当直径为 28mm 及以上时不应小于钢筋直径的 7 倍。

d. 箍筋弯折处尚不应小于纵向受力钢筋的直径。

检查数量：按每工作班同一类型钢筋、同一加工设备抽查不应少于 3 件。

② 纵向受力钢筋的弯折后平直段长度应符合设计要求。光圆钢筋末端作 180°弯钩时，弯钩的平直段长度不应小于钢筋直径的 3 倍。

检查数量：按每工作班同一类型钢筋、同一加工设备抽查不应少于 3 件。

检验方法：尺量。

③ 箍筋、拉筋的末端应按设计要求做弯钩，并应符合下列规定：

a. 对一般结构构件，箍筋弯钩的弯折角度不应小于 90°，弯折后平直段长度不应小于箍筋直径的 5 倍；对有抗震设防要求或设计有专门要求的结构构件，箍筋弯钩的弯折角度不应小于 135°，弯折后平直段长度不应小于箍筋直径的 10 倍。

b. 圆形箍筋的搭接长度不应小于其受拉锚固长度，且两末端弯钩的弯折角度不应小于 135°，弯折后平直段长度对一般结构构件不应小于箍筋直径的 5 倍，对有抗震设防要求的结构构件不应小于箍筋直径的10倍。

c. 梁、柱复合箍筋中的单肢箍筋两端弯钩的弯折角度均不应小于135°，弯折后平直段长度应符合上述对箍筋的有关规定。

检查数量：按每工作班同一类型钢筋、同一加工设备抽查不应少于3件。

④ 盘卷钢筋调直后应进行力学性能和重量偏差的检验，其强度应符合国家现行有关标准的规定，其断后伸长率、重量偏差应符合表1.18的规定。力学性能和重量偏差检验应符合下列规定：

表1.18 盘卷钢筋调直后的断后伸长率、重量偏差要求

钢筋牌号	断后伸长率A（%）	重量偏差（%）	
		直径6～12mm	直径14～16mm
HPB300	≥21	≥-10	—
HRB335、HRBF335	≥16	≥-8	≥-6
HRB400、HRBF400	≥15		
RRB400	≥13		
HRB500、HRBF500	≥14		

注：断后伸长率A的量测标距为5倍钢筋直径。

a. 3个试件先进行重量偏差检验，再取其中2个试件进行力学性能检验。

b. 重量偏差应按下式计算：

$$\Delta = (W_d - W_o) \times 100 / W_o$$

式中　Δ——重量偏差（%）；

W_d——3个调直钢筋试件的实际重量之和（kg）；

W_0——钢筋理论重量（kg），取每米理论重量（kg/m）与3个调直钢筋试件长度之和（m）的乘积。

c. 检验重量偏差时，试件切口应平滑并与长度方向垂直，其长度不应小于500mm；长度和重量的量测精度分别不应低于1mm和1g。

采用无延伸功能的机械设备调直的钢筋，可不进行本规定的检验。

检查数量：同一加工设备、同一牌号、同一规格的调直钢筋，重量不大于30t为一批，每批见证抽取3个试件。

钢筋加工的形状、尺寸应符合设计要求，其偏差应符合表1.19的规定。

检查数量：按每工作班同一类型钢筋、同一加工设备抽查不应少于3件。

表1.19 钢筋加工的允许偏差

项目	允许偏差（mm）
受力钢筋沿长度方向的净尺寸	±10
弯起钢筋的弯折位置	±20
箍筋外廓尺寸	±5

（4）钢筋连接

① 钢筋的连接方式应符合设计要求。

检查数量：全数检查。

② 钢筋采用机械连接或焊接连接时，钢筋机械连接接头、焊接接头的力学性能、弯曲性能应符合国家现行相关标准的规定。接头试件应从工程实体中截取。

检查数量：按行业标准《钢筋机械连接技术规程》（JGJ 107—2016）和《钢筋焊接及验收规程》（JGJ 18—

2012)的规定确定。

③ 螺纹接头应检验拧紧扭矩值,挤压接头应量测压痕直径,检验结果应符合行业标准《钢筋机械连接技术规程》(JGJ 107—2016)的相关规定。

检查数量:按行业标准《钢筋机械连接技术规程》(JGJ 107—2016)的规定确定。

④ 钢筋接头的位置应符合设计和施工方案要求。有抗震设防要求结构中,梁端、柱端箍筋加密区范围内不应进行钢筋搭接。接头末端至钢筋弯起点距离不应小于钢筋直径的10倍。

检查数量:全数检查。

⑤ 钢筋机械连接接头、焊接接头的外观质量应符合行业标准《钢筋机械连接技术规程》(JGJ 107—2016)和《钢筋焊接及验收规程》(JGJ 18—2012)的规定。

检查数量:按行业标准《钢筋机械连接技术规程》(JGJ 107—2016)和《钢筋焊接及验收规程》(JGJ 18—2012)的规定确定。

检验方法:观察,尺量。

⑥ 当纵向受力钢筋采用机械连接接头或焊接接头时,同一连接区段内纵向受力钢筋的接头面积百分率应符合设计要求;当设计无具体要求时,应符合下列规定:

a. 受拉接头,不宜大于50%;受压接头,可不受限制。

b. 直接承受动力荷载的结构构件中,不宜采用焊接;当采用机械连接时,不应超过50%。

检查数量:在同一检验批内,对梁、柱和独立基础,应抽查构件数量的10%,且不应少于3件;对墙和板,应按有代表性的自然间抽查10%,且不应少于3间;对大空间结构，墙可按相邻轴线间高度5m左右划分检查面，板可按纵横轴线划分检查面，抽查10%，且均不应少于3面。

注：a. 接头连接区段是指长度为35d且不小于500mm的区段，d为相互连接两根钢筋的直径较小值。

b. 同一连接区段内纵向受力钢筋接头面积百分率为接头中点位于该连接区段内的纵向受力钢筋截面面积与全部纵向受力钢筋截面面积的比值。

⑦ 当纵向受力钢筋采用绑扎搭接接头时，接头的设置应符合下列规定：

a. 接头的横向净间距不应小于钢筋直径，且不应小于25mm。

b. 同一连接区段内，纵向受拉钢筋的接头面积百分率应符合设计要求；当设计无具体要求时，应符合：梁类、板类及墙类构件，不宜超过25%；基础筏板，不宜超过50%；柱类构件，不宜超过50%；当工程中确有必要增大接头面积百分率时，对梁类构件，不应大于50%。

检查数量：在同一检验批内，对梁、柱和独立基础，应抽查构件数量的10%，且不应少于3件；对墙和板，应按有代表性的自然间抽查10%，且不应少于3间；对大空间结构，墙可按相邻轴线间高度5m左右划分检查面，板可按纵横轴线划分检查面，抽查10%，且均不应少于3面。

注：a. 接头连接区段是指长度为1.3倍搭接长度的区段。搭接长度取相互连接两根钢筋中较小直径计算。

b. 同一连接区段内纵向受力钢筋接头面积百分率为接头中点位于该连接区段长度内的纵向受力钢筋截面面积与全部纵向受力钢筋截面面积的比值。

⑧ 梁、柱类构件的纵向受力钢筋搭接长度范围内箍筋

的设置应符合设计要求；当设计无具体要求时，应符合下列规定：

a. 箍筋直径不应小于搭接钢筋较大直径的 1/4。

b. 受拉搭接区段的箍筋间距不应大于搭接钢筋较小直径的 5 倍，且不应大于 100mm。

c. 受压搭接区段的箍筋间距不应大于搭接钢筋较小直径的 10 倍，且不应大于 200mm。

d. 当柱中纵向受力钢筋直径大于 25mm 时，应在搭接接头两个端面外 100mm 范围内各设置 2 个箍筋，其间距宜为 50mm。

检查数量：在同一检验批内，应抽查构件数量的 10%，且不应少于 3 件。

（5）钢筋安装

① 钢筋安装时，受力钢筋的牌号、规格和数量必须符合设计要求。

检查数量：全数检查。

② 受力钢筋的安装位置、锚固方式应符合设计要求。

检查数量：全数检查。

③ 钢筋安装偏差及检验方法应符合表 1.20 的规定。

梁板类构件上部受力钢筋保护层厚度的合格点率应达到 90% 及以上，且不得有超过表中数值 1.5 倍的尺寸检查。

检查数量：在同一检验批内，对梁、柱和独立基础，应抽查构件数量的 10%，且不少于 3 件；对墙和板，应按有代表性的自然间抽查 10%，且不少于 3 间；对大空间结构，墙可按相邻轴线间高度 5m 左右划分检查面，板可按纵横轴线划分检查面，抽查 10%，且均不少于 3 面。

表 1.20 钢筋安装允许偏差和检验方法

项目		允许偏差（mm）	检验方法
绑扎钢筋网	长、宽	±10	尺量
	网眼尺寸	±20	尺量连续三档，取最大偏差值
绑扎钢筋骨架	长	±10	尺量
	宽、高	±5	尺量
纵向受力钢筋	锚固长度	−20	尺量
	间距	±10	尺量两端、中间各一点，取最大偏差值
	排距	±5	
纵向受力钢筋、箍筋的混凝土保护层厚度	基础	±10	尺量
	柱、梁	±5	尺量
	板、墙、壳	±3	尺量
绑扎箍筋、横向钢筋间距		±20	尺量连续三档，取最大偏差值
钢筋弯起点位置		20	尺量，沿纵、横两个方向量测，并取其中偏差的较大值
预埋件	中心线位置	5	尺量
	水平高差	+3, 0	塞尺量测

4. 安全与环保措施

（1）安全要求

① 搬运钢筋要注意附近有无障碍物、架空电线和其他临时电气设备，防止碰撞或发生触电事故。

② 现场绑扎悬空大梁钢筋时，必须要在脚手板上操作，

绑扎柱头钢筋时不准站在钢箍上绑扎，必须搭设操作架。

③ 在雷雨天时必须停止露天操作，预防雷击伤人。

④ 在安装成品钢筋时，应检查模板、脚手架是否安全。

（2）环保要求

① 水泥和其他易飞扬细颗粒散体材料，要库内存放或有覆盖物封闭，运输要防止遗撒、飞扬，卸运应有降尘措施。

② 施工道路面每天一次清扫，三次洒水，路面要结合设计中的永久道路布置硬化施工道路，并设有洗车处。清扫生产垃圾要有效防止二次扬尘。洒水、洗车用水适度，不得造成浪费。

③ 为保证施工现场居民的夜间休息，对距居民区150m以内的施工现场，夜间 22：00～次日 6：00 时间宜停止施工。

1.6 工程防水

1.6.1 防水混凝土结构施工

1. 施工要点

（1）防水混凝土不得采用人工拌和。其机械搅拌时间不得少于 2min，掺外加剂时，应根据外加剂的技术要求确定搅拌时间。

（2）混凝土在运输过程中，必须采取措施防止漏浆、离析、坍落度损失。

（3）混凝土应分层浇筑，分层振捣，并满足下列要求：

① 每层厚度不宜超过 300～400mm。

② 相邻两层浇筑时间间隔不超过 2h。

③ 浇筑混凝土的自落高度不得超过 2.0m，否则应另行考虑浇筑措施。

(4) 防水混凝土必须采用机械振捣密实，振捣时间宜为 10～30s，不得漏振、欠振和过振。

防水混凝土应连续浇筑，因施工需要留设施工缝时必须征得设计同意，并得到监理工程师的认可。

(5) 防水混凝土应连续浇筑，宜少留施工缝。当留设施工缝时，应遵守下列规定：

① 墙体水平施工缝不应留在剪力与弯矩最大处或底板与侧墙的交接处，应留在高出底板表面不小于 300mm 的墙体上。拱（板）墙结合的水平施工缝，宜留在拱（板）墙接缝线以下 150～300mm 处。墙体有预留孔洞时，施工缝距孔洞边缘不应小于 300mm。

② 垂直施工缝应避开地下水和裂隙水较多的地段，并宜与变形缝相结合。

(6) 施工缝上浇筑混凝土前，对缝表面应凿毛处理，清除浮粒，用水冲洗干净并保持湿润，再铺上一层 20～25mm 厚，其材料和灰砂比与混凝土相同的水泥砂浆。施工缝上浇筑混凝土之前须经监理工程师检查认可。

(7) 防水混凝土结构内部设置的各种钢筋或绑扎铁丝，不得接触模板。固定模板用的螺栓必须穿过混凝土结构时，止水措施必须符合设计要求，若设计无规定时，应得到监理工程师的同意。

(8) 防水混凝土结构内的预埋铁件、穿墙管道、密集群管、钢筋稠密处，以及结构的后浇缝部位，均为可能导致渗漏水的薄弱之处，应采取切实有效措施，仔细施工，确保混凝土的浇筑质量。

（9）防水混凝土结构后浇带的止水构造形式、位置、尺寸，以及止水使用的材料、后浇带填料的物理力学性能应符合设计要求。应加强变形缝处混凝土的浇筑和振捣，保证混凝土的密实，确保防水质量。

（10）防水混凝土终凝后应立即进行养护，养护时间不得少于14d，在养护期间应使混凝土表面保持湿润。拆模时混凝土表面温度与环境温度之差不得超过15℃，以防止混凝土表面产生裂缝。

（11）防水混凝土的冬期施工，应符合下列规定：

① 混凝土入模温度不应低于5℃。

② 宜采用综合蓄热法、蓄热法、暖棚法等养护方法，并应保持混凝土表面湿润，防止混凝土早期脱水。

③ 采用掺化学外加剂方法施工时，应采取保温保湿措施。

（12）连续浇筑混凝土量为500m³以下时，应留两组抗渗试块，每增加250～500m³应增留两组。如使用的原材料、配合比或施工方法有变化时，均应另行留置试块。

试块应在浇筑地点制作，其中一组应在标准条件下养护，另一组应与现场相同条件下养护，试块养护期不得少于28d。

2. 质量要点

（1）隧道结构应采用掺外加剂的防水混凝土。

（2）防水混凝土配合比必须经试验确定，其抗渗等级应比设计要求提高0.2MPa。

（3）防水混凝土的环境温度，不得高于80℃；处于侵蚀性介质中防水混凝土的耐侵蚀系数，不应小于0.8。

（4）防水混凝土结构底板的混凝土垫层，强度等级不应小于 C15,厚度不应小于 100mm,在软弱土层中不应小于 150mm。

(5) 防水混凝土结构,应符合下列规定:

① 结构厚度不应小于 250mm。

② 裂缝宽度不得大于 0.2mm,并不得贯通。

③ 迎水面钢筋保护层厚度不应小于 50mm。

(6) 防水混凝土使用的水泥,应符合下列规定:

① 水泥的强度等级不应低于 32.5MPa。

② 在不受侵蚀性介质和冻融作用时,宜采用普通硅酸盐水泥、硅酸盐水泥、火山灰质硅酸盐水泥、粉煤灰硅酸盐水泥、矿渣硅酸盐水泥,使用矿渣硅酸盐水泥必须掺用高效减水剂。

③ 在受侵蚀性介质作用时,应按介质的性质选用相应的水泥。

④ 在受冻融作用时,应优先选用普通硅酸盐水泥,不宜采用火山灰质硅酸盐水泥和粉煤灰硅酸盐水泥。

⑤ 不得使用过期或受潮结块的水泥,并不得将不同品种或强度等级的水泥混合使用。

(7) 防水混凝土所用的砂、石应符合下列规定:

① 石子最大粒径不宜大于 40mm,泵送时其最大粒径应为输送管径的 1/4;吸水率不应大于 1.5%;不得使用碱活性骨料。其他要求应符合《普通混凝土用砂、石质量及检验方法标准》(JGJ 52—2006)的规定。

② 砂宜采用中砂,其要求应符合《普通混凝土用砂、石质量及检验方法标准》(JGJ 52—2006)的规定。

(8) 拌制混凝土所用的水,应符合《混凝土用水标准》(JGJ 63—2006)的规定。

(9) 防水混凝土可根据工程需要掺入减水剂、膨胀剂、防水剂、密实剂、引气剂、复合型外加剂等外加剂，其品种和掺量应经试验确定。所有外加剂应符合国家或行业标准一等品及以上的质量要求。

(10) 防水混凝土可掺入一定数量的粉煤灰、磨细矿渣粉、硅粉等。粉煤灰的级别不应低于二级，掺量不宜大于20%；硅粉掺量不应大于3%；其他掺合料的掺量应经过试验确定。

(11) 每立方米防水混凝土中各类材料的总碱量（Na_2O当量）不得大于3kg。

(12) 防水混凝土的配合比，应符合下列规定：

① 水泥用量不得少于320kg/m^3；掺有活性掺合料时，水泥用量不得少于280kg/m^3。

② 砂率宜为35%～40%，泵送时可增至45%。

③ 灰砂比宜为1∶1.5～1∶2.5。

④ 水灰比不得大于0.55。

⑤ 普通防水混凝土坍落度不宜大于50mm。防水混凝土采用预拌混凝土时，入泵坍落度宜控制在（120±20）mm，入泵前坍落度每小时损失值不应大于30mm，坍落度总损失不应大于60mm。

⑥ 掺加引气剂或引气型减水剂时，混凝土含气量应控制在3%～5%。

⑦ 防水混凝土采用预拌混凝土时，缓凝时间宜为6～8h。

(13) 防水混凝土配料必须按配合比准确称量。计量允许偏差不应大于下列规定：

① 水泥、水、外加剂、掺合料为±1%。

② 砂、石为±2%。

（14）使用减水剂时，减水剂宜预溶成一定浓度的溶液。

（15）防水混凝土拌合物必须采用机械搅拌，搅拌时间不应少于2min。掺外加剂时，应根据外加剂的技术要求确定搅拌时间。

（16）防水混凝土拌合物在运输后如出现离析，必须进行二次搅拌。当坍落度损失后不能满足施工要求时，应加入原水灰比的水泥浆或二次掺加减水剂进行搅拌，严禁直接加水。

（17）防水混凝土必须采用高频机械振捣密实，振捣时间宜为10~30s，以混凝土泛浆和不冒气泡为准，应避免漏振、欠振和超振。掺加外加剂或引气型减水剂时，应采用高频插入式振捣器振捣。

（18）防水混凝土灌筑时的自由倾落高度不应大于2m。当灌筑结构的高度超过3m时，应采用串筒、溜槽或振动溜管下落。

（19）防水混凝土应连续浇筑，宜少留施工缝。当留设施工缝时，应遵守下列规定：

① 墙体水平施工缝不应留在剪力与弯矩最大处或底板与侧墙的交接处，应留在高出底板表面不小于300mm的墙体上。拱（板）墙结合的水平施工缝，宜留在拱（板）墙接缝线以下150~300mm处。墙体有预留洞时，施工缝距空洞边缘不应小于300mm。

② 垂直施工缝应避开地下水和裂隙水较多的地段，并宜与变形缝相结合。

（20）施工缝的施工应符合下列规定：

① 水平施工缝浇灌混凝土前，应将其表面浮浆和杂物

清除，先铺净浆，再铺 30~50mm 厚的 1∶1 水泥砂浆或涂刷混凝土界面处理剂，并及时灌筑混凝土。

② 垂直施工缝灌筑混凝土前，应将其表面清理干净，并涂刷水泥净浆或混凝土界面处理剂，并及时灌筑混凝土。

③ 选用的遇水膨胀止水条应具有缓胀性能，其 7d 的膨胀率不应大于最终膨胀率的 60%。

④ 遇水膨胀止水条应牢固地安装在缝表面或预留槽内。

⑤ 采用中埋式止水带时，应确保位置准确、固定牢靠。

（21）大体积防水混凝土的施工，应采取下列措施：

① 在设计许可的情况下，采用混凝土 60d 强度作为设计强度。

② 采用低热或中热水泥，掺加粉煤灰、磨细矿渣粉等掺合料。

③ 掺入减水剂、缓凝剂、膨胀剂等外加剂。

④ 在炎热季节施工时，采取降低原材料温度、减少混凝土运输时吸收外界热量等降温措施。

⑤ 混凝土内部预埋管道，进行水冷散热。

⑥ 采取保温保湿养护。混凝土中心温度与表面温度的差值不应大于 25℃，混凝土表面温度与大气温度的差值不应大于 25℃，养护时间不应少于 14d。

（22）防水混凝土结构内部设置的各种钢筋或绑扎铁丝不得接触模板。固定模板用的螺栓必须穿过混凝土结构时，可采用工具式螺栓或螺栓加堵头，螺栓上应加焊方形止水环。拆模后应加强防水措施，将留下的凹槽封堵密实，并宜在迎水面涂刷防水涂料。

（23）防水混凝土终凝后，应立即进行养护，并保持湿润，养护期不少于 14d。

（24）防水混凝土的冬期施工，应符合下列规定：

① 混凝土入模温度不应低于5℃。

② 宜采用综合蓄热法、蓄热法、暖棚法等养护方法，并应保持混凝土表面湿润，防止混凝土早期脱水。

③ 采用掺化学外加剂方法施工时，应采取保温保湿措施。

（25）防水混凝土试件的留置组数，同一配合比时，每100m³和500m³（不足者也分别按100m³和500m³计）应分别做两组抗压强度和抗渗压力试件，其中一组在同条件下养护，另一组在标准条件下养护。

3. 质量验收

施工质量验收标准参照《地下防水工程质量验收规范》（GB 50208—2011）的规定。

（1）防水混凝土的原材料、配合比及坍落度必须符合设计要求。

（2）防水混凝土的抗压强度和抗渗性能必须符合设计要求。

（3）防水混凝土结构的变形缝、施工缝、后浇带、穿墙管、埋设件等设置和构造必须符合设计要求。

（4）防水混凝土结构表面应坚实、平整，不得有露筋、蜂窝等缺陷；埋设件位置应准确。

（5）防水混凝土结构表面的裂缝宽度不应大于0.2mm，且不得贯通。

（6）防水混凝土结构厚度不应小于250mm，其允许偏差应为+8mm、-5mm；主体结构迎水面钢筋保护层厚度不应小于50mm，其允许偏差为±5mm。

4. 安全与环保措施

（1）安全要求

① 浇筑作业必须设专人指挥，分工明确。

② 泵送混凝土时，宜设 2 名以上人员牵引布料杆。泵送管接口、安全阀、管架等必须安装牢固，输送前应试送，检修时必须卸压。

③ 向模板内灌筑混凝土时，作业人员应协调配合，灌筑人员应听从振捣人员的指挥。

（2）环保要求

① 及时清扫落地材料，保持现场环境整洁。

② 湿润泵管的水、砂浆倾倒要用吊斗统一接收，以免污染施工环境及混凝土作业面。

③ 冲洗泵的水，要及时排入现场排水沟，停止泵送时，要及时关掉自来水阀门，以免浪费水资源和污染环境。

1.6.2 卷材防水层

1. 施工要点

（1）卷材防水层材料质量及规格应满足规范及设计要求。

（2）卷材及其胶粘剂应具有良好的耐水性、耐久性、耐穿刺性、耐腐蚀性和耐菌性。

（3）卷材防水层的原材料应有出厂质量证明文件、试验报告，以及现场取样复检报告，其质量必须符合规范及设计要求，并经监理工程师检验认可后，方可用于防水工程施工。

（4）铺设卷材的基层应坚实、平整，清洁，阴阳角处应做圆弧或折角，并应符合所用卷材的施工要求。不得有空出的尖角、筋头和凹坑或表面起砂现象。当用 2m 长的直尺检查时，直尺与基层表面的空隙不应超过 5mm，且每米长度内不得超过一处，空隙处只允许有平缓变化。

基层表面应清洁干净，无污物，无明显漏水点。相邻表面构成的转角处应做成圆弧，圆弧半径应大于150mm。

基层处理完毕后须经监理工程师验收认可后方可进行卷材防水层铺设施工。

(5) 铺贴卷材严禁在雨天、雪天、五级风及以上时施工；冷粘法、自粘法施工的环境气温不宜低于5℃，热熔法、焊接法施工的环境气温不宜低于-10℃，施工过程中下雨或下雪时，应做好已铺卷材的防护工作。

(6) 防水卷材施工前，基面应干净、干燥，并应涂刷基层处理剂，当基面潮湿时，应涂刷湿固化型胶粘剂或潮湿界面隔离剂。基层处理剂配制与施工应符合下列规定：

① 基层处理剂应与卷材及其粘结材料的材性相容。

② 基层处理剂喷涂法或涂刷应均匀一致，不应露底，表面干燥后方可铺贴卷材。

(7) 铺贴卷材防水层应符合下列规定：

① 应铺设卷材加强层。

② 结构底板垫层混凝土部位的卷材可采用空铺法或点粘施工，其粘结位置、点粘面积应按设计要求确定，侧墙采用外贴法的卷材及顶板部位的卷材应采用满粘法施工。

③ 卷材与基面、卷材与卷材间的粘结应紧密、牢固，铺贴完成的卷材应平整顺直，搭接尺寸应准确，不得产生扭曲和褶皱。

④ 卷材搭接处和接头部位应粘贴牢固，接缝口应封严或采用材性相容的密封材料封缝。

⑤ 铺贴立面卷材防水层时，应采取防止卷材下滑的措施。

⑥ 铺贴双层卷材时，上下两层和相邻两幅卷材的接缝

应错开 1/3～1/2 幅宽，且两层卷材不得相互垂直铺贴。

（8）弹性体改性沥青防水卷材和改性沥青聚乙烯胎防水卷材采用热熔法施工时应加热均匀，不得加热不足或烧穿卷材，搭接缝部位应溢出热熔的改性沥青。

（9）铺贴自粘聚合物改性沥青防水卷材应符合下列规定：

① 基层表面应平整、干净、干燥、无尖锐突起物或孔隙。

② 排除卷材下面的空气，应辊压粘贴牢固，卷材表面不得有扭曲、褶皱和起泡现象。

③ 立面卷材铺贴完成后，应将卷材端头固定或嵌入墙体顶部的凹槽内，并应用密封材料封严。

④ 低温施工时，宜对卷材和基面适当加热，然后铺贴卷材。

（10）铺贴三元乙丙橡胶防水卷材应采用冷粘法施工，并应符合下列规定：

① 基底胶粘剂应涂刷均匀，不应露底、堆积。

② 胶粘剂涂刷与卷材铺贴的间隔时间应根据胶粘剂的性能控制。

③ 铺贴卷材时，应辊压粘贴牢固。

④ 搭接部位的粘合面应清理干净，并应采用接缝专用胶粘剂或胶粘带粘结。

（11）铺贴聚氯乙烯防水卷材，接缝采用焊接法施工时，应符合下列规定：

① 卷材的搭接缝可采用单焊缝或双焊缝。单焊缝搭接宽度应为 60mm，有效焊接宽度不应小于 30mm；双焊缝搭接宽度应为 80mm，中间应留设 10～20mm 的空腔，有效焊

接宽度不宜小于10mm。

② 焊接缝的结合面应清理干净,焊接应严密。

③ 应先焊长边搭接缝,后焊短边搭接缝。

(12) 铺贴聚乙烯丙纶复合防水卷材应符合下列规定:

① 应采用配套的聚合物水泥防水粘结材料。

② 卷材与基层粘贴应采用满粘法,粘结面积不应小于90%,刮涂粘结料应均匀,不应露底、堆积。

③ 固化后的粘结料厚度不应小于1.3mm。

④ 施工完的防水层应及时做保护层。

(13) 高分子自粘胶膜防水卷材宜采用预铺反粘法施工,并应符合下列规定:

① 卷材宜单层铺设。

② 在潮湿基面铺设时,基面应平整坚固、无明显积水。

③ 卷材长边应采用自粘边搭接,短边应采用胶粘带搭接,卷材端部搭接区应相互错开。

④ 立面施工时,在自粘边位置距离卷材边缘10~20mm内,应每隔400~600mm进行机械固定,并应保证固定位置被卷材完全覆盖。

⑤ 浇筑结构混凝土时不得损伤防水层。

(14) 采用外防外贴法铺贴卷材防水层时,应符合下列规定:

① 应先铺平面,后铺立面,交接处应交叉搭接。

② 临时性保护墙宜采用石灰砂浆砌筑,内表面宜做找平层。

③ 从底面折向立面的卷材与永久性保护墙的接触部位,应采用空铺法施工;卷材与临时性保护墙或围护结构模板的接触部位,应将卷材临时贴附在该墙上或模板上,并应将顶

端临时固定。

④ 不设保护墙时,从底面折向立面的卷材接槎部位应采用可靠的保护措施。

⑤ 混凝土结构完成,铺贴立面卷材时,应先将接槎部位的各层卷材揭开,并应将其表面清理干净,如卷材有局部损伤,应及时进行修补;卷材接槎的搭接长度,高聚物改性沥青类卷材应为150mm,合成高分子类卷材应为100mm;当使用两层卷材时,卷材应错槎接缝,上层卷材应盖过下层卷材。

(15) 采用外防内贴法铺贴卷材防水层时,应符合下列规定:

① 混凝土结构的保护墙内表面应抹厚度为20mm的1:3水泥砂浆找平层,然后铺贴卷材。

② 卷材宜先铺立面,后铺平面;铺贴立面时,应先铺转角,后铺大面。

(16) 卷材防水层经检查合格后,应及时做保护层,保护层应符合下列规定:

① 顶板卷材防水层上的细石混凝土保护层,应符合规定:采用机械碾压回填土时,保护层厚度不宜小于70mm;采用人工回填土时,保护层厚度不宜小于50mm;防水层与保护层之间宜设置隔离层。

② 底板卷材防水层上的细石混凝土保护层厚度不应小于50mm。

③ 侧墙卷材防水层宜采用软质保护材料或铺抹20mm厚1:2.5水泥砂浆层。

2. 质量要点

(1) 卷材防水层必须采用与卷材相适应的粘贴涂料,其涂刷应符合设计和产品技术文件的规定。

（2）卷材防水层必须在基层面验收合格后方可铺贴，并在铺贴完毕经验收合格后及时施工保护层。

（3）卷材防水层铺贴收头部位、搭接部位、端部等必须进行密封处理。

3. 质量验收

施工质量验收标准参照《地下防水工程质量验收规范》（GB 50208—2011）的规定。

（1）卷材防水层所用卷材及其配套材料必须符合设计要求。

（2）卷材防水层在转角处、变形缝、施工缝、穿墙管等部位做法必须符合设计要求。

（3）卷材防水层的搭接缝应粘贴或焊接牢固，密封严密，不得有扭曲、褶皱、翘边和起泡等缺陷。

（4）采用外防外贴法铺贴卷材防水层时，立面卷材接槎的搭接宽度，高聚物改性沥青类卷材应为150mm，合成高分子类卷材应为100mm，且上层卷材应盖过下层卷材。

（5）侧墙卷材防水层的保护层与防水层应结合紧密，保护层厚度应符合设计要求。

（6）卷材搭接宽度的允许偏差应为－10mm。

4. 安全与环保措施

（1）安全要求

① 存放卷材和胶粘剂的仓库或现场要严禁烟火，如需用明火，必须有防火措施，且应设置一定数量的灭火器材和砂袋。

② 高处作业时应严格遵守"高处作业"的安全要求。人员不得过分集中，必要时系好安全带。

③ 地下室防水施工的照明用电，其电源电压应不大于36V；在特别潮湿的场所，其电源电压不得大于12V。

（2）环保要求

① 尽量减少有毒有害材料的使用，多采用新型环保材料。

② 施工过程中产生的建筑垃圾及时处理，严禁随意丢弃。

③ 在保证施工的前提下，节约用水，珍惜资源。

1.6.3 涂料防水层

1. 施工要点

（1）无机防水涂料基层表面应干净、平整、无浮浆和明显积水。

（2）有机防水涂料基层表面应基本干燥，不应有气孔、凹凸不平、蜂窝麻面等缺陷。涂料施工前，基层阴阳角应做成圆弧形。

（3）涂料防水层严禁在雨天、露天、5级及以上大风时施工，不得在施工环境温度低于5℃及高于35℃或烈日暴晒时施工。涂膜固化前如有降雨可能时，应及时做好已完涂层的保护工作。

（4）防水涂料的配制应按涂料的技术要求进行。

（5）铺贴胎体增强材料时，应使胎体层充分浸透防水涂料，不得有露槎及褶皱。

2. 质量要点

（1）防水涂料应分层刷涂或喷涂，涂层应均匀，不得漏刷漏涂；接槎宽度不应小于100mm。

（2）有机防水涂料施工完毕后应及时做保护层，保护层应符合下列规定：

① 底板、顶板应采用 20mm 厚的 1∶2.5 水泥砂浆层和 40~50mm 厚的细石混凝土保护层，防水层与保护层之间宜设置隔离层。

② 侧墙背水面保护层应采用 20mm 厚的 1∶2.5 水泥砂浆。

③ 侧墙迎水面保护层宜采用软质保护材料或 20mm 厚的 1∶2.5 水泥砂浆。

3. 质量验收

施工质量验收标准参照《地下防水工程质量验收规范》（GB 50208—2011）的规定。

（1）涂料防水层所用的材料及配合比必须符合设计要求。

（2）涂料防水层的平均厚度应符合设计要求，最小厚度不得低于设计厚度的 90%。

（3）涂料防水层在转角处、变形缝、施工缝、穿墙管等部位的做法必须符合设计要求。

（4）涂料防水层应与基层粘结牢固、涂刷均匀，不得流淌、鼓泡、露槎。

（5）涂层间夹铺胎体增强材料时，应使防水涂料浸透胎体覆盖完全，不得有胎体外露现象。

（6）侧墙涂料防水层的保护层与防水层应结合紧密，保护层厚度应符合设计要求。

4. 安全与环保措施

（1）安全要求

① 屋面四周没有女儿墙和未搭设外脚手架时，施工前必须搭设好防护栏杆，其高度应高出沿周边 1.2m。防护栏杆应牢固可靠。

② 在地下室、基础、池壁、管道、容器内等处进行有毒、有害的防水作业时，应有通风设备和防护措施，并应定时轮换操作。

③ 进行有毒防水材料作业时，操作人员必须穿戴规定的防护用品，不得赤脚、穿短裤和短袖衣服进行操作，裤脚、袖口应扎紧，并应佩戴防护手套和脚套。

④ 施工现场应备有急救药品，以便出现恶心、头晕等症状时急救之用。

（2）环保要求

① 选择环保涂料，减少环境污染。

② 滴落在地面的涂料，施工完成后及时清理，防止二次污染。

③ 相关人员作业时佩戴口罩，保障作业人员健康。

1.6.4 变形缝防水

1. 施工要点

（1）变形缝应满足密封防水、适应变形、施工方便、检修容易等。

（2）用于伸缩的变形缝宜少设，可根据不同的工程结构类别、工程地质情况采用后浇带、加强带、诱导缝等替代措施。

（3）变形缝处混凝土结构的厚度不应小于300mm。

（4）用于沉降的变形缝最大允许沉降差值不应大于30mm。

（5）变形缝的宽度宜为20～30mm。

（6）中埋式止水带施工应符合下列规定：

① 止水带埋设位置应准确，其中间空心圆环应与变形缝的中心线重合。

② 止水带应固定，顶、底板内止水带应成盆状安设。

③ 中埋式止水带先施工一侧混凝土时，其端模应支撑牢固，并应严防漏浆。

④ 止水带的接缝宜为 1 处，应设在边墙较高位置上，不得设在结构转角处，接头宜采用热压焊接。

⑤ 中埋式止水带在转弯处应做成圆弧形，（钢边）橡胶止水带的转角半径不应小于 200mm，转角半径应随止水带的宽度增大而相应加大。

（7）安设于结构内侧的可卸式止水带施工时应符合下列规定：

① 所需配件应一次配齐。

② 转角处应做成 45°折角，并应增加紧固件的数量。

（8）变形缝与施工缝均用外贴式止水带（中埋式）时，其相交部位宜采用十字配件。变形缝用外贴式止水带的转角部位宜采用直角配件。

（9）密封材料嵌填施工时，应符合下列规定：

① 缝内两侧基面应平整、干净、干燥，并应刷涂与密封材料相容的基层处理剂。

② 嵌缝底部应设置背衬材料。

③ 嵌填应密实、连续、饱满，并应粘结牢固。

（10）在变形缝表面粘贴卷材或涂刷涂料前，应在缝上设置隔离层，卷材防水层、涂料防水层的施工应符合卷材的施工控制要点。

2. 质量要点

变形缝处防水施工应符合下列规定：止水带宽度和材质的物理性能均应符合设计要求，且无裂纹和气泡；接头应热接，不得叠接，接缝平整牢固，不得有裂口和脱胶现象。嵌入式止水带固定和变形缝处混凝土灌注应分别符合下列规定：

（1）灌注混凝土前应校正止水带位置。

（2）顶、底板结构止水带的下侧混凝土应振实，将止水带压紧后方可继续灌注混凝土。

（3）边墙止水带必须牢固固定，内外侧混凝土应均匀、水平灌注。

变形缝处增铺的附加层应按设计施工，并粘贴严密。

3. 质量验收

施工质量验收标准参照《地下防水工程质量验收规范》（GB 50208—2011）的规定。

（1）变形缝用止水带、填缝材料和密封材料必须符合设计要求。

（2）变形缝防水构造必须符合设计要求。

（3）中埋式止水带埋设位置应准确，其中间空心圆环与变形缝的中心线应重合。

4. 安全与环保措施

（1）安全要求

① 凡参加高处作业人员必须经医生体检合格方可进行高处作业。患有精神病、癫痫病、高血压、视力和听力严重障碍的人员，一律不准从事高处作业。

② 尽量避免立体交叉作业。无法避免时，立体交叉作业要有相应的安全防护隔离措施，无措施严禁同时进行施工。

③ 盛夏做好防暑降温，冬季做好防冻、防寒、防滑工作。

（2）环保要求

① 在施工现场倡导文明施工，尽量减少大声喧哗，避免人为产生噪声，做到施工不扰民。

② 严禁焚烧垃圾和废物料及油毡、塑料等，更不得焚烧有毒、有恶臭物体。

③ 机械冲洗时应节约用水。

1.6.5 施工缝防水

1. 施工要点

（1）墙体水平施工缝应留设在高出底板表面不小于300mm的墙体上。拱、板与墙结合的水平施工缝，宜留在拱、板和墙交接处以下150～300mm处；垂直施工缝应避开地下水和裂隙水较多的地段，并宜与变形缝相结合。

（2）在施工缝处继续浇筑混凝土时，已浇筑的混凝土抗压强度不应小于1.2MPa。

（3）水平施工缝浇筑混凝土前，应将其表面浮浆和杂物清除，然后铺设净浆、涂刷混凝土界面处理剂或水泥基渗透结晶型防水涂料，再铺30～50mm厚的1:1水泥砂浆，并及时浇筑混凝土。

（4）垂直施工缝浇筑混凝土前，应将其表面清理干净，再涂刷混凝土界面处理剂或水泥基渗透结晶型防水涂料，并及时浇筑混凝土。

（5）中埋式止水带及外贴式止水带埋设位置应准确，固定应牢靠。

（6）遇水膨胀止水胶应采用专用注胶器挤出粘结在施工缝表面，并做到连续、均匀、饱满、无气泡和孔洞，挤出宽度及厚度应符合设计要求；止水胶挤出成型后，固化期内应采取临时保护措施；止水胶固化前不得浇筑混凝土。

2. 质量要点

(1) 遇水膨胀止水带应具有缓膨胀性能；止水条与施工缝基面应密贴，中间不得有空鼓、脱离等现象；止水条应牢固地安装在缝表面或预埋凹槽内；止水条采用搭接连接时，搭接宽度不得小于30mm。

(2) 预埋式注浆管应设置在施工缝断面中部，注浆管与施工缝基面应密贴并固定牢靠，固定间距宜为200～300mm；注浆导管与注浆管的连接应牢固、严密，导管埋入混凝土内的部分应与结构钢筋绑扎牢固，导管的末端应临时封堵严密。

3. 质量验收

施工质量验收标准参照《地下防水工程质量验收规范》（GB 50208—2011）的规定。

(1) 施工缝用止水带、遇水膨胀止水条或止水胶、水泥基渗透结晶型防水涂料和预埋注浆管必须符合设计要求。

(2) 施工缝防水构造必须符合设计要求。

4. 安全与环保措施

(1) 安全要求

① 作业警示、监护在高处作业范围以及高处落物的伤害范围须设置安全警示标志，并设专人进行安全监护，防止无关人员进入作业范围和落物伤人。

② 高处作业点的下方必须设挂安全网，凡无外脚手架作为防护的施工，必须在第一层或离地高度4m处设一道固定安全网。

③ 在高处吊装施工时，密切注意、掌握季节气候变化，遇有暴雨、6级及以上大风、大雾等恶劣气候，应停止露天作业，并做好吊装构件、机械等稳固工作。

（2）环保要求

① 施工废水经沉淀后方可排入市政下水管道。

② 易于引起粉尘的细料或松散料运输时用帆布或其他可靠措施遮盖。

③ 水泥浆搅拌站应有挡风装置以防粉尘飞扬。

2 轨道交通区间

2.1 盾构区间

2.1.1 盾构始发

2.1.1.1 盾构选型及组装调试

1. 施工要点

(1) 盾构选型

盾构选型应按照可靠性、安全性和适用性第一,技术先进性第二,经济性第三的原则综合考虑。保证盾构施工的安全、可靠,选用最适宜的盾构机进行施工。所选择的盾构机要能尽量减少辅助工法的运用,并适应隧道长度、坡度、转弯半径及隧道施工的相关安全要求。选型原则具体如下:

① 应对工程地质、水文地质有较强的适应性,首先要满足施工安全。

② 安全性、适用性、经济性、技术先进性相互统一,在安全可靠的情况下,考虑技术先进性和经济合理性。

③ 要满足隧道外径、长度、埋深、转弯半径、施工场地、周围环境等条件。

④ 配套设备的能力与主机相互匹配,同时具有施工安全性、结构简单、布置合理和易于维护保养等特点。

⑤ 尽量减少辅助工法,必须采用时,辅助工法应简单、合理。

满足上述原则的条件下,还应对主要参数进行计算、分析,以确保选用安全、可靠、适宜的盾构机。

(2) 盾构组装调试

① 盾构组装时必须制定详细的组装方案,同时选用有经验的作业人员,并在组装施工前对组装人员进行技术交底培训,合格后方可上岗。

② 组装作业前必须对吊装设备、吊具、防护设施进行针对性的检查。

③ 施工人员必须戴好安全帽、手套,穿好劳保鞋,系扣安全带。

④ 夜间施工时要配备足够的照明设备,尽量采用金属卤化灯或者钠灯。

⑤ 盾构组装时需要进行焊接作业,焊接前必须对易燃易爆物品进行转移,对无法转移的物品进行有效隔离。

⑥ 高低压设备和电气元件的安装,严格执行制造厂提供的有关标准和电力电气安装的有关规定和标准。

⑦ 机械部件组装前必须弄清楚结构尺寸的关系、螺栓连接紧固的具体要求等,并自始至终保持设备清洁。

⑧ 盾构组装期间应对始发井端头侧墙进行受力监测,掌握其变形和受力状态,保证结构的安全。

⑨ 盾构机在现场组装和连接完成后,必须进行调试,特别是电气部分,盾构调试送电前必须检查主供电线路,检查是否存在不安全因素,确认无误后逐级向下送电。

⑩ 盾构机组装完成后检查各分系统参数设置、显示仪器仪表、电路板、各种控制器是否正常。

2. 质量要点

(1) 盾构选型

盾构选型以工程地质、水文地质为主要依据，综合考虑周围环境条件、隧道断面尺寸、隧道长度、水土压力、线路曲线半径等条件，以及沉降控制要求、工期、环保等因素，同时遵循施工规范及相关技术标准，参考国内外已有盾构工程实例，对盾构类型、驱动方式、刀盘类型、功能要求、主要技术参数、辅助设备的配置等进行研究。选型时主要依据如下：

① 工程地质、水文条件：地质颗粒分析及粒度分析，单轴抗压强度，含水率，砾石直径，液限及塑限，N 值，黏聚力、内摩擦角，土粒相对密度，孔隙率及孔隙比，地层反力系数，压密性，弹性波速度，孔隙水压，渗透系数，地下水位（最高、最低、平均），地下水的流速、流向、河床变迁情况等。

② 隧道设计参数：隧道长度、平纵断面及横断面形状和尺寸等。

③ 周围环境条件：地上及地下建（构）筑物分布，地下管线分布及埋深，沿线河流流向、湖泊、海洋的分布、深度，沿线交通情况，施工场地条件，气候条件，供水、供电情况等。

④ 工期及其他条件：工期筹划及节点工期要求，拟采用的辅助工法，如始发、接收辅助加固工法、辅助接收工法等。

（2）盾构组装调试

① 根据盾构部件情况和场地条件，制定组装方案。

② 根据部件尺寸和重量选择组装设备。

③ 核实起吊位置的地基承载力。

盾构组装应按作业安全操作规程和组装方案进行，现场应配备消防设备,明火、电焊作业时,必须有专人负责。组装后,应先进行各系统的空载调试,然后进行整机空载调试。

3. 质量验收

盾构现场验收应满足盾构设计的主要功能及工程使用要求,验收项目应包括下列内容:

(1) 盾构壳体。
(2) 刀盘。
(3) 管片拼装机。
(4) 螺旋输送机(土压平衡盾构)。
(5) 皮带输送机(土压平衡盾构)。
(6) 泥水输送系统(泥水平衡盾构)。
(7) 泥水处理系统(泥水平衡盾构)。
(8) 同步注浆系统。
(9) 集中润滑系统。
(10) 液压系统。
(11) 铰接装置。
(12) 电气系统。
(13) 渣土改良系统。
(14) 盾尾密封系统。

4. 安全与环保措施

(1) 当盾构各系统验收合格并确认正常运转后,方可开始掘进施工。

(2) 当盾构现场验收时,应记录运转状况,并应进行评估,满足技术要求后方可使用。

2.1.1.2 端头井加固

1. 施工要点

(1) 端头加固工法选择要合理。端头加固的工法较多，若选择不合理，易导致端头加固质量达不到设计要求，在盾构始发、接收时存在外部土体流失、涌水、涌砂、坍塌等风险。

(2) 端头加固范围。如果端头加固体长度不足，盾构始发切削穿越加固体后，前方土体无法隔离地下水，致使地下水沿水平通道流向洞门；加固深度不足，洞门破除和掌子面顶进（盾构出洞）过程中，可能出现管涌现象；当土体流失量过多时，有坍塌的风险。

2. 质量要点

(1) 采用注浆法、旋喷桩、深层搅拌桩等施工时，必须控制注浆压力、水灰比，以确保成桩强度，同时注意桩位咬合，形成连续的加固体。

(2) 注浆顺序由下至上，达到设计注浆压力时，即可停止注入、封孔。待浆液凝结后，对注浆质量进行检查。若孔口溢水量较大，则应将部分孔口钻开重新注浆或者加密注浆孔。

(3) 注浆结束后，应切除多余的孔口管，并使用掺有膨胀性能的混凝土进行封孔。

(4) 采用素墙、降水法、深层搅拌桩、旋喷桩加固时，应确保垂直度满足要求，否则立即采取调整钻孔角度及钻进参数等措施进行纠偏，如果垂直度仍然超出设计规定，则进行补孔。

(5) 采用冷冻法时，冻结管（含测温管）采用丝扣连接加焊接。管子端部安装底盖板和底锥密封冻结管，并进行水压试漏。

(6) 为确保冻结施工顺利进行，应配备备用制冷机组和足够的配件,确保冷冻机运转正常,提高制冷效率。

3. 质量验收

达到设计临期后,进行加固体取样检测,芯样强度需符合设计要求,水平探孔无漏水涌砂方可进行始发/接收验收。

4. 安全与环保措施

现场施工场地及各种机具定人定时清理,必须做到工完场清,工作地点周围整齐干净,散料、垃圾及时处理,保证施工场地及生活区、加工区的环境卫生。

2.1.1.3 盾构机始发反力架安装

1. 施工要点

(1) 反力架安装前期准备

① 反力架安装前,对反力架加工遗留的铁屑,钢板加工的飞边、毛刺,焊接制作时未敲除的焊渣进行彻底的清理,确保端面平整。

② 反力架安装前,对车站底板内积水和杂物清理干净,将预埋件位置清理出来。

③ 根据底板测量结果,提前准备钢板垫块。

(2) 确定反力架里程

根据始发井洞门位置,确定负环数,并因此确定反力架前端面里程为:

$$D_{反力架}=D_{洞门}-L_{管}$$

式中 $D_{反力架}$——反力架前端里程;

$D_{洞门}$——洞门里程;

$L_{管}$——负环管片总长度。

(3) 反力架下横梁定位

在盾构机盾尾安装前,将反力架下横梁和斜撑摆放至安装位置,并由测重人员配合将反力架下横梁初步定位。

（4）立柱吊装

下横梁定位好后，利用龙门起重机依次吊装反力架左、右立柱，组装中若出现螺栓安装不到位，可通过调整吊点的位置来安装。

（5）上横梁吊装

左右立柱吊装完成后，利用龙门起重机吊装上横梁，最后将螺栓紧固。

（6）反力架位置复核

在测量组的配合下复核其反力架水平位置、倾角和高程，如果反力架位置出现偏差，利用龙门起重机及千斤顶进行微调，直到符合设计要求。

（7）反力架加固

反力架是为盾构推进时提供所需的反力，因此反力架需具有足够的刚度和强度。反力架位置复核无误后，与主体结构间用 588mm × 300mm 的 H 型钢作斜撑，200mm × 200mm H 型钢或 ϕ609mm 钢管作支撑进行加固。

2. 质量要点

（1）反力架支撑与车站结构的连接处不得有空隙存在，以免推进过程中造成反力架变形。

（2）反力架螺帽必须拧紧，连接牢固。

（3）所有焊缝必须饱满，不得漏焊、虚焊，焊缝高度不小于薄板厚度的 80%。

（4）H 型钢必须与反力架端面垂直，且 H 型钢两端中心不得偏心，以确保 H 型钢轴向受力。

（5）盾构始发时必须派专人观察反力架支撑体系稳定情况，如有问题及时上报值班人员，再采取加固措施。

3. 质量验收

（1）左右偏差：控制在±10mm以内。

（2）高程偏差：控制在±10mm以内。

（3）倾角偏差：控制在±2%以内。

（4）盾构姿态与设计轴线竖直趋向偏差：小于2%。

（5）水平趋向偏差：小于±2%。

4. 安全与环保措施

（1）电工及钻孔作业人员具有相应的行业合格证或上岗证，并严格按照技术交底及相关规范要求进行施工作业。

（2）临时用电必须坚持"一机一闸一漏一箱"的原则，电缆、电线必须挂设整齐，严禁拖地、浸水。拆接线路（用电器）必须由专职电工操作。

（3）吊装工作开始前，应对起重、运输和吊装设备以及所用索具、卡环、夹具、卡具、锚碇等的规格、技术性能进行细致检查，发现有损坏或松动现象，应立即调换或修理。起重设备应进行试运转，发现转动不灵活、有磨损的应及时修理。

（4）高空往地面运输物件时，应用绳捆好吊下。吊装时，不得在构件上堆放或悬挂零星物件。零星材料和物件必须用吊笼或钢丝绳、保险绳捆扎牢固后才能吊运和传递，不得随意抛掷材料物体、工具，防止滑脱伤人或意外事故。

（5）起吊构件时，速度不应太快，不得在高空停留过久，严禁猛升猛降，以防构件脱落。

（6）构件就位后临时固定前，不得松钩、解开吊装索具。构件固定后，应检查连接牢固和稳定情况，当连接确定安全可靠时，才可拆除临时固定工具和进行下步吊装。

（7）吊装时，应有专人负责统一指挥，指挥人员应位于操作人员视力能及的地点,并能清楚地看到吊装的全过程。起重机驾驶人员必须熟悉信号,并按指挥人员的各种信号进行操作。指挥信号应事先统一规定,发出的信号要鲜明、准确。

(8) 起重吊装的指挥人员必须持证上岗,熟悉吊装方案,作业时应与操作人员密切配合,执行规定的指挥信号。操作人员应按照指挥人员的信号进行作业,当信号不清或错误时,操作人员可拒绝执行。

(9) 严禁使用起重机进行斜拉、斜吊和起吊地下埋设或凝固在地面上的重物以及其他不明重量的物体。

(10) 重物起升和下降速度应平稳、均匀,不得突然制动。左右回转应平稳,当回转未停稳前不得反向动作。

(11) 严禁起吊重物长时间悬挂在空中,作业中遇突发故障,应采取措施将重物降落到安全地方,并关闭发动机或切断电源后进行检修。在突然停电时,应立即把所有控制器按到零位,断开电源总开关,并采取措施使重物降到地面。

2.1.1.4 盾构隧道负环管片安装与拆除

1. 施工要点

(1) 准备工作

① 盾构机下井安装调试完毕。

② 始发架、反力架定位安装完毕,反力架经过探伤检测合格,并出具检测报告。

③ 负环管片经过进场验收,其结构和受力性能满足施工要求。

④ 盾构始发接收安全专项施工方案经过专家论证。

⑤ 对操作人员进行技术交底及培训,未经培训合格者不得上岗,特殊工种应持证上岗。

(2) 原材料要求

盾构管片进场应有产品质量证明文件,并按国家现有标准规范在现场进行复验。质量符合国家现行标准和所承建工程的设计要求。

(3) 安装始发托架和反力架

在拼装负环管片之前,必须先完成始发架及反力架的定位和安装工作,严格控制始发架、反力架和负环的安装精度,确保盾构始发姿态与设计线路基本重合。

(4) 负环安装准备工作

为保证负环管片中线符合设计隧道轴线以及防止负环管片失圆,负环管片全部采用错缝拼装,管片形式根据隧道轴线选择确定。

(5) 负环管片安装

负环管片采用标准环,错缝拼装,负环管片拼装点位一般采用封顶块在11点、1点两个点位交替进行拼装。

(6) 负环管片加固

① 由于始发架轨道与管片外侧有125mm的空隙,为了避免负环管片全部推出盾尾后下沉,管片从盾尾密封刷脱离后,将150mm×100mm的三角木楔揳进负环与支撑架之间的空隙内,每环管片左右两侧各揳3个木楔。

② 防止管片扭转,每一环采用1根16mϕ18mm的钢丝绳绕过负环管片顶部,将绳头分别留在支撑架左右两侧,每个绳头上穿上紧线器,将紧线器的另一端挂在支撑架吊耳上,旋紧紧线器,将钢丝绳拉紧。

盾构机继续向前掘进,重复上述步骤,直至盾尾进入洞口后,将负环管片全部用钢丝绳固定。

③ 安装负环紧固架。先将负环紧固架吊入盾构始发井

内，用M20螺栓将负环紧固架分别与左右支撑架连接在一起，然后吊入纵梁，与紧固架用M16螺栓连接。

④ 加三角木楔。在纵梁与负环管片的空隙内揳入300mm×250mm的三角木楔，每环负环管片左右两侧各揳入3个木楔。

2. 质量要点

(1) 拆除管线

在拆除负环前，将负环内部水管、走道板、支架进行拆除，盾构高压电缆采取保护措施，避免负环拆除过程对电缆及水管的材料造成影响，同时确保拆除作业施工时不会对其造成影响。

(2) 管片加固

为了防止负环管片拆除后相邻的管片失去挤压力而出现松动，影响管片的防水效果，所以在负环管片拆除前，对1~10环所有螺栓进行再次紧固；按设计要求对洞门内10环范围内，环向布设3道14b槽钢进行纵向拉紧加固，待后浇环梁浇筑后再进行拆除。

(3) 二次注浆

拆除零环和接收环管片之前，对洞门所处地层进行注浆加固，封堵地下水道，以保障管片拆除及洞门施工期间的安全。注浆施工方法如下：

注浆施工前先对注浆段管片螺栓紧固情况进行检查并复紧，同时对管片错台情况进行记录，检查完毕后开始注浆止水施工。洞门注浆止水范围为邻近拆除环5环范围管片（不含拆除环）。注浆利用管片吊装孔（F块吊装孔除外）进行，即每环管片设置5个注浆孔。止水注浆采用双液浆，水泥采用42.5R普通硅酸盐水泥，水灰比为1∶1，水∶水玻璃1∶1

（体积比），水泥浆∶水玻璃为1∶1（体积比），注浆压力为0.25～0.3MPa，水灰比和注浆压力可根据现场施工情况进行调整。注浆按从隧道内向洞门的次序依次进行，注浆采用对称注入的方式，注浆时同时打开两个吊装孔，一孔注浆，另一孔排水泄压，注浆至令排水孔流出大股浆液为止，封堵注浆口。注浆过程中安排专人对管片变形情况进行监控，观察管片有无异常变化，避免因注浆压力过大对管片造成损伤。

（4）反力架拆除

① 先将钢丝绳固定至负环管片的上半部分，使钢丝绳处于拉紧但不受力的状态，拆除上部分反力架与管片的连接螺栓，拆除完成后即吊至地面。

② 按照上述方法拆除反力架下半部分基准环，直至吊出地面。

③ 将钢丝绳固定至顶横梁的吊点处，使钢丝绳处于拉紧但不受力的状态，再拆除顶横梁与两个立柱之间的螺栓，拆除完成后吊至地面。

④ 先拆除左侧立柱，同样先将钢丝绳固定在立柱的吊点处，同样使钢丝绳处于拉紧但不受力的状态，再拆除支柱与底座的螺栓，然后再吊至地面。

⑤ 按照④所叙述的方法，拆除右侧立柱。

⑥ 将钢丝绳固定在反力架底座的吊点处，待确认固定好后，将底座吊至地面。

3. 质量验收

（1）负环安装、加固质量控制标准及要点

① 在进行始发台、反力架和首环负环管片的基本定位时，要严格控制始发台、反力架和负环的安装精度，确保盾构始发姿态与设定线路重合，始发台、三角支撑、反力架等

的始发设施一定要加工牢固，防止在盾构始发的过程中因盾构的推进及盾构刀盘的扭转而产生变形。

② 在安装负环管片阶段，由于围护结构和加固后的地层强度较高，盾壳与地层间基本无摩擦力，盾构始发容易发生刀盘摆动和盾构扭转。始发掘进时采用低推力、低转速、低速度向前推进，以减小盾构扭转和摆动幅度。加强盾构姿态检测，必要时刀盘反转纠偏。同时，在盾构上焊接防扭桩以防盾构始发时扭转，在盾构推进过程中对即将进入洞口的防扭支座割除打磨，以免损坏帘布密封。

③ 对进场负环管片进行严格检查，有破损裂缝的管片禁止进场。下井吊装管片和运送管片时应注意保护管片和防水密封条，以免损坏。管片安装质量应以满足设计要求的隧道轴线偏差和有关规范要求的椭圆度及环、纵缝错台标准进行控制。

（2）负环拆除质量控制标准及要点

① 机械设备、机具使用前应重新检查其机械性能，确保符合使用要求。

② 自制圆钢吊耳在进场使用前，需进行试吊试验，确保自制圆钢吊耳合格后方可使用。

4. 安全与环保措施

（1）在施工前对工人进行安全教育及安全交底，培训重点内容为管片的吊装、运输及管片拼装机的操作等，使每位参加施工人员都明确其施工方法和工艺流程。

（2）管片吊装过程中，一次吊机和二次吊机应设专人操作，严禁吊物与盾构机碰撞，严禁吊物下方站人。

（3）管片拼装机只能由管片拼装手操作，其他人未经允许不得进行操作。

（4）管片拼装手在开动管片拼装机前必须看清楚管片拼装机周围的情况，在保证周围人员和油管及其他设备安全的情况下才能开动。

（5）管片在被管片拼装机抓住吊起前，拼装手必须检查拼装头是否上紧，看清管片的型号，然后把管片运到合适的位置。

（6）管片吊起后，拼装手必须控制好速度，把管片安全地运送到拼装位置，然后进行拼装。

（7）拼装过程中，拼装手要站在有利的位置看清管片的主要位置，看不到的位置要与其他拼装人员配合，同时要保证不把止水条碰坏，保证错台在5mm以内。

（8）管片被千斤顶顶住后，如果要对管片进行微调，必须把推进千斤顶收回后进行调整。

（9）管片拼装好后，拼装手必须将管片拼装机返回原位再关闭管片拼装机。

（10）在拼装过程中如遇紧急情况，必须及时向现场维修工程师或盾构主司机汇报，进行紧急处理。

（11）盾构机始发时负环管片周围没有约束，必须在管片四周尽可能地加上各种支撑，保证盾构机向前推进时负环管片不会失稳。

（12）管片起重机在吊钢轨、轨枕、轨排时，人要远离重物，禁止站在重物下。

（13）在管片输送机后部进行铺轨作业时，要注意列车、管片起重机和管片输送机等的运行情况。

2.1.1.5 始发掘进

1. 施工要点

（1）始发姿态控制

由于盾构盾体及刀盘自重大，在空推抵达掌子面过程中随着盾构重心不断前移，若洞门内无受力支撑点，盾构机将自然"栽头"，破坏洞门密封，影响盾构建压；始发时始发台和导轨可能发生变形，始发推进后，在盾构机抵达掌子面及脱离加固区时容易出现盾构机"栽头"。

（2）始发反力系统

① 始发反力架刚度、加工及安装质量符合设计要求。

② 盾构推力控制。

③ 反力架拆除过早易导致负环管片变形甚至倾覆。

（3）始发建压

① 盾构始发受环境影响较大，应根据加固情况、始发空间等选择不同的工法，或多种工法组合使用。工法选择不合理，进洞时无法建压，无法达到有效平衡，对掌子面无法起到支撑作用，容易造成掌子面掉块、掌子面失稳、地表沉降、坍塌等风险。

② 洞门密封有 3 种形式：折形压板式、扇形压板式、钢套筒式。折形压板式是比较通用的、安全的密封设施，适用的地层较多；扇形压板式因其密封性和操作可靠性相对较差，多用于地质条件较好的地层；钢套筒式是最安全的密封形式，可以在套筒内增加特殊密封措施，适用于各种地层，但价格高昂。洞门密封方式选择不合理，会造成外部土体流失，内部注浆浆液穿透密封进入始发井，有造成坍塌的风险。

2. 质量要点

盾构始发为盾构施工重要工序，始发的顺利与安全直接关系到盾构整体施工效果。隧道始发过程中，易出现盾构机低头、曲线始发姿态控制超限、螺旋输送机卡死、推力过大等问题,施工时应从以下几点加以控制,确保始发质量。

(1) 始发姿态控制

① 在始发时适当抬高始发姿态、始发导台设置合理角度。

② 采用延伸导轨,使刀盘在延伸导轨上推进。

(2) 始发反力系统

① 反力架的设计必须进行受力验算,验算过程中必须考虑不均匀受力、安全系数、盾构机推进中最大的推力。

② 反力架安装完成后,必须进行验收,合格后方可推进。

③ 在盾构推进过程中,严格控制推力,防止其受力大于允许承载力。

④ 在始发阶段对支撑系统加强监测,在反力架和端墙间安装轴力计,实时进行受力监测。

(3) 始发建压

① 延长始发洞门钢环,在始发洞门内圈填充配比合理的浓泥浆,做到零环建压。

② 泥水盾构要严格控制主要掘进参数,减少压力波动,采用低速均匀推进,避免对土体产生较大的扰动。

③ 盾构预埋钢环大于盾体,为防止地下水、泥浆从盾体和洞门的间隙处流失,适当延长洞门钢环,加强洞门密封。

④ 采用两道折页式翻板的洞门密封措施,在盾尾通过第二道密封且折页板下翻后,及时利用注脂孔向内注入油脂,使油脂压力略高于泥水压力,从而使盾构顺利始发,减少水土流失。

⑤ 在盾构机到达前对洞门橡胶帘布压板进行复紧,确

保橡胶帘布安装牢固，同时在洞门橡胶帘布内侧涂抹油脂，防止刀盘刮破帘布。

⑥ 采用钢套筒接收，依靠钢套筒的密闭空间提供平衡掌子面的水土压力，使盾构机在洞门破除后仍维持水土平衡环境，从而避免盾构机接收过程中因无法建压或者欠压掘进造成的渗漏、坍塌等事故。

⑦ 盾构采用水中/土中接收，接收井内填灌水/土至地下水位标高以上，建立井内外水土压力平衡，有效防止井外水土流失，进而避免盾构接收时因压力不平衡产生突泥、涌水、坍塌等风险。

3. 质量验收

始发掘进前，应对洞门外经改良后的土体进行质量检查，合格后方可始发掘进；应制定洞门围护结构破除方案，并应采取密封措施保证始发安全。

（1）始发掘进前，对反力架进行安全验算。

（2）始发掘进时，降水应符合设计要求。

（3）当负环管片定位时，管片环面应与隧道轴线相适应。拆除前，应验算成型隧道管片与地层间的摩擦力，并应满足盾构掘进反力的要求。

4. 安全与环保措施

（1）当分体始发掘进时，应保护盾构的各种管线，及时跟进后配套设备，并应确定管片拼装、壁后注浆、出土和材料运输等作业方式。

（2）盾尾密封刷进入洞门结构后，应进行洞门圈间隙的封堵和填充注浆。注浆完成后方可掘进。

（3）始发掘进时应控制盾构姿态和推力，加强监测，并应根据监测结果调整掘进参数。

2.1.2 盾构推进

2.1.2.1 管片拼装

1. 施工要点

（1）作业前应全面检查管片拼装机的动力及液压设备是否正常，真空吸盘是否安全可靠。

（2）管片下井拼装前对管片进行清理，清除管片上的浮灰、浮砂、泥浆等。

（3）严禁非管片安装位置的推进油缸与管片安装位置的推进油缸同时收回。

（4）管片安装前应对管片安装区进行清理，清除污泥、污水，保证安装区及管片相接面的清洁。管片安装到位后，应及时伸出相应位置的推进油缸顶紧管片，应设定拼装模式下的顶推力不小于管片顶紧力和防止盾构后退的反力，及时对管片连接螺栓进行紧固。

2. 质量要点

（1）在安装封顶块时先搭接 1/3 径向顶进，调整位置后缓慢纵向顶推，为防止封顶块顶入时损坏防水密封条，应对防水密封条进行润滑处理。

（2）安装管片时采取有效措施避免损坏防水密封条，保证管片拼装质量，减少错台，保证密封止水效果。安装管片后顶出推进油缸，扭紧连接螺栓，保证防水密封条接缝紧密，防止由于相邻两片管片在盾构推进过程中发生错位，影响止水效果。

（3）管片安装时必须运用微调装置将待装的管片与已安装管片的内弧面纵向平顺相接，减小错台。调整时动作要平稳，避免管片碰撞破损。

（4）规范管片螺栓复紧工作，防止因管片螺栓未紧固到位引起的破损。

（5）纠偏过程中，合理控制纠偏量，严禁急纠猛纠，防止因姿态过急引起千斤顶对管片斜向作用力过大，引起管片内弧面角点处应力集中而压裂。

3. 质量验收

（1）管片不得有内外贯穿裂缝、宽度大于 0.2mm 的裂缝及混凝土剥落现象。

（2）管片防水密封质量应符合设计要求，不得缺损，粘结应牢固、平整。

（3）螺栓质量及拧紧度应符合设计要求。

（4）管片拼装过程中应对隧道轴线和高程进行控制，其允许偏差和检验方法应符合表 2.1 的规定。

表 2.1 隧道轴线和高程允许偏差及检验方法

检验项目	允许偏差（mm）	检验方法	检测数量	
隧道轴平面位置	±50	全站仪测中线	逐环	1 点/环
隧道轴线高程	±50	水准仪测高程	逐环	

（5）施工中管片拼装允许偏差和检验方法应符合表 2.2 规定。

表 2.2 管片拼装允许偏差及检验方法

检验项目	允许偏差	检验方法	检测数量	
衬砌环内错台（mm）	5	尺量	逐环	4 点/环
衬砌环间错台（mm）	6	尺量	逐环	
衬砌环椭圆度（‰）	±5	断面仪、全站仪	每 10 环	

4. 安全与环保措施

粘贴管片防水密封条前应将管片密封槽清理干净,粘贴后的防水密封条应牢固、平整和严密,位置应正确,不得有起鼓、超长和缺口现象;螺栓孔橡胶密封圈安装应符合设计要求,不应遗漏,且不宜外露。

2.1.2.2 同步注浆

1. 施工要点

(1)同步注浆为带压作业,泄压或压力须泄至零时,方可对注浆泵、管路、盾尾球阀进行拆除。

(2)注浆操作人员应及时关注同步注浆浆液出现凝结,如管径变小,会导致局部注浆压力过大爆管伤人。

(3)同步注浆压力控制要合理,否则易造成管片错台、渗漏水,严重时击穿尾刷,导致突泥、涌水、盾构抱死。

(4)同步注浆量要合理,如果注浆量不足、无法补充地层损失,则造成地面沉降,甚至地面建(构)筑物损坏;同步注浆量不足,会形成过水通道,在富水地层出现管片渗漏水,严重时出现涌水、涌砂。

(5)在掘进过程中应及时进行注浆,否则会导致壁后脱空,产生地面沉降。

2. 质量要点

(1)注浆前进行浆材配合比试验,选定合适的注浆材料及浆液配比,保证所选浆液的流动性、凝结时间、强度、耐久性等满足施工需要。

(2)制定详细的注浆工艺流程及质量控制程序,严格按要求实施注浆,注浆过程中严格做到"不注浆、不掘进"。

(3)同步注浆为带压作业,人员须培训合格后方可上岗。

(4) 同步注浆所用设备、计量器具等须经过鉴定；施工过程进行连续监控，并形成记录。

(5) 加强对浆液质量的控制，实验室应每 20 环抽取浆液进行相关性能参数（浓稠、初凝时间、坍落度等）进行测定，并根据测得值对配合比进行相应微调。

(6) 合理使用上、下部注浆管路，对易上浮段尽量采取上部管路注浆，以减少注浆引起的管片上浮值。

3. 质量验收

浆液应符合下列规定：

(1) 浆液应按设计施工配合比拌制。

(2) 浆液的相对密度、稠度、和易性、杂物最大粒径、凝结时间、凝结后强度和浆体固化收缩率均应满足工程要求。

4. 安全与环保措施

(1) 注浆作业应连续进行。作业完成后，应及时清洗注浆设备和管路。

(2) 采用管片注浆口注浆后，应封堵注浆口。

2.1.2.3 盾构姿态控制

1. 施工要点

通过调整盾构掘进液压缸和铰接液压缸的行程差控制盾构姿态。

2. 质量要点

(1) 实时测量盾构里程、轴线偏差、俯仰角、方位角、滚转角和盾尾管片间隙，应根据测量数据和隧道轴线线形，选择管片型号。

(2) 应对盾构姿态及管片状态进行测量和复核，并记录。

(3) 纠偏时应控制单次纠偏量,应逐环和小量纠偏,不得过量纠偏。

(4) 根据盾构的横向和竖向偏差及滚转角调整盾构姿态,可采取液压缸分组控制或使用仿形刀适量超挖或反转刀盘等措施。

(5) 施工中应尽量合理、科学安排工序衔接,保证连续掘进,可有效避免停机期间盾构机垂直姿态的下降。

2.1.2.4 开仓作业

1. 施工要点

宜预先确定开仓作业的地点和方法,并应进行相关准备工作。

(1) 开仓作业地点宜选择在工作井、地层较稳定或地面环境保护要求低的地段。

(2) 开仓作业前,应对开挖面的稳定性进行判定。

(3) 当在不稳定地层开仓作业时,应采取地层加固或压气法等措施,确保开挖面稳定。

2. 质量要点

气压作业前,应完成下列准备工作:

(1) 应对带压开仓作业设备进行全面检查和试运行。

(2) 应配置备用电源和气源,保证不间断供气。

(3) 应制定专项方案与安全操作规定。

(4) 气压作业前,开挖仓内气压必须通过计算和试验确定。

3. 质量验收

(1) 刀盘前方的地层、开挖仓、地层与盾构壳体间应满足气密性要求。

(2) 应按施工专项方案和安全操作规定作业。

（3）应由专业技术人员对开挖面稳定状态和刀盘、刀具磨损状况进行检查。

（4）作业期间应保持开挖面和开挖仓通风换气，通风换气时应减小气压波动范围。

4. 安全与环保措施

进仓人员作业时间应符合国家标准《空气潜水减压技术要求》（GB/T 12521—2008）和《盾构法开仓及气压作业技术规范》（CJJ 217—2014）的规定。

2.1.2.5 施工运输

1. 施工要点

（1）施工运输应根据隧道直径、长度、纵坡、盾构类型和掘进速度，选择运输方式、运输设备及其配套设施。运输设备性能应安全可靠，运输能力应满足施工要求。

（2）隧道内水平运输可采用有轨、无轨或连续皮带机等运输方式，垂直运输宜采用门式或悬臂式起重机等运输方式。

（3）泥水平衡盾构应采用泥浆泵和管道组成的管道输送系统。

（4）根据最大起重量，应对提升设备能力和索具、挂钩和杆件的强度等进行检算。

2. 质量要点

（1）水平运输有轨运输的轨道应保持平稳、顺直、牢固，并应进行养护；牵引设备的牵引能力应满足隧道最大纵坡和运输质量的要求。

（2）垂直运输方式应根据工作井深度和盾构施工速度等因素确定；提升设备的提升能力应满足出渣和进料的要求。

3. 安全与环保措施

水平运输当采用卡车、内燃机车牵引时,不应对环境空气造成影响;运输设备应有防溜车或防坠落措施,操作、维护和保养应符合操作规程要求。

2.1.2.6 盾构防水

1. 施工要点

盾构区间防水等级为一级,即不允许渗水,结构表面无湿渍。防水以"以防为主、多道设防、综合治理"为原则,以混凝土衬砌结构自防水为根本、衬砌接缝防水为重点,确保隧道整体防水。盾构隧道主体防水主要有5个方面:

(1) 管片混凝土抗渗等级为P12。

(2) 接缝防水采用双道弹性密封垫和嵌缝两道防水措施,弹性密封垫为主要防水措施。

(3) 螺栓孔采用遇水膨胀橡胶密封圈作为密封圈进行防水。

(4) 盾构隧道与竖井接头采用遇水膨胀橡胶止水条,井圈混凝土施工缝内侧预留嵌缝槽,用高模量聚硫密封胶嵌填。

(5) 衬砌外注浆防水。

2. 质量要点

(1) 管片自防水

管片自防水的关键在于混凝土质量控制,隧道管片混凝土强度等级为C50,抗渗等级为P12,限制裂缝开展宽度≤0.2mm。同时,由于地下水对混凝土具有溶出型弱-中等侵蚀性,混凝土要求有足够的耐侵蚀性。为达到设计要求,可采取的措施如下:

① 选择合适的原材料、设计科学合理的配比、采取严

格的生产过程控制措施、按照规定加强检测，保证管片成品的抗渗等级、强度和各项质量指标符合设计要求。

② 加强管片堆放、运输中的管理和检查，防止管片开裂或在运输中碰掉边角。

③ 按照设计要求做好管片外表面水泥基渗透结晶型防水涂料的涂刷工作，保证涂刷全面、均匀、适量。

④ 管片进场和下井前应作外观检查，保证有缺陷的管片不得进工地和下井。

⑤ 盾构推进过程中，尽量减小各组油缸对管片产生不均匀的推力，避免对拼装好的管片造成较大的压力差，造成管片纵向或环向裂纹，影响管片的防水能力。

（2）管片接缝防水

管片拼装缝的防水是保证隧道整体防水的重要环节。施工中应主要做好以下几方面工作：

① 选购专业厂商生产的性能优良的防水密封条、胶粘剂，并对进场的防水材料进行严格的检验，确保其质量合格。

② 止水条采用粘贴安装，在现场地面堆放场粘贴施工，且应在设计或产品使用要求规定的时间之后才能运送下井使用。在粘贴止水条的同时进行管片衬垫的粘贴。粘贴基面要求无尘、无油、无污、干燥，以保证粘贴质量。

③ 止水条粘贴步骤：基面清理→槽内涂胶粘剂→密封条涂胶粘剂→粘贴→用木槌或橡胶锤打压密贴→检查后运送下井。

④ 对粘贴好止水条的管片，在装拼前应采取措施防止雨淋、水浸、日晒，在运输和装拼中应避免擦碰、剥离、脱落或损伤。

⑤ 安装管片时采取有效措施避免损坏止水条,并应保证管片拼装质量,减少错台,保证其密封止水效果。

⑥ 管片角部为防水的薄弱环节,角部密封垫应铺设到位,并在管片角部设加强密封薄片,以加强防水密封效果。

⑦ 为提高管片的整体防水效果,对封顶块和邻接块管片进行纵向插入的面上布置的止水条,应采用弹性较高、便于粘贴牢固、不易损伤、遇水膨胀止水的弹性橡胶密封条。

⑧ 为便于管片外弧表面水泥基渗透结晶型防水涂料的涂刷,在场地内设置专用支架,利用支架架起管片后进行防水涂料涂刷。防水涂料涂刷前应先对基面进行清理,去除基面上的灰尘、油污等。防水涂料涂刷完成后再进行防水材料粘贴。

(3) 嵌缝防水

管片外侧嵌缝槽采用海绵橡胶条引水,内侧采用泡沫棒、聚硫密封胶嵌缝。嵌缝施工时,先将嵌缝槽洗刷干净,然后涂刷一道基面处理剂,再按设计置入海绵橡胶条,或以泡沫棒、聚硫密封胶填充。若嵌缝处有渗漏水,必须先进行堵漏处理,堵漏处理好后才能进行嵌缝施工。

(4) 螺栓孔、预留注浆孔防水

螺栓孔的密封圈采用遇水膨胀橡胶材料,利用压密和膨胀双重作用加强防水。预留注浆孔采用钢板止水片防水。

(5) 注浆防水

背衬同步注浆作为外加防水层,也能起到很好的防水效果,为此要确保同步注浆的及时性、均匀性、密实性以及耐久性,切实做到加强防水的作用。同步注浆采用盾构机自带的 2 台双活塞注浆泵在盾尾分 4 路同时注入,及时填充管片与地层间环形空隙、控制地层变形、稳定管片结构、控制盾构掘进方向,加强隧道结构自防水能力。

① 浆液主要性能指标。

胶凝时间:一般为3~10h,根据地层条件和掘进速度,通过现场试验加入促凝剂及变更配比来调整胶凝时间。对于强透水地层和需要注浆提供较高的早期强度的地段,可通过现场试验进一步调整配比和加入早强剂,进一步缩短胶凝时间,获得早期强度,保证良好的注浆效果。

固结体强度:1d抗压强度不小于0.2MPa(相当于软质岩层无侧限抗压强度),28d抗压强度不小于2.5MPa(略大于强风化岩天然抗压强度)。

浆液结石率:>95%,即固结收缩率<5%。

浆液稠度:8~12cm。

浆液稳定性:倾析率(静置沉淀后上浮水体积与总体积之比)小于5%。

② 注浆模式。注浆可根据需要采用自动控制或手动控制方式。自动控制方式即预先设定注浆压力,由控制程序自动调整注浆速度,当注浆压力达到设定值时,自行停止注浆。手动控制方式则由人工根据掘进情况随时调整注浆流量,以防注浆速度过快而影响注浆效果。一般不从预留注浆孔注浆,可大大降低从管片渗漏水的可能。

3. 质量验收

发现隧道防水效果达不到设计要求时必须采取注浆、堵漏等可行的技术措施予以处理,处理方案须经业主和设计单位认可。

4. 安全与环保措施

管片接缝防水密封条为工程定型产品,应按设计标准选购与验收。必要时,应在现场做防水效果试验。

2.1.3 盾构接收

2.1.3.1 盾构机接收

1. 施工要点

(1) 完成端头土体加固工作,端头地面加固注浆孔注浆完毕后将孔清洗干净,留为盾构机进洞应急时使用,注意封堵管口以防窜浆。

(2) 确保降水水位低于开挖面以下 1m,并施作探水孔进行检测。

(3) 盾构到达接收井 150m 前,项目部应与监理单位、第三方测量共同复核盾构轴线和洞门偏差,保证盾构能准确进入接收井。

(4) 根据设计要求安装好洞门密封装置,橡胶帘布内侧涂抹油脂,避免刀盘刮破帘布而影响密封效果。

(5) 监测点(包括分层沉降观测点)已按要求进行埋设,增加地表沉降观测频次,并及时分析反馈观测结果指导施工,若地表出现较大扰动,应及时采取对应处理措施进行处理。

(6) 应急物资和人员落实到位。到达前,在洞口内侧准备好砂袋、水泵、水管、棉被、方木等应急物资和工具,准备洞内、洞外的通信联络工具和洞内的应急照明设备。

2. 质量要点

(1) 方向控制

做好接收的测量工作。在接收段掘进前,要对隧道延伸导线进行测量,并对测量结果进行复测,确认盾构机的位置。在盾构机接收前 100m 即加强盾构姿态和隧道线形的测量,人工测量盾构机姿态与 VMT 对照,及时纠偏,确保盾构准确接收。

（2）姿态控制

盾构机出洞姿态的控制以隧道设计中心线为依据，同时要匹配接收洞门实测位置，在盾构推进至到达范围时，根据实测的盾构机姿态和洞门的实际位置，确定盾构机贯通姿态及掘进纠偏计划。纠偏要以勤、缓的原则逐步完成，每一环纠偏量不能过大。

破洞门前盾构机允许偏差为±10mm，仰角允许偏差控制在2mm/m以内，避免出现俯角姿态。垂直姿态宜控制在+15～+20mm，以防止接收时"栽头"，水平姿态控制在±10mm。

（3）参数控制

盾构进入接收阶段后，首先减小推力、降低推进速度和刀盘转速，控制出土量并时刻监测密封土仓压力值，避免较大的地表隆陷。根据地质条件，可采用土压平衡的掘进模式。贯通前5～6环，降低盾构机掘进推力，使之维持在400t左右（根据地层情况而定），密切关注盾构机推进速度和推进压力及掘进出土情况。在贯通前的最后2环，总推力降至200～250t（根据地层情况而定），掘进速度控制在5～10mm/min之间。在最后掘进的过程中需要逐步降低土仓压力，直至离洞门破除还有1m时将土仓清空，最后1m的掘进完全是空仓掘进。

（4）管片拼装控制

在最后100环要加强管片姿态的监测频率，并及时告知土建工程师，以便及时做出判断，保证盾构机显示屏上的姿态更接近实际管片姿态。

由于盾构到站时推力较小，致洞门附近的管片环与环之间连接不够紧密，因此做好后30环管片的螺栓紧固和复紧工作。特别是最后20环管片，应及时拧紧和复紧螺栓。螺栓复紧后，用扁钢（或14b槽钢）沿隧道纵向拉紧后20环管片，使后20环管片连成整体，防止管片松弛而影响密封防水效果。预留好二次注浆的孔位。

在盾构推进至盾构到达范围时，对盾构机的位置进行准确的测量，明确成洞隧道中心轴线与隧道设计中心轴线的关系，同时应对接收洞门位置进行复核测量，确定盾构机的贯通姿态及掘进纠偏计划。纠偏要逐步完成，每一环纠偏量不能过大。

3. 质量验收

（1）盾构接收前检查端头土体加固质量，确保加固质量满足设计要求。

（2）隧道贯通测量误差要求：横向≤±50mm，竖向≤±50mm。

4. 安全与环保措施

（1）盾构进入到达段施工时，工作人员应明确盾构实时里程及刀盘距洞门掌子面的距离，并按确定的施工技术方案进行施工。

（2）在接收井内准备好砂袋、水泵、水管、方木、木楔、棉纱、双快水泥、风镐等应急物资和工具。

（3）橡胶帘布内侧涂抹油脂，以避免刀盘刮破帘布而影响密封效果。

（4）增加地表沉降监测的频次，并及时反馈监测结果指导施工。

（5）在盾构机刀盘距洞门掌子面0.5m时应尽量出空土仓中的渣土，减小对洞门及端墙的挤压，以保证凿除洞门混凝土施工的安全。

(6) 为防止因刀盘反力不足引起管片环缝接触松弛、张开并造成漏水，盾构到达段最后 20 环管片用扁铁或 14b 槽钢将管片沿隧道纵向拉紧。

2.1.3.2 盾构机解体与吊装

1. 施工要点

(1) 在盾构机贯通前 10d 左右，清理台车底板，铺设接收托架并定位，调整好托架的高程及中线，对托架进行加固。

(2) 接收前一周开始对洞门进行破除，割除钢筋，将渣土块及钢筋清理干净，完成后及时安装橡胶止水帘布、扇形压板。

(3) 盾构机主机接收零环拼装完毕后，注浆时保证洞门注浆饱满（如无法同步注浆则采用二次注浆），盾构机主机上托架并推到最前端。

(4) 在盾构机断电前，刀盘吊耳位置停于正上方；用拼装机将油缸撑靴拆下，用单、双轨梁将连接桥架、车挡、楼梯等拆下，以上构件放在渣车底盘上拉到始发井口吊至地面；电动葫芦配合拆卸 1 号台车前车挡、楼梯、连接桥架；管片拼装机抓举头停于正下方，所有油缸收回；螺旋机前后闸门关闭；铰接油缸及推进油缸全部缩回；同步注浆系统清理干净；土仓内和螺旋机及皮带机上所有泥土尽量排干净；双梁葫芦停于工作平台下。

(5) 双轨梁加固支撑到管片车上面（在桥架前面预先留 2 个管片车，1 个支护桥架，1 个放螺旋输送机用），桥架与主机连接的所有电路、油管、油脂管、水管、泡沫管拆除并防护，确定所有管路都断开并防护好之后断开桥架与主机的连接，然后将台车和桥架向后拉 10m，随后可以着手拆台车管路并分离各节台车。

（6）在井口接收托架上放置槽钢并铺轨，用电瓶车将台车和双轨梁拖入盾构机接收井口，将台车和双梁分开。由于双梁长度很长，直接吊装净空尺寸不够，必须在吊起后采用转向的方法，将双轨梁吊至地面。

（7）认真阅读拆卸方案及有关技术资料，核对构件的空间就位尺寸和相互之间的关系，掌握结构的长度、宽度、高度、质量、型号、数量等，主要构件的质量及构件间的连接方法。

（8）掌握吊装场地范围内的地面、地下、高空及周边的环境情况。

（9）确认已完全断开并标识好盾构高压电源，对各管路解体前进行管路标识。

（10）了解已选定的起重、运输及其他机械设备的性能及使用要求并进行试车。

2. 质量要点

盾构解体、吊装质量控制要点如下：

（1）解体管路清洁：管路解体前，备好各种规格型号的液压管路堵头及密封袋，管路拆除后及时进行密封，确保液压管路的清洁、可靠。

（2）焊缝质量：所有焊接必须达到Ⅱ级焊缝标准，不能出现变形、焊渣、气泡等现象。

（3）地基承载力：吊装场地需进行地基处理及地面混凝土硬化，一般采用C30混凝土，浇筑厚度约30cm，内设钢筋网片。

（4）吊装锁具：解体、吊装使用的锁具、工具需有出厂合格证或相关材质证明。

(5) 吊车性能及吊装司机特种操作证。

3. 质量验收

(1) 管路解体完成后,检查所有管路堵头是否全部密封,且密封效果良好。

(2) 所有焊缝经过探伤检测,并出具探伤检测报告。

(3) 吊装场地经过地基承载力试验,并通过验算。

(4) 吊装锁具经过验算后,安全系数不小于2.5。

(5) 吊装单位出具起重机性能检测合格报告,检查起重机司机特种操作证件的真实性以及是否在有效期内。

4. 安全与环保措施

盾构解体、吊装过程是一项综合性较强的工程,关系到机械、电气及液压系统解体的全过程,工件大、质量大,解体、吊装烦琐,且需要相应的专业技术作支撑,同时存在交叉作业、高空作业,因此,要采取各项安全措施加强现场的安全管理,预防和杜绝安全事故的发生。盾构解体、吊装安全的保证措施主要包括:

(1) 盾构机吊装工作必须按事先制定好的盾构吊装方案进行,将盾构机准确放在指定位置。

(2) 大型起重机、拖车按方案停放在指定位置,确认无误后方可进行吊装。必须严格按照吊装操作规程进行吊装。

(3) 进入施工现场必须戴安全帽,高空作业人员应佩戴安全带。

(4) 操作时统一指挥,互相密切配合。

(5) 施工前应检查工具、机械的性能,防止绳索脱扣、破断。

(6) 高空作业人员切勿急于求成用力过猛,严禁向下丢掷工具。

(7) 在井下施工时应设置足够的照明,以满足施工的需要。

(8) 临边临口施工应按规定设置防护栏。

(9) 解体、吊装盾构时应设置施工禁区。

(10) 焊接部位必须牢固,不准有点焊、浮焊。

(11) 动火作业时,应有足够的防火措施,备有足够的灭火器。

(12) 吊装前,对吊耳、卸扣及钢丝绳进行安全检查,发现有损坏的,更换后方可进行吊装作业。

(13) 吊装盾构时,应先进行试吊,并及时检查起重机支座固定情况,无异常情况方可进行盾构吊装作业。吊装过程中,汽车起重机司机、信号指挥工密切配合,规范操作。

(14) 盾构机刀盘等部件翻身时,必须由两个司索分别指挥,指挥信号必须有所区别。翻身时应先将下端缓慢提起少许,然后上端向下释放少许,在翻身的过程中要确保垂直起吊并且保持被吊物件的相对静止。

(15) 桥架等斜拉起吊部件需在吊装前用长短不同的倒链固定好,吊装时司索需仔细观察确保被吊部件牢固及不会碰撞其他物体。

(16) 遇到大雾、大雨、大风等能见度较低的天气时,应停止起吊作业。

2.2 暗挖区间

2.2.1 超前短管棚施工

1. 施工要点

管棚施工时,先根据地质情况做管棚设计,确定管棚长度和间距。施工采用多功能快速钻机钻孔，钢管安装时用钻机顶入，管身钻出浆孔，钢管采用丝扣连接。安装钢管时在孔口设止浆套，并用水泥砂浆封闭孔口，以防漏浆。管棚注浆采用水泥浆液或水泥砂浆，根据地质情况确定管棚注浆参数，计算注浆压力及总注浆量。

在钻孔的过程中测量钢管倾斜度，发现有可能超过限制误差时及时进行纠正。管棚构造如图2.1所示。

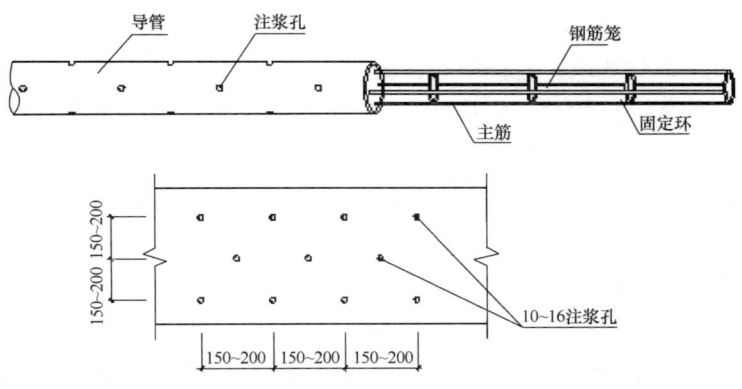

图2.1 管棚构造

2. 质量要点

为提高岩体对结构的弹性抗力，通过注浆提高围岩自身承载能力，改善结构受力条件，在隧道两端洞口施作超前长管棚。在施作管棚前，先施作长套拱以确保施工安全。套拱兼作长管棚导向墙并在明洞衬砌外轮廓线以外施作。管棚施工分两步：第一步施工起拱线以下的长管棚，第二步施工拱部长管棚，拱部管棚施工前架设拱部管棚施工平台。管棚按设计位置施工，先打有孔钢管，注浆后再打无孔钢管，无孔钢管作为检查管，检查注浆质量。钻机立轴方向确保正确，保证孔口孔向正确，每钻完一孔便顶进一根钢管，钻进中采用测斜仪量测钢管钻进的偏斜度，确保施工无误，钢管接头采用丝扣连接。注浆结束后及时清理管内浆液，采用水泥砂浆紧密充填，增强管棚刚度和强度。

（1）钻孔

① 钻机就位时用全站仪、挂线、钻杆导向相结合的方法，反复调整，确保钻机钻杆轴线和导向轴线相吻合。

② 需搭设钻机平台时，充分做到满足承受机具、材料、人员荷载要求，连接牢固、稳定，防止在施钻时钻机产生不均匀下沉、摆动、位移等影响钻孔质量。

③ 钻孔顺序按高孔位向低孔位进行。现场加强测量，保证钻机立轴方向控制准确，确保孔口的孔向正确，每钻完一孔便顶进一根钢管，钻进中经常检查钢管钻进的偏斜度，发现偏斜度超过设计要求及时纠正以确保施工质量。

④ 在钻进时，若出现卡钻、塌孔时，则注浆后再钻。

⑤ 管棚仰角在1°左右（不包括路线纵坡），方向与路线中线平行，钻孔方向比管棚设计方向上偏1°～2°。

⑥ 钻孔时，认真做好钻孔记录，除记录钻进深度、方向角外，还根据钻孔出屑或取芯情况记录不同孔深时的围岩情况，达到超前探测围岩的目的。

（2）管棚制作与安装

① 管棚安装前先用钻头或高压风对钻孔进行扫孔、清孔，清除孔内浮渣，确保孔径、孔深符合要求，防止堵孔。

② 管棚采用顶进安设，逐节接长。钢管接头采用丝扣连接。为使钢管接头错开，隧道纵向同一断面内的接头数不大于50%，相邻钢管的接头至少须错开1m。

(3) 管棚注浆

① 注浆前应采用喷混凝土、打锚杆、挂钢筋网相结合的方法对开挖工作面进行封闭,形成止浆墙,以防止浆液回流影响注浆效果。

② 注浆前先进行注浆现场试验,注浆参数应通过现场试验按实际情况确定,以利施工。

③ 注浆材料为水泥浆液,水泥浆水灰比为1∶1。

④ 注浆顺序由低向高处进行,有水时从无水孔向有水孔进行,采用逐孔注浆。

⑤ 注浆压力根据岩层性质、地下水情况和注浆材料确定。

⑥ 注浆时,先对注浆管进行编号,对每个注浆孔的注浆量、注浆时间、注浆压力做好记录,以保证注浆质量。

3. 质量验收

管棚施工质量检验与控制:

(1) 管棚所用管材品种、规格和材质符合设计要求。

(2) 管棚搭接长度符合设计要求。

(3) 注浆浆液配合比1∶1。

(4) 管棚钻孔施工的允许偏差应符合表2.3的规定。

表2.3 管棚钻孔施工允许偏差

序 号	项 目	允许偏差
1	方向角(°)	1
2	孔口距(mm)	±50
3	孔深(mm)	±50

4. 安全与环保措施

(1) 管棚施工应根据设备、围岩特点综合考虑施作顺序。

(2) 管加工时应考虑搭接长度,搭接断面应根据设计和规范要求设置。

(3) 注浆的质量直接影响管棚的支护刚度,因此必须设法保证、检验注浆的饱满、密实。

2.2.2 超前小导管施工

1. 施工要点

超前小导管注浆施工包括施工准备、钻孔、安设小导管、掌子面封闭、注浆、效果检验等主要工序,其施工工艺流程如图 2.2 所示。

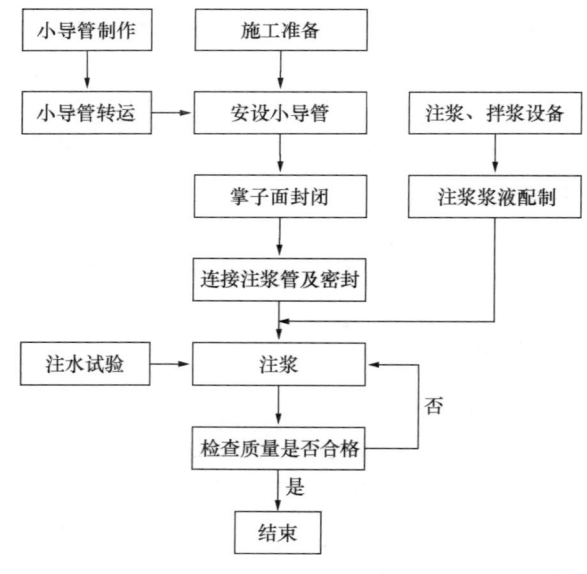

图 2.2 超前小导管施工流程

2. 质量要点

(1) 及时喷射混凝土封闭掌子面。

(2) 成孔:采用钻机钻孔,先用高压风清孔,然后用风镐将超前小导管打入孔内。有一定自稳能力且硬度不大的土层，可以直接将管打入。

（3）导管制作。

（4）超前导管安设。超前小导管应按设计要求布置，小导管沿开挖轮廓线从格栅腹部穿过。

（5）堵孔：超前小导管和孔壁之间的空隙应进行封堵，以防止浆液从管外溢出。

（6）浆液制备：采用水灰比为1:1水泥浆，根据地层条件并掺入适量的速凝剂。有特殊堵水要求时，可以采用超细水泥。

（7）注浆

① 注浆方法：水泥浆主要适用于空隙率比较大的地层，其特点是强度比较大，注入时宜采用注浆泵。

② 注浆顺序：注浆时相邻孔位应错开，交叉进行。注浆顺序一般由下而上，以间隔对称注浆为宜。

③ 注浆量：单根小导管注浆量。

$$Q = \pi R2Ln\alpha\beta$$

式中　Q——注浆量；

　　　R——浆液扩散半径；

　　　L——注浆管长；

　　　n——地层孔隙率；

　　　α——地层填充系数，一般取0.8；

　　　β——浆液消耗系数，一般取1.1～1.2。

④ 注水泥浆压力：0.3～0.5MPa。

⑤ 注浆控制指标。

单孔结束标准：注浆过程中，压力逐渐上升，流量逐渐减少，当注浆压力达到1MPa、注浆量达到设计注浆量的

80%以上时，可结束该孔注浆；注浆压力未能达到设计终压，注浆量已达到设计注浆量，并无漏浆现象，亦可结束该孔注浆。

本循环结束标准：所有注浆孔均达到注浆结束标准，无漏注现象，即可结束本循环注浆。

(8) 采用止浆塞封堵注浆管。

3. 质量验收

(1) 注浆浆液宜采用水泥或水泥砂浆，其水泥的水灰比为 0.5~1，水泥砂浆配合比为 1∶0.5~3。

(2) 注浆浆液必须充满钢管及周围的空隙并密实，其注浆量和压力应根据试验确定。

4. 安全与环保措施

导管和管棚安装前应将工作面封闭严密、牢固，清理干净，并测放出钻设位置后方可施工。

2.2.3 锚杆施工

1. 施工要点

(1) 施工流程如图 2.3 所示。

(2) 锚杆施工前的准备工作：

① 检查锚杆类型、规格、质量及其性能是否与设计相符。

② 根据锚杆类型、规格及围岩情况准备钻孔机具。

③ 采用砂浆锚杆时，应根据设计要求截取杆体并整直和除锈。将杆体外露端加工成螺纹，以便安装螺母，杆体每隔 1m 安放隔离件，以使杆体在孔内居中，保证有足够的保护层。

2. 质量要点

锚杆注浆安装前须先做好材料、机具、脚手架平台和场地准备工作。注浆材料使用强度等级大于 42.5R 水泥、粒径小于 3mm 的砂子，并须过筛，胶骨比 1∶0.5~1∶1，水

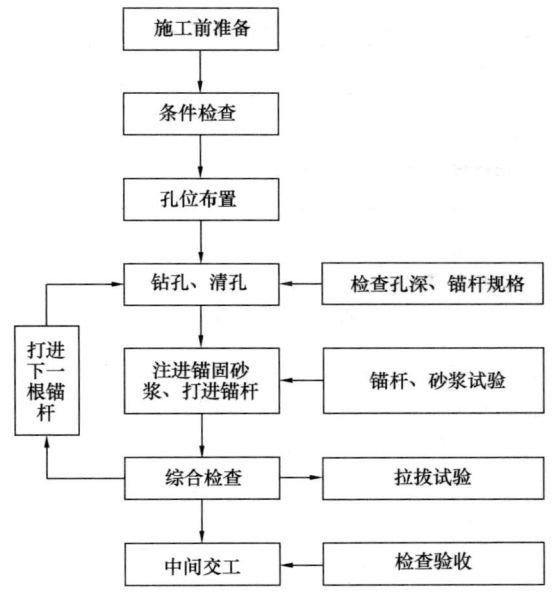

图 2.3 锚杆施工流程

灰比为 0.4～0.45。

砂浆锚杆作业程序：先注浆，后放锚杆，具体操作是：先将注浆泵管路接好，然后用水和稀浆润湿管路，再将注浆管插至锚杆眼底。慢慢打开阀门开始注浆。在压力推动下，水在前、砂浆在后，水湿润泵体和管路，引导砂浆进入锚孔中，随着砂浆不断压入眼底，注浆管跟着缓缓退出眼孔，直至砂浆注满眼孔后，立即把锚杆插入眼孔，接着用推、捶击的方法，把锚杆插至眼底，然后用木楔堵塞孔口，以防止砂浆流失。注浆压力不宜过大，保持在 0.2MPa 为好。

3. 质量验收

钻孔精度要求如表 2.4 所示。

表 2.4　钻孔精度要求

项目	精度
孔位偏差（mm）	±150
孔深（mm）	±50
孔径（mm）	不小于 35

4. 安全与环保措施

压注砂浆时，必须密切注视压力表，发现压力过高，须立即停止，排除堵塞。

锚杆孔中必须注满砂浆，发现不满须拔出锚杆重新注浆。注浆管不准对人放置，以防止高压喷出物射击伤人。

使用掺速凝剂砂浆时，一次拌制砂浆数量不应多于 3 个孔用量，以免时间过长致使砂浆在泵、管中凝结。

锚杆注浆完成后，应及时清洗，整理注浆用具，除掉砂浆凝聚物。

2.2.4　喷射混凝土施工

1. 施工要点

湿喷是将骨料、水泥和水按设计比例拌和均匀，用湿喷射机压送到喷头处，再在喷头上添加速凝剂后喷出。其工艺流程如图 2.4 所示。

（1）检查受喷面轮廓尺寸并修整，使之符合设计，若有松动围岩，须清除干净。

（2）用高压风或水（地质差不用）清洗喷面。

（3）备好工作平台、防护用具。

（4）根据喷射量添加速凝剂，并转动计量泵转盘调节好速凝剂的用量。

（5）接好电源及风管、喷管、速凝管等。

（6）检查喷射机的转子、振动器、计量泵、安全阀及压力表是否完好，并进行试运转。

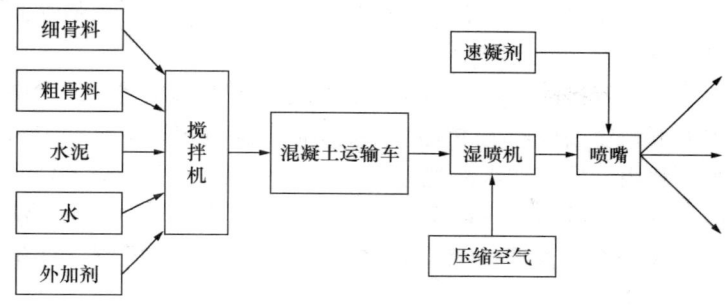

图 2.4　喷射混凝土施工工艺流程

（7）向喷射机的料斗加入约半料斗砂浆（水泥∶砂∶水＝1∶3.5∶0.45），开动主电机将砂浆转入转子腔和气料混合仓。

2. 质量要点

（1）严格按以下顺序进行操作：打开速凝剂辅助风→缓慢打开主风阀→启动速凝剂计量泵、主电机、振动器→向料斗加混凝土。

（2）开机后注意观察风压，起始风压达到 0.5MPa 才能开始操作，并根据喷嘴出料情况调整风压。一般工作风压：边墙为 0.3～0.5MPa，拱部为 0.4～0.65MPa。

（3）混凝土拌和要充分，及时清除直径大于 15mm 的粗骨料。

（4）喷嘴与受喷面尽量垂直，两者的距离一般为 1.5～2.0m。对挂有钢筋网的受喷面，喷嘴宜略倾斜，距离也相应减少。

（5）喷嘴均匀地按螺旋轨迹，分区段（一般不超过 6m）、自下而上、一圈压半圈缓慢移动，每圈直径约 20cm。若受喷面不平，应先喷凹坑找平。

（6）喷射作业须有工作平台，有条件的，最好把喷嘴固定在机械手上喷射。

（7）停机前，喷射料斗中的混凝土须全部喷完，并严格按以下顺序关机：关主电机、振动器、速凝剂计量泵、主风阀；利用计量泵加水清洗速凝剂管路；将喷嘴离开受喷面，依次打开主风阀、计量泵电机、主电机，向料斗中加水清洗气料混合仓、混凝土管道，最后关主电机、主风阀、计量泵，停速凝剂风。

（8）清理喷射机表面的混凝土。

3. 质量验收

原材料：

A 水泥：为保证喷射混凝土的凝结时间和与速凝剂有较好的相容性，应优先采用强度等级为 42.5 级以上的普通硅酸盐水泥，所使用的水泥性能应符合国家现行标准要求。

B 砂：为保证喷射混凝土的强度和减少施工操作时的粉尘，以及减少硬化时的收缩裂纹，采用坚硬而耐久的中砂或粗砂，细度模数一般大于 2.5。

C 碎石或卵石：为防止喷射混凝土过程中堵管和减少回弹量，采用坚硬耐久的细石，粒径不宜大于 15mm。

D 骨料成分和级配：若使用了碱性速凝剂，砂、石、骨料均不得含有活性二氧化硅，以免产生碱骨料反应引起混凝土开裂。为使喷射混凝土密实和在输送管道中顺畅，砂石骨料级配应按国家标准控制。

E 水：为保证喷射混凝土正常凝结、硬化，保证强度和稳定性，喷射混凝土用水采用城市自来水。

4. 安全与环保措施

（1）喷射混凝土由专人喷水养护，以减少由于水化热引起的开裂,发现裂纹用红油漆做好标识,进行观察和监测其是否继续发展,并找出原因进行处理。对不再发展的裂纹,采取在其附近加设土钉或加喷一层混凝土的方法处理,以保安全。

(2) 用预埋检测桩法检测喷射混凝土厚度,不够设计厚度的重新加喷补够。

2.2.5 钻爆开挖

1. 施工要点

暗挖隧道施工采用 CRD 法和台阶法两种。对于隧道强风化、中风化、微风化岩层采用弱爆破施工。

(1) 采用 CRD 法开挖爆破施工,其炮孔布置如图 2.5 所示。

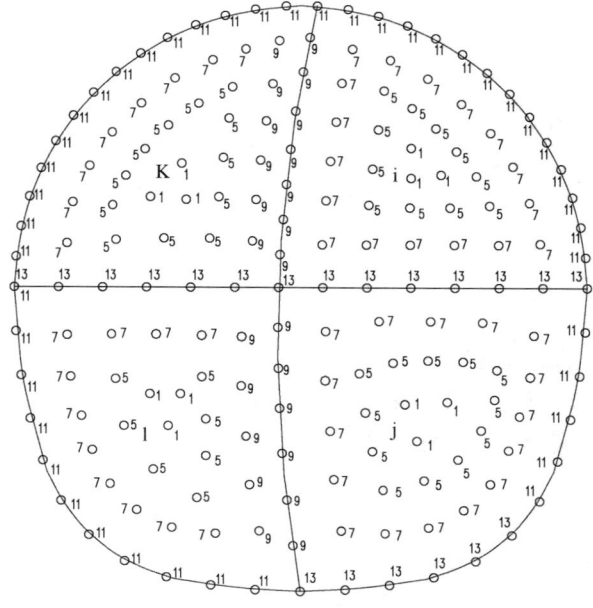

图 2.5 CRD 法炮孔布置

（2）矿山法隧道施工采用台阶法开挖爆破施工，炮孔布置如图2.6所示。

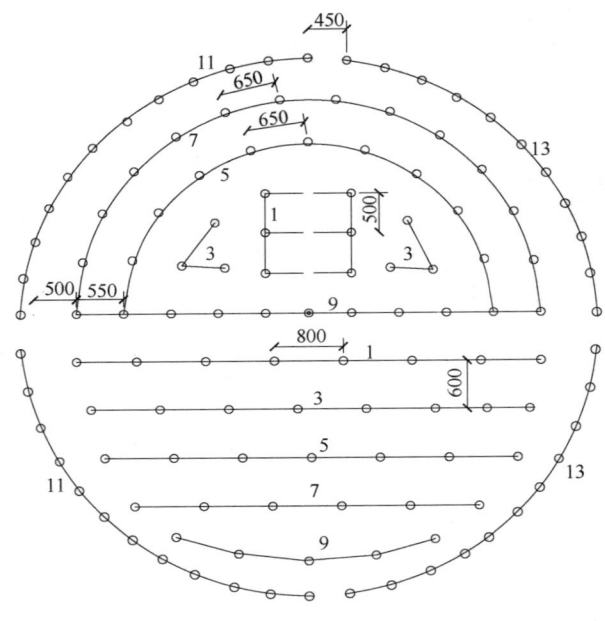

图2.6 台阶法炮孔布置

2. 质量要点

（1）成立爆破领导小组

① 爆破手必须持证上岗，岗前先进行培训，合格后方能上岗。

② 按照危爆要求，严格执行火工品领发制度。

（2）爆破后通风

① 隧道作业环境卫生标准：

隧道内氧气含量按体积不小于20%；

隧道内气温不得高于28℃；

噪声不能大于85dB。

隧道内有害气体浓度允许值：二氧化碳按体积不能大于5‰，氮氧化物为5mg/m³，甲烷（CH_4）浓度不大于3‰，一氧化碳最高浓度为30mg/m³。

② 隧道通风：采用压入式通风方式，左、右线隧道各配1台11kW轴流通风机。每次爆破后或当洞内环境达不到要求时，用空压机向洞内送风，确保洞内施工环境满足上述要求。

③ 通风措施。隧道施工过程中，要保证洞内风速和风量要求，全断面开挖时不小于0.5m/s，坑道内不小于0.25m/s，通风量要满足每人呼吸新鲜空气不少于3.0m³/min。

安排专人对施工中的风流及其质量进行监测，在每班工作期间对风道内的风量至少量测一次，做好记录，如有不足，立即报告。

配齐缺氧及游离二氧化硅等试验检测设备，为检测试验人员提供合格的防毒面具。

④ 降低粉尘措施。

钻眼作业采取湿式凿岩技术。

凿岩机钻眼时，先送水，后送风。放炮后进行喷雾洒水，出渣前用水淋湿全部石渣。合理调整隧道供风风速。经验表明，风速为1.5～3.0m/s时，作业面粉尘浓度可降低到最小，是最佳风速。

⑤ 控制超欠挖的技术措施。

钻眼必须符合如前所述爆破施工及技术要求之规定。

严格控制周边眼小药卷间隔装药结构，药卷分半进行间隔装药，防止药卷集中造成孔底超挖。

严格控制周边眼起爆顺序，在满足爆破振动速度要求的前提下，周边眼尽可能安排少段次起爆，从而减少由于起爆不同步引起的超挖。

严格控制周边眼的施工精度，施钻前必须按工作区前标出的周边眼位置进行钻眼，在施工中严格控制周边眼孔的外插角度，以减少由于外插角度过大而引起的超挖。

做好超前地质预报工作和爆破效果检查工作，搞好设计优化，即时调整或修正爆破参数，以达到控制超欠挖之目的。

3. 质量验收

在隧道开挖过程中严格按设计尺寸控制好开挖断面，不得欠挖，允许超挖量要符合表 2.5 要求。

表 2.5 隧道允许超挖值（mm）

隧道开挖部分	岩层分类							
	爆破岩层						土质和不需爆破岩层	
	Ⅳ类围岩		Ⅴ、Ⅳ类围岩		Ⅲ类围岩		平均	最大
	平均	最大	平均	最大	平均	最大		
拱部	10	20	15	25	15	25	10	15
边墙及仰拱	10		10		10		10	

在施工过程中如遇超挖或小规模塌方时，必须采用喷射混凝土或混凝土回填，并做好回填注浆，以确保工程安全。

4. 安全与环保措施

严格执行爆破清点制度，严格按规定时间起爆，由专职安全员具体负责实施。

爆后执行现场检查制度，爆破后由专职安全员检查爆破现场，发现不安全因素，及时彻底处理，以确保施工及人身安全。

火工品的使用实行申报制度，根据实际施工情况确定下一工作日使用火工品数量，提前一天报公安局指定的专门仓库，便于统一数量、统一管理，满足爆破需求。

每次爆破前，由工地负责人通知监控量测组进行爆破地震波监测，按上报并批准的检测方案进行。

在进行爆破作业前，将进行爆破作业的事宜以书面形式通知井口临近的单位，同时与之协调确定爆破具体时间。施工中严格遵照爆破时间，减少爆破作业对周围环境的影响。沿线张贴施工告示和设置安全告示牌，爆破作业定时定位，使沿线单位、居民及行人了解及掌握爆破时间。对人员密集地段，在爆破时设警戒人员提醒行人、车辆注意，消除心理恐慌，保持正常状态。

竖井及正洞口10m范围内爆破时，必须对竖井进行覆盖，采用钢管横跨在竖井口，上盖竹夹板、钢板等，将井口覆盖严密，不得有空洞口，钢管及盖板必须用铁丝绑扎牢固，再在其上覆盖一层浸水麻布以减少土尘飞扬。竖井四周10m范围设安全警界。

严格按照爆破设计方案的参数进行爆破作业。钻眼深度、装药系数根据开挖岩层的软硬程度确定，爆破作业的关键在于严格控制同段齐发最大装药量不得超过计算安全值。在炮孔较多的情况下，增加非电雷管段数，使同段雷管各炮孔的装药量不超过计算安全值，以满足安全地震速度要求。

为避免和减少爆破振动对地面建筑物、地下管线及其他设施造成不利影响，开工前将隧道沿线管线路（给水、排水、煤气等）调查清楚，与市政给排水、煤气等管理单位取得联系，进行沟通，互通情况，制定应急预案，一旦因施工爆破造成管线断裂，能及时处理及修复。

2.2.6 隧道二次衬砌施工

1. 施工要点

（1）仰拱施工

衬砌工序安排先浇筑仰拱混凝土再填充混凝土，后拱墙施工，仰拱全幅超前施工，拱墙衬砌采用模板台车衬砌。

（2）二次衬砌施工

采用自行式全断面液压钢模衬砌台车。

二次防水混凝土衬砌在开挖支护完成、围岩量测稳定后尽快施工，经监理工程师验收合格，首先是安装防水卷材，然后是钢筋工程的施工；钢筋在洞外钢筋加工车间下料加工，运到洞内后由人工现场安装；采用混凝土搅拌输送车运输混凝土，混凝土输送泵灌注，插入式振捣器振捣，并附加护壁式振捣器振捣。

2. 质量要点

衬砌背后回填压浆。衬砌后根据雷达检测和出水情况，选择合理的注浆参数和注浆材料，对衬砌背后进行回填及压浆堵水。

区间隧道由北端往南端按照台阶法组织进行，左右线隧道错开距离不小于 15m。隧道开挖采用人工手持风钻钻孔，非电毫秒雷管引爆岩石乳化炸药爆破，压入式通风，洞内采用挖掘机配合装渣，小型农用车运输至竖井渣坑，龙门吊提升，地表采用装载机装渣，重型自卸汽车外运。

区间开挖初期支护完成后，立即组织区间防水、二次衬砌结构施工。

3. 质量验收

(1) 隧道二次衬砌模板应符合下列规定：

① 拱顶模板应预留沉落量 10～30mm，其高程加预留沉落量+10mm。

② 变形缝端头模板处的填缝板中心应与初期支护结构变形缝重合。

③ 变形缝及垂直施工缝端头模板应与初期支护结构间的缝隙嵌堵严密，支立必须垂直牢固。

④ 边墙与拱部模板应预留混凝土灌注及振捣孔口。

(2) 隧道二次衬砌混凝土灌注应符合下列规定：

① 混凝土宜采用混凝土输送泵输送，坍落度应为 100～1500mm，拱部 160～210mm，振捣不得触及防水层、钢筋、预埋件和模板。

② 混凝土灌注至墙拱交界处，应间歇 1～1.5h 后方可继续灌注。

③ 混凝土强度达到 2.5MPa 时方可拆模。

4. 安全与环保措施

混凝土模板支前应清理干净并涂刷隔离剂，铺设应牢固、平整、接缝严密、不漏浆。

2.2.7 矿山法施工隧道防排水

1. 施工要点

隧道结构自防水采用抗渗等级不小于 P10（特殊地段 P12）的防水混凝土，隧道模筑混凝土衬砌前，先布置好各种防排水的设施，在隧道初期支护与二次衬砌拱墙之间铺设隧道专用防水板，防水板在洞外按一次衬砌长度制作成型，洞内采用多功能台架铺设，防水层铺设时做好环向及纵向排水盲管的施作，并采取在初期支护和二次衬砌之间注浆处理。

隧道防排水措施：

① 普通地段二次衬砌混凝土抗渗等级不小于P10（变电所及高压富水地段二次衬砌混凝土抗渗等级不小于P12）。在初期支护与二次衬砌之间设置全包防水夹层防水。

② 初期支护拱部背后如有渗漏水情况，结构采取封堵加强措施，预埋注浆管，初支封闭成环后，注水泥浆液。

③ 在二衬模筑混凝土拱顶部位预埋注浆管，以回填注浆的方式填补拱顶部位二次衬砌混凝土与防水层之间的空隙。

④ 严格控制混凝土的配合比，在满足强度、密实性、耐久性、抗渗等级和泵送混凝土的和易性（即坍落度及其损失）要求的条件下，最大限度地控制混凝土的水泥用量，并选用低水热化水泥。

⑤ 在变形缝部位的模筑混凝土迎水面设置外贴止水带，利用外贴式止水带表面突起的齿条与模筑防水混凝土之间的密实咬合进行密封止水。

2. 质量要点

（1）防水层施工

针对隧道的水文地质情况和岩性特点，分别采用相应的分区防排水原则。按照"以堵为主、以防为辅，防排结合、限量排放，刚柔并济、多道防线，因地制宜、综合治理"的原则，力求达到保护环境、排水通畅、防水可靠、经济合理、不留后患的目的。

隧道防水卷材施作前要进行隧道断面超欠挖测量，拱部不允许出现欠挖，边墙局部可以突出侵入衬砌，$1m^2$不大于$0.1m^2$，当欠挖超过允许范围时必须进行处理。防水卷材铺设之前要对喷射混凝土基层的不平整、尖锐物体进行处理，确保基层的平整度。同时将锚头、钉头、钢筋头、钢支护突出者切至与基面平,并用砂浆抹盖。

环向铺挂时先拱后墙,上部防水卷材应压住下部防水卷材。低侧防水卷材应压住高侧防水卷材,固定防水卷材时不得紧绷,并保证板面与喷射混凝土表面能密贴。焊接机具主要有爬焊机、焊塑枪等。防水卷材施工时采用无钉铺设施工工艺,卷材间搭接宽度不小于10cm,预留甩头的卷材应保留隔离膜,并采取保护措施,后续施工时掀除。

防水层施工工艺流程见图2.7。

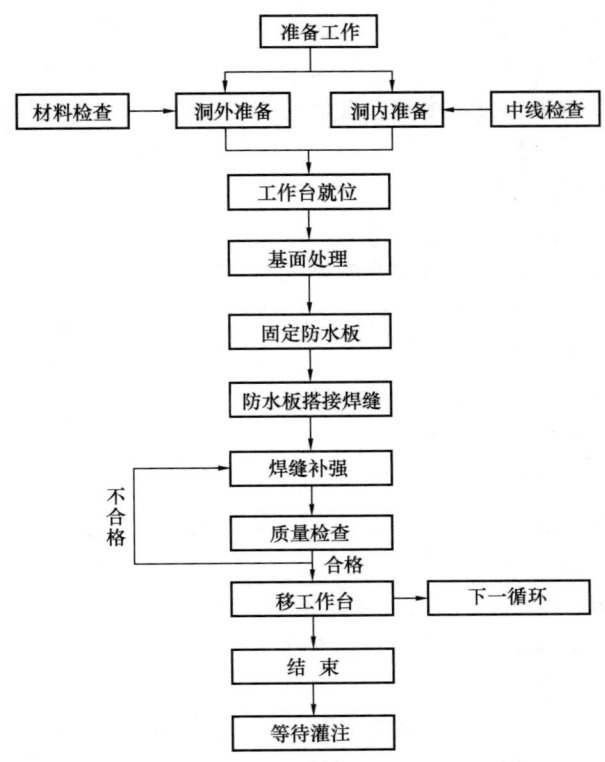

图2.7 防水层施工工艺流程

(2) 施工缝、变形缝防水处理

① 施工缝防水处理：

纵向施工缝设置一道中埋式止水带、一道外贴式自粘橡胶止水带加一道注浆导管，环向施工缝设置一道中埋式止水带、一道外贴式自粘橡胶止水带加一道全断面注浆管，所有施工缝断面需涂刷水泥基渗透结晶防水材料。

② 变形缝防水处理：

在变形缝部位的模筑混凝土迎水面设置外贴式止水带，利用外贴式止水带表面突起的齿条与模筑防水混凝土之间的密实咬合进行密封止水，在变形缝部位设置可注浆式中埋止水带或钢边橡胶止水带。变形缝内侧采用聚硫橡胶密封膏进行嵌缝密封止水，嵌缝材料要求沿变形缝环向封闭，任何部位均不得出现断点。

(3) 排水管施工防水

隧道拱墙二次衬砌背后沿纵向每隔一定距离环向设置透水盲管，地下水发育时加密。墙脚处纵向设透水盲管，环向盲沟下伸到边墙脚与纵向透水软管连通，然后将纵向透水软管直接弯入水沟或通过横向塑料排水管，将水引入路面边缘的水沟内排出隧道外。

(4) 注浆防水

当通过模拟技术及综合地质超前预测、预报，得到地下水的分布状态后，根据具体情况，采取注浆堵水及限量排放等措施，以达到防范涌、突水险情，加固岩体的目的，确保施工及结构安全，保护生态环境。

3. 质量验收

(1) 隧道结构防水施工的下列项目应进行中间检验：

① 材料规格、品种和质量。

② 混凝土配合比、坍落度、搅拌时间、混凝土灌注、抗压和抗渗试件试验。

③ 基层面及保护层坚实情况及平整度。

④ 防水层涂料配制及涂布，卷材及涂膜防水层铺贴及喷涂，穿墙管及变形缝处防水施工。

（2）隧道结构防水竣工验收应符合下列规定：

① 混凝土抗压强度和抗渗压力符合设计要求。

② 穿墙管与防水层连接紧密、无渗水现象。

③ 防水层接缝严密，涂膜防水层厚度符合设计要求，各层之间和防水层与基层之间接合紧密，无裂缝、损伤、气泡、脱层或滑动现象。

4．安全与环保措施

防水施工时，当隧道穿过岩体完整但大面积淌水地段，根据超前探水及地质综合评判结果，当岩体较完整，岩体结构可保证开挖安全，水压低，水量不大、对生态环境影响小时，采取开挖后对洞室周围进行全断面径向注浆堵水。

2.2.8 联络通道施工（冷冻法）

1．施工要点

联络通道采用冻结法超前对隧道范围地层预加固，采用矿山法开挖、喷锚支护，二衬采用型钢拱架＋满堂支架联合支撑、组合钢模板立模，泵送商品混凝土整体衬砌。施工工艺流程如图 2.8 所示。

2．质量要点

施工前采用冻结法对地基加固，加固后的土体要具有良好的均匀性、自立性、密封性，加固后土体无侧限抗压强度应达到 1.0～2.0MPa，土体渗透系数小于 1×10^{-7} cm/s。

采用"隧道内水平冻结加固土体、隧道内矿山法开挖构

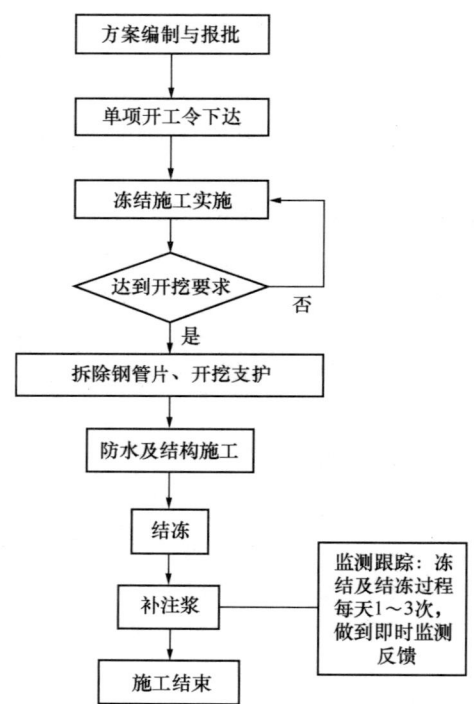

图 2.8 联络通道施工工艺流程

筑"的全隧道内施工方案。即在隧道内利用水平孔和部分倾斜孔冻结加固地层，使联络通道及集水井外围土体冻结，形成强度高、封闭性好的冻土帷幕。在冻土中采用矿山法进行联络通道及泵房的开挖构筑施工，地层冻结和开挖构筑施工均在区间隧道内进行。提出以下技术要点：

（1）由于混凝土和钢管片相对于土层散热要容易得多，会影响隧道管片附近土层的冻结速度，从而影响冻土帷幕的整体稳定性和封水性。特别是要保证联络通道喇叭口部位冻土帷幕的厚度和强度及与管片的完全胶结，在冻结孔施工端喇叭口部位布置三排孔加强冻结，在对侧隧道布置冷冻板。所有的钢管片的格栅要用混凝土充填密实，同时管片外面采用 PEF 板隔热保温，以减少冷量损失，在冻土墙与管片胶结处放置测温点，以加强对冻土墙与管片胶结状况的监测。

（2）冻结孔开孔前，在布孔范围内打小孔径探孔，探测地层稳定情况。如发现有严重漏水冒泥现象，先进行水泥-水玻璃双液壁后注浆，以提高孔口附近地层稳定性，然后钻进冻结孔。每个钻孔都设有孔口管，并安装钻孔密封装置，以防钻进时大量出泥、出水。

（3）针对施工冻结孔时容易产生涌水现象，采用强力水平钻机，尽量实现无泥浆钻进。如发现钻孔泥水流失，及时进行补浆。

（4）加强冻结过程检测。在冻土帷幕内布置测温孔，以便正确判断冻土帷幕是否交圈和测定冻土帷幕厚度。对侧隧道管片附近土层的冻结情况将成为控制整个联络通道冻土帷幕安全的关键，因此，应在对侧隧道管片上沿冻土帷幕四周布置测温孔，以全面监测冻土帷幕的形成过程。

（5）在联络通道两端布设泄压孔，以减小土层冻胀对隧道的影响。该孔可作为冻结帷幕压力变化的观测孔，同时利用管片上的注浆孔来卸压。

（6）联络通道开挖时在隧道内设预应力支架，以防打开预留钢管片时隧道变形和破坏。施工完联络通道临时支护层后再打开对侧隧道联络通道的预留钢管片。在联络通道衬砌中预埋压浆管，采用注浆方式补偿土层融沉。注浆应配合冻土帷幕融化过程进行，采用水泥浆进行融沉注浆。

（7）由于冻土的蠕变性很强，冻土帷幕在破坏前必然有一个较大的蠕变过程,可以通过检查开挖过程中的冻土帷幕变形情况判断其安全性。为此,在开挖过程中必须及时进行冻土帷幕变形和温度观测,如遇冻土帷幕有明显变形,立即用钢支架加木背板支撑,调整开挖构筑工艺,并同时加强冻结。

(8)为了进一步提高联络通道掘砌施工的安全性,可采取以下措施:选用可靠的冻结施工机械;准备足够的备用设备;加强停冻时的冻土帷幕监测;尽快施工衬砌,必要时用堆土法密闭开挖工作面。

(9)冻胀力和冻土融沉的作用影响周围土层的力系平衡,使隧道产生水平位移和沉降,故在整个施工过程中加强隧道变形的监测,确保隧道安全。在冻土帷幕关键部位多布置测温孔,监测冻土帷幕的形成过程和形成状况。

3. 质量验收

在积极冻结维护以后,按照冻结施工参数一览表的参数值进行冻结效果的验收,在验收合格后通知四方单位再次进行验收,在四方单位验收合格后,方可进行开挖与构筑施工。冻结质量控制程序如图2.9所示。

4. 安全与环保措施

(1)严格按照现场施工平面布置的要求堆放原材料、半成品、成品及各种工具、机械,位置合理,做到方便使用;按预算计划限额领料,实行材料使用包干制度,工地现场要每天及时收取施工余料,做到工完场清、余料堆放整齐。

(2)加强对冻结壁厚度和温度的检测,达到设计要求才能开挖,若发现冻结异常情况,应加打探孔进行检测。

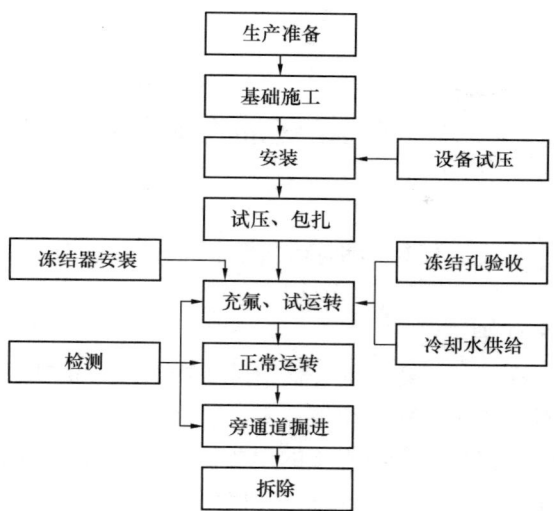

图 2.9 冻结质量控制程序

3 轨道交通车辆段

3.1 清淤固化处理施工

1. 施工要点

(1) 在进行固化之前，需清除土中杂质，例如粒径大于 8cm 块石、砖块、建筑垃圾、树枝、腐殖物等。

(2) 根据所用淤泥黏土的土质特性，选取适宜的无机复合型固化剂；根据固化土强度设计要求，进行掺量配比设计，并进行工艺性试验，以取得满足工程需求的固化剂类型、掺量、施工工艺等技术参数指标，指导大面积施工。

(3) 固化剂类型应根据淤泥黏土的土质特性选用。使用前应保证固化剂干燥，运送至施工现场的固化剂一般 7d 内使用完毕。

(4) 固化土施工完成后需结合环境、天气等外部条件，适宜采取洒水、薄膜或土工布等进行养护，以保证固化土具有良好的强度增长环境，降低外部环境对固化土强度的影响。

(5) 地基养护龄期宜大于 28d，若固化土路基养护得当，土体强度增长较快，养护龄期可大于 14d。整个养护期，淤泥固化土的强度处于不断增长状态，在其养护未达到要求养护龄期之前，应禁止各类车辆通行，尤其是重载车。

2. 质量要点

(1) 自然横坡或纵坡陡于 1∶5 时，将低面挖成台阶，台阶宽度不小于 2m，台阶顶做成 2%～4%的内倾斜坡。

（2）清淤过程中要及时排除地下渗水，特别是已清淤到位的塘底不得积水，以防止塘底原状土饱水变软，达不到承载力要求。坑底如有渗水，在坑四周开挖排水沟和积水井，再用抽水机抽干积水。

（3）填料规格：清淤后基底先铺 40cm 碎石垫层，分两层铺设，回填所用的碎石土必须经过试验检测，合格后方可使用，然后填 4%石灰土到原先塘最高水位处。

（4）分层填筑：回填时按路面平行线分层控制填料标高，分层摊铺，分层碾压。填料分层松铺厚度不大于 30cm。填筑采取横断面全宽、纵向分层填筑方式。当原地面高低不平时，先从最低处分层填筑。为节省摊铺平整时间，用大型推土机先将填料进行大致推平，个别不平整处人工配合进行找平。填筑区段完成一层卸料后，用挖掘机配合推土机摊铺平整，做到填铺面在纵向和横向平顺均匀，以保证压路机压轮表面能基本均匀地接触地面进行碾压，达到碾压效果。在摊铺的同时，进行初步压实，并保证压路机压到路缘时不致发生滑坡。

（5）碾压：填料采用振动压路机进行碾压，压实时应先两侧后中间，压实路线应纵向相互平行，反复碾压。第一遍静压，然后先慢后快，由弱振到强振，行驶速度宜先慢后快，最快行驶速度控制在 4km/h。横向接头压轮重叠 0.4～0.5m，做到压实均匀，没有漏压、死角。对塘死角应特别注意碾压密实，可采用挖机修筑台阶、压路机纵横向反复碾压的方式，使压路机能够有效地对塘死角进行碾压。回填压实度由碾压遍数进行控制，按振动压路机碾压 2～4 遍进行初步控制；现场以碾压后无明显标高差异，压实层顶面稳定,不再下沉(无轮迹)时,可判定为密实状态。

3. 质量验收

(1) 清淤完成后,要及时通知驻地监理工程师检查清淤是否到位、彻底,不得留有死角。同时进行承载力复测,对于达不到要求的点,要及时清除。

(2) 根据淤泥性质和改性泥土的要求,必须采用低碱度土壤固化剂。低碱度土壤固化剂符合住房城乡建设部标准《软土固化剂》(CJ/T 526—2018)的要求。

(3) 固化剂拌和后3~5d内达到碾压的要求。固化养护后,按《建筑地基基础工程施工质量验收标准》(GB 50202—2018)中的素土地基标准检测复合承载力和摩擦角,淤泥土回填后承载力≥70kPa,摩擦角≥30°。

4. 安全与环保措施

(1) 施工机械应符合行业标准《建筑机械使用安全技术规程》(JGJ 33—2012)及《施工现场临时用电安全技术规范》(JGJ 46—2005)的有关规定,施工中应定期对其进行检查、维修,保证机械使用安全。

(2) 合理安排工序,提高各种机械的使用率和满载率。

(3) 对施工现场场界噪声进行检测和记录,噪声排放不得超过国家标准。施工场地的强噪声设备宜设置在远离居民区的一侧,可采取对强噪声设备进行封闭等降低噪声措施。

(4) 施工现场应有防止泥浆、污水、废水污染环境的措施。

(5) 施工现场大门口应设置冲洗车辆设备,出场时必须将车辆清理干净,不得将泥沙带出现场。对施工现场及运输的易飞扬、细颗粒散体材料进行密闭、存放。

（6）对现场的固化材料等进行全方位覆盖，专门修建材料库房，在使用材料时周围进行洒水湿润以防止扬尘。

3.2　砂井施工

1. 施工要点

（1）放设板位线

测量人员在整平的施工便道上放设出砂井打设的角点，根据角点拉尺，在每根砂井的桩位位置插入一根竹签，偏差控制在50mm以内。

（2）砂井施打

① 调整垂直度（垂直度控制在不大于1.5%的范围内），放松钢缆，并振动使其垂直徐徐沉管。

② 当沉管到设计桩长深度时，用人力将砂装至定量的料斗中提升加料，当管内加灌满砂料后，方可振动拔管，先提升1m留振20s后边拔管边振动密实桩体。

③ 砂井填料采用中粗砂。中粗砂粒径大于0.25mm颗粒超过总质量的5%，粒径小于0.075mm的颗粒含量小于5%，实际用砂量与设计体积比不小于95%。

④ 按设计要求确定填砂量、提升高度和速度、挤压次数和留振时间。若项目软基淤泥层较厚，依据电流无法控制质量标准，需把握好留振时间，以保证桩身连续性和成桩均匀性。

2. 质量要点

（1）施打砂井时，对底标高进行严格控制，底标高不得高于设计底标高。

（2）施打过程中现场施工人员应认真观察，如发现实际灌砂量不够或中断，以及漏桩等情况，及时在原井位进行复打。施打砂井过程中，要做好记录，认真记录每根板的打设情况，不符合标准的要重新补打，符合验收标准时才能进行下一井位的施打。

（3）每台桩机配备一名质检人员检查、记录，检查每根排水板的施工情况，施打完毕后全面检查井位误差、垂直度、深度、灌砂量等情况，确保符合验收标准并记录后方可移机施打下一根，发现施打不合格时及时在原井位进行复打。

（4）做好班组交接记录，避免漏打或复打现象发生。对现场每台桩机安排一名现场旁站人员，确定岗位责任制及负责施打区域，保证工程质量。每个施工段完成后，及时请监理工程师验收，验收合格后进行下道工序施工。砂井验收合格后，及时清理施工区域的杂物并及时回填碾压砂。

3. 质量验收

（1）砂桩施工质量检验标准见表 3.1。

表 3.1 砂桩施工质量检验标准

项目	检查项目	允许偏差	检验单元数量	检查方法
主控项目	灌砂量	≥95%	10%	实际用砂量与灌注体积比
一般项目	砂料含泥量	5%	实验室测定	实验室测定
	垂直度	±1.5%	10%	经纬仪检查桩管垂直度
	平面位置	200mm		水上施工检查施工记录
	砂桩标高	±150mm	10%	水上施工检查施工记录

（2）施工过程中，除严格遵照施工步骤进行外，还应有专人负责监测工作。

(3) 砂桩施工开孔前检查桩管直径尺寸和桩靴尺寸，以确保成孔后桩径符合设计要求。

(4) 砂桩填料应逐批检查，确保砂料质量、规格满足规范及设计要求。

(5) 在每次开孔前，对砂桩点位进行复核，确保无漏点或复孔出现。

(6) 按设计要求的砂桩桩长进行施工，并进行现场复核，做好施工记录。

4. 安全与环保措施

(1) "安全生产，预防为主"，坚持生产必须安全的原则，加强对现场施工人员安全、文明施工的宣传教育，提高安全生产、文明施工及自身保护意识。

(2) 按照各有关方面对城市建筑工地的要求和规定做好现场环境管理。

(3) 严格按照安全生产有关条例进行施工作业，严格按照各种机械设备的安全操作规程操作使用，做好施工机器设备上岗记录，勤维修。

(4) 特殊工种必须持证上岗。

3.3 桩基施工

3.3.1 钻孔灌注桩施工

与第1章1.1.2节中的控制要点相同。

3.3.2 CFG桩基施工

1. 施工要点

(1) 测量放线

① 测定各轴线控制点：依据主控制点，用全站仪进行

定位。

② 埋设半永久性控制点：将控制点引至相对稳定的位置，施工中加以保护。

③ 测定桩位点：按照复验合格后的各轴线控制点进行桩位放样，具体放样时采用双控法，保证桩位误差不大于 20mm。

（2）钻孔

① 测定场地标高，确定桩机入土深度和压灌有效长度。为保证成桩长度，在施工中，根据地面变化情况，随时调整钻进深度及压灌深度与停灌面标高，以保证有效桩长达到设计要求。

② 钻机就位前，再次校对桩位的准确性，保证对 3 根以上的临桩进行校核。桩位复核无误后，钻机就位，就位误差≤20mm，对中调平保证垂直度偏差≤1%。

③ 钻机钻进：

a. 开始钻进时，应采用高转速低进入的工艺，输土方便，且钻进阻力小，效率高。在钻进中应尽量避免钻杆晃动，以免扩大孔径，造成浪费。

b. 钻进过程中，经常检查钻机的平整度和钻杆的垂直度；并根据地层岩性，选择适宜的钻进速度和转速，保证切削下来的土体能及时地旋带出来，确保成孔速度及质量。

c. 深度达到设计要求后，先自检，再报监理工程师复检，合格后方可压灌混凝土。

（3）压灌混凝土

① 钻机钻至设计深度后，停止钻进，将混凝土输送软管两端分别与钻杆顶部及混凝土输送泵连接，将普通细石混凝土由输送泵以一定的压力经输送软管、长螺旋钻杆内腔向

孔底压灌。施工第一根桩时,应先搅两斗与混凝土同比例的水泥砂浆进行输送,然后输送混凝土;输送泵压采用10～12MPa,提钻速度采用1.2～1.5m/min。

② 提升钻杆:边向孔内压灌混凝土,边提升钻杆;应按计量控制钻杆的提升速度及高度,直至混凝土达到设计的桩顶标高。严禁过速提钻,以防出现断桩和缩颈,过砂层时尤其要注意。

③ 为保证桩头质量,在设计桩顶标高以上多灌500mm。

④ 按规范要求进行试块的制作、养护及送检。

⑤ 成桩完成后进行桩间土方清理和桩顶混凝土切割,清理桩间土应采用小型机具配合人工进行,截除桩头应采用切割机械。

(4) 成桩检测

① 素混凝土桩的桩身质量、完整性应满足设计要求。成桩7d内,应抽取不少于总桩数10%的桩进行低应变检测,且每检验批不少于3根。

② 在素混凝土桩成桩28d后,在每根检测桩桩体中心处、桩长范围内钻孔取芯,观察其完整性、均匀性,取桩身上、中、下不同深度的3个试样做无侧限抗压强度试验,抗压强度要求不小于25MPa。钻芯后的孔洞采用水泥砂浆灌注封闭。每个工点任意抽取的检验数量为施工总桩数的2‰,且不少于3根。

③ 素混凝土桩处理后的承载力检验宜在28d后进行,应采用单桩地基载荷试验和复合地基载荷试验。单桩承载力检验数量为桩总数的7.5‰,复合地基承载力检验数量为桩总数的2.5‰,检验总数合计为桩总数的1%,且不少于3根。

2. 质量要点

(1) 素混凝土桩施工宜从中间向外围进行,或采取一边推向另一边的方式施工,避免后续桩施工对已施工桩的损坏。

(2) 素混凝土桩在钻进过程中,应控制钻机钻杆的垂直度,其偏差不应大于1%。

(3) 素混凝土桩施工过程中导管应始终埋入混凝土内1m左右,以防断桩。每根桩的投料量不应少于设计灌注量。成桩过程中,应抽样做素混凝土试块。

(4) 钻进过程中每沉1m或电流表值突变时,应记录电流表值一次,核对地基土层沿桩长变化情况。

(5) 钻至设计深度后,应准确掌握提拔钻杆时间,素混凝土泵送量应与拔管速度相配合,泵料应连续,不得停泵待料。

(6) 素混凝土桩施工桩顶标高宜高出设计标高不少于0.5m。

(7) 冬期施工时,桩体材料入孔温度不得低于5℃,必要时,应对桩头和桩间土采取保温措施。

(8) 清理桩间土应采用小型机具配合人工进行,截除桩头应采用切割机械,清土和截桩不得造成设计桩顶标高以下桩身断裂和桩间土扰动。褥垫层铺设宜采用静力压实法。

3. 质量验收

施工中桩位(纵横向)偏差不大于50mm,桩体有效直径不得小于设计值,桩身垂直度允许偏差不大于1%。

CFG桩施工质量检验标准见表3.2。

表 3.2 CFG 桩施工质量检验标准

项目	序号	检查项目	允许偏差或允许值 单位	允许偏差或允许值 数值	检查方法	备注
主控项目	1	原材料	设计要求		查产品合格证书或抽样送检	
主控项目	2	桩径	mm	−20	用钢尺量或计算填料量	
主控项目	3	桩身强度	设计要求		查 28d 试块强度	每台机器每天 1 组（3 块边长 150mm 立方体）标养试块
主控项目	4	地基承载力	设计要求		按规定的办法	
一般项目	1	桩身完整性	按桩基检测技术规范		按桩基检测技术规范	
一般项目	2	桩位偏差	满堂布桩≤0.4D 条基布桩≤0.25D		用钢尺量，D 为桩径	放样
一般项目	3	桩垂直度	%	≤1.5	用经纬仪测桩管	目测桩机上线垂
一般项目	4	桩长	mm	+100	测桩管长度或垂球测孔深	钻杆的高度（露出地面的高度）
一般项目	5	褥垫层夯填度	≤0.9		用钢尺量	

4．安全与环保措施

（1）安全要求

① 搞好施工现场安全生产和文明施工工作，加强安全生产教育。

② 施工前必须对机械设备进行检查、维修、保养。
③ 钻机在施钻的全过程中必须有专人看守。
④ 严格控制钻杆钻进时的钻速和钻压,防止塌孔埋钻。
⑤ 施工范围内应拉警戒线,防止坠人坠物。

(2) 环保要求

① 遵守国家有关环境保护法规的规定,采取措施控制施工现场的各种粉尘、废气、废水、固体废物以及噪声、振动对环境的污染和危害。

② 施工期间,对既有水利设施加强保护,施工用水不得给邻近居民、单位和周围环境造成污染。

③ 妥善处理泥浆水,未经处理不得直接排入城市排水设施和河流。

④ 水泥浆需运至甲方或有关部门指定地点排放,严禁随意排放污染环境。

⑤ 钻孔桩排出的污水不得直接排入河道、市内排污管或地面随流,避免对周围水源地产生影响。废弃泥浆用特制罐车运至指定位置,外运过程中不得外漏。

3.3.3 双向搅拌桩+插塑板

1. 施工要点

(1) 双向搅拌桩

① 双向搅拌机搅拌下沉的同时,后台开始根据配合比及水灰比等拌制浆液,水泥浆经充分搅拌均匀后倒入集料斗中,同时不定时检测水泥浆相对密度。

② 钻进、搅拌、喷浆。启动双向搅拌桩施工机械,调整搅拌叶片完全展开至预定直径($d=50$cm)。

③ 达到桩底标高后在桩端应就地持续喷浆搅拌 10s 以上,关闭送浆泵、桩机提升,两组叶片同时正反向旋转搅拌

混凝土，直至地表或设计桩顶标高以上 50cm 处。

④ 桩顶 1.5m 范围内（包括桩顶标高以上 50cm）进行二次喷浆搅拌。

(2) 塑料排水板

① 清除地下障碍物，对原地面进行清理和整平，将路基范围内原地面上淤泥、树根、草皮、腐殖土等全部挖除，为塑料排水板施工做好场地平整。

② 做好临时排水设施，疏干场内积水，使周边水不再进入场内，雨水、渗水随时排出。

③ 在路基范围内按设计要求填筑土拱，碾压密实。两侧挖纵向排水沟，以便排除砂垫层中排出的水。

④ 在填筑好的土拱坡面上铺设 50cm 砂垫层、土工格栅，压路机静压，铺设后的砂垫层要求表面平顺，形成同土路拱相同的坡度，以利于排水。

⑤ 根据设计提供的控制点，采用全站仪放出塑料排水板区域的控制桩，利用水平管调整支架垂直，采用线坠保证沉管的垂直度。

⑥ 打设塑料排水板：

a. 安设套管时，套管顶端要有便于起吊的吊环，并在套管上划出控制高程的刻度线，控制排水板的打设深度。若套管接长，应在打设前试接，连接处要平顺密闭。

b. 开始时沉管要缓慢，防止套管突然偏斜。

c. 排水板与桩尖连接应牢固，防止拔管时脱离，将塑料板带出。

d. 桩尖平端与导管靴配合要适当，避免错缝，以免在打设过程中淤泥进入套管，增加对塑料板的阻力，或将塑料板拔出。

e. 打设塑料排水板机械依据从低处往高处打设的原则进行。

f. 安装及打设过程中塑料排水板不得被扭曲，透水膜不得被撕破和污染，并防止泥土等杂物进入排水板滤膜内。

g. 塑料排水板经导管内穿出底部，应与桩尖连接、拉紧，与管靴口贴紧，并对准桩位。

h. 拔出后剪断外露的塑料排水板，机具移位。

（3）塑料排水板头部处理

① 塑料排水板不得接长使用。

② 插好的塑料排水板，顶端埋入砂垫层，埋入长度大于 0.5m 或符合设计要求。

③ 打设后外露的排水板不得被污染，应及时清除排水板周围带出的泥土并用砂子回填密实。

④ 软土地基插板结束后，均匀铺设第二层砂垫层，要覆盖塑料排水板。

2. 质量要点

（1）双向搅拌桩施工前进行配比实验，并进行现场试桩，确定施工工艺及参数。

（2）水泥掺量不得小于 65kg/m，严格按照试桩总结施工工艺参数进行施工。

（3）桩径：必须采用相应规格的钻头，因磨损达不到要求时应予更换，一旦发现桩径小于设计要求须按相同置换率在桩边补桩。

（4）为确保压浆时不发生断浆现象，严格控制喷浆和搅拌速度。

（5）搅拌桩施工完成并达到龄期后，人工凿除桩顶 50cm 的浮浆段再进行下道工序施工；桩体施工完成一个月并且经验收合格后,方可施加其他施工和进行下道工序施工。

(6) 水泥搅拌桩开钻前,应用水清洗整个管道并检验管道中有无堵塞现象,待水排尽后方可下钻。

(7) 施工时应严格控制喷浆时间和停浆时间。每根桩开钻后应连续作业,不得中断喷浆。严禁在尚未喷浆的情况下进行钻杆提升作业。储浆罐内的储浆应不小于一根桩的用量加50kg。若储浆量小于上述质量时,不得进行下一根桩的施工。

(8) 施工中发现喷浆量不足,应整桩复搅复喷,复喷的喷浆量不小于设计用量。如遇停电、机械故障原因,喷浆中断时应及时记录中断深度。在12h内采取补喷处理措施,并将补喷情况填报于施工记录内。补喷重叠段应大于100cm,超过12h应采取补桩措施。

3. 质量验收

(1) 灰量控制:不得超过规定值的±5%。

(2) 28d桩体水泥土无侧限抗压强度平均值不小于1.0MPa,桩体压缩模量不小于60MPa。

4. 安全与环保措施

(1) 施工期间在围蔽上安装警示灯,进出施工场地大门处安排专人指挥进出车辆行驶,并配合交警维护周边的交通。

(2) 现场所用上下水管道、电气线路、材料堆放、临时设施的平面布置,都必须符合安全、卫生、防火的要求,并加强管理,做到安全生产和文明施工。

(3) 各种电气设备、电动工具等,线路、绝缘要良好,接"三相五线"时,须采用重复接地,现场电气设备和线路必须由持有操作证的电工（2人以上）负责安装。严禁电线拖地使用。

（4）落实门前"三包"环境保洁责任制，不在工地围栏外堆放材料、垃圾，严格按照批准占地的范围、占用期限使用临时占地。

（5）工程完工后，按业主要求及时拆除所有施工围蔽、安全防护设施和其他临时设施，并将工地及周围环境清理干净，做到工完料清、场地干净。

3.3.4 地基加固

与第1章1.2节中的控制要点相同。

3.4 土工合成材料施工

1. 施工要点

（1）土工布的铺设方法

① 软基处理经监理工程师验收同意后，在其上方采用人工滚铺土工布；布面要平整，并适当留有变形余量。

② 布的搭接根据地形及使用功能可分为自然搭接、缝接或焊接；可能长期外露的土工布，则应焊接或缝接。

③ 热风焊接是用热风枪在两片布的连接瞬间高温加热，使其部分达到融熔状态，并立即使用一定的外力使其牢牢地黏合在一起。

④ 在潮湿天气不能进行热粘连接的情况下，土工布应采取另一方法：缝合连接法，即用专用缝纫机进行双线缝合连接，且采用防化学破坏和防紫外线的缝合线，所有的缝合必须连续进行。

⑤ 缝好的土工布接缝最少包括1行叉线锁口链形缝法。

⑥ 缝合时最小宽度为 10cm，自然搭接时最小宽度为 20cm，热风焊接时最小宽度为 20cm。对于缝接，要采用质量与土工布相同的缝合线，缝合线要采用抗化学破坏和防紫外线照射能力强的材质。

（2）土工格栅施工

① 土工格栅材料规格及其主要技术指标必须符合设计要求，且购进时必须有出厂合格证和测试报告。每 5000m² 应随机抽样测试，结果必须达到设计要求。使用前按一定比例送样进行纵向抗拉强度和延伸率试验。进货后，应存放在遮阳通风处，避免因过强紫外线照射导致材料老化、强度损失。

② 对基底清理整平后压实，并整理至设计路拱形状。

③ 处理好的地基或路基经检验合格后，再铺设土工格栅。土工格栅铺设时要求平整拉直，强度大的受力方向垂直于线路方向。沿线路纵向土工格栅搭接长度≥0.2m，并每隔 1.5～2.0m 用扎丝捆牢。沿线路横向采用整幅，不宜有接口，当需要接长土工格栅时接口不得超过两处，搭接宽度≥0.5m，采用塑料棒或防锈处理后的钢筋穿两道进行连接，保证连接强度不小于材料强度。

④ 每层格栅的虚填厚度必须严格控制，格栅未填料前，严禁机械设备行驶、碾压。铺设好土工格栅后，严禁在填筑第二层时汽车等机械设备损坏已铺土工格栅。

⑤ 施工过程中不得对格栅造成断裂、损坏，铺设完成经验收合格后由人工或小型机具运送填料。当填料高度大于 1m 时方允许用重型压实机具平整压实。

2. 质量要点

（1）基层检查：平整、坚实、有无积水。

（2）试铺：根据现场情况确定土工布尺寸，裁剪后试铺，裁剪尺寸应准确。

（3）检查搭接宽度是否合适，搭接处应平整、松紧适度。

（4）定位：用热风枪将两幅土工布的搭接部位粘接，粘接点的间距应适宜。

（5）对搭接部位进行缝合时缝合线应平直，针脚应均匀。

（6）缝合后应检查土工布是否铺设平整，是否存在缺陷。

3. 质量验收

缝合时最小宽度为 10cm，自然搭接时最小宽度为 20cm，热风焊接时最小宽度为 20cm。对于缝接，要采用质量与土工布相同的缝合线，缝合线要采用抗化学破坏和紫外光照射能力强的材质。

土工合成材料实测项目见表 3.3～表 3.5。

表 3.3 加筋工程土工合成材料实测项目

项次	检查项目	规定值或允许偏差	检查方法和频率	权值
1	下承台平整度、拱度	符合设计、施工要求		1
2	搭接宽度（mm）	+50，-0		2
3	搭接缝错开距离	符合设计、施工要求		3
4	锚固长度（mm）	符合设计、施工要求		4

表 3.4 隔离工程土工合成材料实测项目

项次	检查项目	规定值或允许偏差	检查方法和频率	权值
1	下承台平整度、拱度	符合设计、施工要求	每 200m 检查 4 处	1
2	搭接宽度（mm）	+50，-0	抽查 2%	2
3	搭接缝错开距离	符合设计、施工要求	抽查 2%	

续表

项次	检查项目	规定值或允许偏差	检查方法和频率	权值
4	锚固长度（mm）	符合设计、施工要求	每缝	4

表3.5　过滤排水工程土工合成材料实测项目

项次	检查项目	规定值或允许偏差	检查方法和频率	权值
1	下承台平整度、拱度	符合设计、施工要求	每200m检查4处	1
2	搭接宽度（mm）	+50，-0	抽查2%	2
3	搭接缝错开距离	符合设计、施工要求	抽查2%	3

4．安全与环保措施

（1）建立健全岗位责任制。

（2）挂牌施工，接受社会监督。

（3）采用有效措施处理生产、生活废水，不得超标排放。

（4）现场布局合理，材料、物品、机具、土方堆放符合要求。

（5）施工内业资料齐全、整洁、数据可靠，办公室内按要求布置各类图表，及时反映现场状况及工程进度状况。

（6）施工期间，对施工机械车辆道路进行维修，确保晴雨畅通。

（7）工地配全备足各类相应有效的灭火器材。

（8）清洗骨料的水和其他施工废水，采取过滤、沉淀或其他方法处理后方可排放，避免污染河道和周围环境。

3.5　碎石垫层施工

1．施工要点

（1）材料选择：砂石垫层材料宜采用级配良好、质地坚硬的中砂、粗砂、石屑和碎石、卵石等，含泥量不应超过5%，且不含植物残体、垃圾等杂质。

（2）平整场地：在合格的下承层上施工砂砾垫层，包括标高、平整度、压实度、横坡度等的检测。清理下承层上的杂物及浮土等，使其保持表面洁净，并适当洒水湿润。

（3）铺设垫层：按试验路段提供的卸料距离及数量在方格网内卸料。用推土机或平地机将砂砾摊铺均匀，采用灰点控制垫层的松铺厚度及标高、横坡度。摊铺后的砂砾垫层应无明显离析现象，或采用细集料做嵌缝处理。经过整平和整形后，标高、横坡度等满足规定值时，即可进行碾压。每天作业段端头的纵横设置模板，其高度与该层厚度相同，并与路中线相垂直。

（4）摊铺100m左右时即可开始碾压，作为一个碾压段。

（5）碾压程序为：先轻后重，由边向中，由低至高，后轮重叠1/2轮宽。碾压速度和碾压遍数按试验路段提供的数据。

（6）采用普通压路机进行初步稳压，再用12t以上的振动压路机进行碾压，碾压时，后轮重叠1/2轮宽，后轮必须超过两段的接缝处。后轮压完路面全宽即为一遍。碾压一直进行到要求的密实度为止，碾压完成后表面无明显轮迹。压路机的碾压速度，头两遍采用1.5～1.7km/h，以后采用2.0～2.5km/h。

（7）路面两侧的碾压遍数增加两遍。

2. 质量要点

（1）注意控制路基的填筑设计，使加荷速率与地基承载力增加（冲击预压法）的速率相适应。一般情况下，地基的水平位移应不大于 10mm/d，垂直位移量应不大于 15mm/d。

（2）砂石垫层的施工质量检验应随施工分层进行。检验方法主要有环刀法和贯入法。

（3）碾压过程中的质量控制。设专人负责碾压管理工作，及时反馈信息并纠正，检测压实度、平整度，测量人员在压实过程中跟踪检测标高，以保证铺筑层的厚度。

3. 质量验收

（1）基土严禁用淤泥、冻土、膨胀土或含有有机物质大于8%的土作为回填土；基土应均匀密实，压实系数不应小于0.90。

（2）碎石不得含有草根等有机杂质，碎石的强度应均匀，石子最大粒径不得大于垫层厚度的2/3，碎石垫层的密实度应符合设计要求。

石方路基实测项目见表3.6，填石路堤上、下路堤压实质量标准见表3.7。

4. 安全与环保措施

（1）夜间施工设有足够的照明设备，严防乱拉电线。

（2）每台设备由专人负责，禁止非专业人员操作。

（3）施工过程中加强对机械各部件的日常检查与维修保养。

（4）加强安全用电防护，实行三相五线制，做好机械漏电保护、防潮防雨设施，一机一闸，闸箱上锁，确保用电作业安全。

（5）施工现场的各种交通标志字体要书写正确、规范、工整、美观，并经常保持整洁完好。

表 3.6 石方路基实测项目

	检查项目	规定值或允许偏差	检查方法和频率	权值
1	检查项目	高速公路 一级公路	查施工记录	3
2	压实度	层厚和碾压遍数 符合要求		
3	纵段高程（mm）	+10，-20	水准仪：每200m 测4个断面	2
4	中线偏位（mm）	50	经纬仪：每200m测4点， 弯道加 HY、YH 两点	2
5	宽度（mm）	符合设计要求	米尺：每200m测4处	2
6	平整度（mm）	20	3m直尺：每200m 测2处×10尺	2
7	横坡（%）	±0.3	水准仪：每200m 测4个断面	1
8	边坡坡度	符合设计要求	抽查，每200m测4处	1
	边坡平顺度	符合设计要求		

表 3.7 填石路堤上、下路堤压实质量标准

分区	路床顶面以下 深度（m）	硬质石料孔 隙率（%）	中硬质石料孔 隙率（%）	软质石料孔隙率 （%）
上路堤	0.8~1.5	≤23	≤22	≤20
下路堤	>1.5	≤25	≤24	≤22

3.6 路基填筑施工

路基基床分为基床表层及底层，基床表层厚 0.5m，基床底层厚1.5m。基床底层的顶部和基床以下填料部位的顶部设4%的人字排水横坡。

基床表层采用A、B组填料，路肩设C25混凝土预制块加固。

基床底层采用A、B、C组填料，当使用C组细粒土填料时，其塑性指数不得大于12，液限不得大于32%。

基床以下部分可选用A、B、C组填料，填料的最大粒径不得大于300mm或摊铺厚度的2/3。路堤浸水部位采用渗水土填料。

1. 施工要点

（1）基床以下路堤填筑

① 核对填料的类别、分布，进行填料复查和试验，填料做筛分试验、液塑限试验、颗粒密度试验。施工过程中，当填料质量发生变化时，重新进行填料试验。

② 对土工格栅进行现场检查，并抽样送有检验资质机构检验其技术性能指标，确保满足设计要求。土工格栅搭棚堆放，避免日光暴晒老化。

③ 现场填土压实试验：在路基范围内选择200m平坦试验段按1.15~1.25松铺系数进行摊铺压实工艺性试验，以校验室内试验结果，确定摊铺、压实机具选型、最佳填层厚度、最佳经济压实遍数、振动频率、振幅、土方量变化率、合理的工艺流程等施工工艺参数和施工方法。

④ 施工期路堤两侧排水：在护坡道外侧结合与永久性排水系统开挖临时排水沟或开挖正式排水沟，预留沟边坡保护层，待正式施工时，挖除保护层，砌筑排水沟；同时，在沟的外侧填筑截水土埝，防止水流流向路基。对于不能满足设计及规范要求的填料，先运输至填料拌和站按设计及规范

要求进行改良，拌和好后才允许运输至施工现场进行填筑。

⑤ 填筑施工严格控制填筑层厚度，按填筑试验段确定的松铺厚度全宽、纵向、水平分层填筑，摊铺从路堤中线开始，对称地向两侧填土。

⑥ 洒水：摊铺完毕，及时检测摊铺层含水率。当填料含水率在最佳含水率±2%时，用压路机碾压一次，以暴露填筑面的潜在不平整，并用平地机对填筑层进行初平和整形，然后进行碾压工序。若含水率过小，用喷管式洒水车补充洒水；若含水率过大，则晾晒至含水率符合要求后再碾压。

⑦ 碾压：振动压路机按试验段确定的工艺参数进行碾压。碾压时，振动压路机先慢后快，振动频率先弱后强，直线段由两侧向中间，曲线段由线段内侧向外侧纵向进退错行碾压，行与行的轮迹重叠宽度不小于0.3m，横向同层接头处重叠压实不小于1m，前后相邻两区段纵向重叠2m，上下两层接头处错开3m，达到无漏压、无死角，确保碾压均匀。碾压完再用平地机精平一次，使每层压实面有2%的路拱横坡，且平整、无积水、无明显碾压轮迹、无显著的局部凸凹。

⑧ 在填筑过程中按沉降观测所述要求严格控制填筑速率，确保路基安全稳定。

⑨ 检验签证：每层碾压完毕用灌砂法检测压实密度，每填层的地基系数用K30检测仪检测，达到设计要求、经监理工程师检查签认后再进行下一层填筑。

（2）路堤基床底层填筑

① 房屋密集区域，挖除建筑、生活垃圾换填A、B、C组填料，压实标准应满足《地铁设计规范》（GB 50157—

2013)的规定。其余地段,挖除表面耕植土换填 A、B、C 组填料,地基表层应采取排水疏干,清除表土回填。碾压后,其压实标准应满足《地铁设计规范》(GB 50157—2013)的规定。

② 基床底层填筑施工方法基本与基床底层以下路堤填筑相同。填筑前,根据路基试验段取得的可靠摊铺压实参数指导路堤施工,其填料用自卸汽车从拌和场运至现场,沿横断面全宽、纵向分层由两边向中部填筑。推土机分层初平,检查填料含水率合格后,平地机精平,重型振动压路机碾压,再用平地机精平填筑面,形成路拱,经现场检测,达到设计和施工质量验收标准规定的压实标准后,进行上一层填筑。已填筑完成的基床底层交下道工序施工。

(3) 基床表层填筑

① 基床表层填筑前对基床底层的几何尺寸、压实密度等各项指标进行全面检查,达到基床底层验收标准,并完善相关工程施工(如过轨管、排水管等)后实施基床表层填筑。

② 基床表层分两层填筑施工。每个作业面配备 1 台摊铺机,分布在路基左、右两侧实施全断面联合作业,从路基的一端沿线路纵向摊铺至路基的另一端,配备 2 台压路机紧跟摊铺机及时碾压,配备 3~5 人配合压路机对表面局部不平整或粗细集料离析现象及时补平或调整。根据摊铺工点至料场距离,利用足够的自卸汽车运送 A 组填料,杜绝停机待料情况的发生。

③ 压路机紧跟摊铺机实施碾压作业,防止摊铺后表面水分蒸发。碾压时,采用先静压,后弱振,再强振的方式,最后静压收光。直线地段,由两侧路肩开始向路中心碾压;

曲线地段，由内侧路肩向外侧路肩进行碾压。沿线路纵向行与行之间重叠压实不小于40cm。

2. 质量要点

（1）基床底层填筑施工质量控制方法与基床以下路基填筑基本相同，其他保证措施可根据路基试验段取得的参数来适当调整最佳含水率、松铺厚度和振动压路机的碾压遍数等。

（2）按照每次填筑循环（填筑→平整→碾压→检测），在检测期由领工员按照《基床底层外形尺寸允许偏差表》来负责组织检测路堤外形尺寸。由实验室按照设计及相关规范要求来检测其压实标准。

（3）每层碾压完毕用灌砂法检测压实密度，每填层的地基系数用 K30 检测仪检测，试件无侧限抗压强度在实验室养护后试验并评定，变形模量采用 Ev2 测试仪测试，动态变形模量采用 Evd 轻型落锤仪测试，达到设计要求、经监理工程师检查签认后再进行下一层填筑。

（4）为确保基床表层施工质量达到设计要求，施工前，由实验室负责拌和站级配碎石的加工质量，严格控制填料的含水率；由施工技术部门提出，机械设备部门负责，合理组织摊铺机、压路机、自卸汽车的组合与搭配，确保机械设备的完好。

（5）每层填料施工碾压完毕后，由实验室及时对其施工质量进行检查，合格后方可进行下道工序施工。

3. 质量验收

路基填筑施工质量验收标准见表 3.8。

4. 安全与环保措施

（1）施工中要注意对地下和空中各类管线的保护，如涉及地下管线的，施工前须弄清管线的分布和走向。必要时向工程部门办理交底卡，申请有关部门到现场进行监护。

表 3.8　路基填筑施工质量验收标准的规定

主控项目	1	填料种类、质量、使用范围	符合设计要求
	2	换填的深度和范围	符合设计要求
	3	换填地基的压实标准	符合设计要求
一般项目	1	顶面高程（mm）	±50
	2	中线至边缘距离（mm）	±50
	3	宽度	不小于设计值
	4	横坡（%）	±0.5
	5	平整度（mm）	±30

（2）认真做好各种设备管理，定期做好例行维修及保养，保持其性能良好，设备操作人员须持证上岗。

（3）各种施工材料堆放整齐，不得影响施工现场人车进入通道，各道工序做到工完料净。

（4）保护沿线植被，减少植被破坏，保护水资源和自然景观，避免因施工引起水质污染等环境问题。

（5）严格规定施工范围和人员、车辆行走路线，对场地和人员活动范围进行界定，不得随意超出规定范围，并设置标语牌等标志，防止对施工、生活范围之外区域的植被造成破坏。

（6）对机械、设备及运输车辆经常进行维修保养，有效减少跑、冒、滴、漏产生的含油废水。含油废水采用隔离池或其他方法处理合格后方能排放。

（7）报废材料要立即运出现场，并进行掩埋等处理，对于施工中废弃的零碎件、边角料、水泥袋、包装箱等，要及时清理并搞好现场卫生。

3.7 过渡段施工

由于不同结构的刚度差别和不同结构基础的形式不一致而产生的不均匀沉降，在连接处极易产生变形差，造成列车通过时轨道出现变位差，使列车与轨道结构产生较大的相互冲击，从而降低列车运行的平稳性、舒适性，危及列车的安全。因此，确保过渡段的施工质量在施工过程中依然非常重要。

（1）按照基底验收、分区填筑、同步摊铺、检测修整"四区段"和拌和、运输、摊铺、碾压、检测试验、修整养护"六流程"的施工工艺组织施工。

（2）距构造物边缘 2m 以内，填料的松铺厚度不大于 20cm，采用小型振动压实设备进行碾压。同时处理好与距构造物 2m 以外填筑的衔接。

1. 施工要点

（1）桥台基坑用混凝土分层回填，人工捣固棒捣固密实。路基填筑前，按照设计断面图示，在已施工完成的碎石垫层及台背混凝土上用石灰水和红油漆分别划出一级过渡、二级过渡及分层填筑厚度（每层 20cm）的分界线，按照分界线的不同区域，分别填筑掺 3%~5% 的水泥级配碎石（砂砾石），A、B 组填料和路堤本体填料。其填料均由综合拌和站提供，自卸汽车运至现场，与路堤本体同步填筑：人工配合推土机初平，人工配合平地机精平、压路机碾压，大型机械无法作业的台背区域（距桥台结构物 2m 范围内）采用人工挂线精平，轻型内燃夯实机碾压。经现场检测，达到设计和施工质量验收标准规定的压实标准后,进行下一层填筑。

(2) 台后搭板按设计尺寸用组合钢模立模、人工绑扎钢筋,混凝土罐车运输泵送混凝土入模,人工捣固和平板振捣器捣固、抹面。

(3) 基床底层填筑前,按照设计要求埋设软式透水管。基床底层的填筑方法与填筑路堤本体方法基本相同,初平时用推土机从塔板位置向路堤两侧及路堤纵向送料,碾压、精平与路堤本体相同。

(4) 基床表层过渡段范围内全部采用掺3%~5%的水泥级配碎石(砂砾石)作填料,分两层与路堤同步填筑。其施工方法见基床表层填筑。

2. 质量要点

(1) 过渡段路堤的填筑工艺应通过现场碾压试验确定。

(2) 过渡段采用的填料种类及原材料质量应符合设计要求,级配碎石选料标准应满足材料的规格、材质和级配的有关规定。

(3) 横向结构物两端的过渡段填筑必须对称进行,并应与相邻路堤同步施工。

(4) 过渡段靠近桥台、涵洞等建筑物的部位分层填筑,采用小型振动压实机具碾压,填料的松铺厚度不宜大于20cm,碾压遍数应通过工艺试验确定。

(5) 各种试验、检测设备检定合格。测试数据应真实可靠,充分反映现场实际情况。

3. 质量验收

(1) 过渡段采用级配碎石(砂砾石)填筑并使其压实标准满足设计要求,横断面方向从基床表层以下沿桥台宽成 1∶1 的坡度填级配碎石（砂砾石）并掺入 5％水泥，外侧填料同其他路堤；级配碎石（砂砾石）部分纵向做成上小下大正梯形形式，远离桥台设置 1∶2 的坡度，其后设置倒梯形过渡段，采用 A、B 组填料填筑，其压实标准同基床底层。

（2）大型压路机碾压时，压实范围保持距构造物边缘 2m，以利结构物稳定安全。大型压路机压实不到位的地方采用小型振动压实设备进行碾压，靠近横向结构物的部位采用平行于横向结构物背壁面碾压，每层压实经检测合格后再进行下一层施工。采用小型振动压实设备进行碾压时，填料的松铺厚度不大于 20cm。

4. 安全与环保措施

（1）施工中要注意对地下和空中各类管线的保护，如涉及地下管线的，施工前须弄清管线的分布和走向。必要时向工程部门办理交底卡，申请有关部门到现场进行监护。

（2）认真做好各种设备管理，定期做好例行维修及保养，保持其性能良好，设备操作人员须持证上岗。

（3）各种施工材料堆放整齐，不得影响施工现场人车进入通道，各道工序做到工完料净。

（4）对机械、设备及运输车辆经常进行维修保养，有效减少跑、冒、滴、漏产生的含油废水。含油废水采用隔离池或其他方法处理合格后方能排放。

（5）报废材料要立即运出现场，并进行掩埋等处理，对于施工中废弃的零碎件、边角料、水泥袋、包装箱等，要及时清理并搞好现场卫生。

3.8 路基混凝土挡墙施工

1. 施工要点

(1) 在施工中综合考虑泵送混凝土的技术参数、初凝时间、模板拆除时间以及材料供应情况，通过实验室配合比设计和试配，确认满足设计和施工要求，经现场监理工程师认可后，发出配合比通知书，厂家及时按要求备料。

(2) 装料到卸料的整个过程不得超过规定的时间。混凝土采用混凝土运输车运到现场后取样测定坍落度，随即用输送泵连续泵送到各施工层面，及时浇灌完成。

(3) 现场做好混凝土的坍落度检验，并按规定现场取样做试块。

(4) 混凝土运输车在装料前应倒净搅拌筒内的积水，以保证混凝土的质量。

(5) 出车时必须由调度室开发料单，注明收料单位、地址、工程名称、发货数量、混凝土强度等级、坍落度和发车时间。

(6) 混凝土运输车的配备必须确保施工现场混凝土的连续浇筑，加强通信联系，协调搅拌站和工地的施工生产，防止供料不连续或现场积压运输车。

(7) 挡墙采用泵送混凝土，正常施工时应保持连续泵送，每一流水段从一端开始用"赶浆法"浇筑，浇筑过程中严格按照分层分段浇筑、振捣密实，浇筑完成后采用长抹子抹平，挡墙标高要严密控制，禁止超高。

(8) 施工缝处在支模前一定要清理干净，凿掉松动的混凝土及石子，并浇水湿润。支设模板时注意不要掉入杂物，混凝土浇筑前要再次浇水湿润,并先铺一层10～15mm厚的水泥砂浆,其配合比与混凝土内砂浆成分相同。

2. 质量要点

(1) 合理安排混凝土浇筑顺序,严格控制混凝土浇筑的连续性。

(2) 采用商品混凝土,混凝土泵输送,布料器配合布料,机械振捣。混凝土从搅拌机中卸出到浇筑完毕时间要求见表3.9。

表3.9 混凝土运输、浇筑和间歇允许时间　　(min)

混凝土强度等级	气温	
	不高于25℃	高于25℃
≤C30	180	150
>C30	120	90

(3) 混凝土振捣:混凝土采用插入振捣器振捣,分层振捣(并伸入下层混凝土50mm左右),振点交错均匀排列;楼板混凝土采用平板振捣器振捣,振捣时严格控制混凝土振捣时间,以表面泛浆且不再下沉为原则。

(4) 混凝土的养护:混凝土初凝后立即覆盖塑料薄膜保湿保温,终凝后浇水养护,浇水次数以保持混凝土表面湿润为准。养护时间不得少于14d。

(5) 待混凝土强度达到$1.2N/mm^2$时方可在混凝土面上行走和施工。

(6) 试块的留置:按规范要求每次取样留标养试块一组,抗渗混凝土按规范要求留置抗渗试件。根据监理计划及混凝土的工程量进行见证取样。

(7) 施工缝:混凝土接槎处表面凿毛,剔除水泥浮浆及松动石子,清除钢筋上黏附混凝土并充分湿润冲净,且不得积水,在浇筑混凝土之前,铺一层同强度等级砂浆。

3. 质量验收

现浇混凝土挡土墙允许偏差见表3.10。

表3.10 现浇混凝土挡土墙允许偏差

项目		规定值或允许偏差	检验频率		检验方法
			范围	点数	
长度(mm)		±20	每座	1	用钢尺量
断面尺寸(mm)	厚	±5	20cm	1	用钢尺量
	高	±5		1	
垂直度		≤‰H 且≤10mm		1	用经纬仪或垂线检测
外露面平整度(mm)		≤5		1	用2m直尺、塞尺量取最大值
顶面高程(mm)		±5		1	用水准仪

注:表中 H 为挡土墙板高度。

4. 安全与环保措施

(1) 建立健全安全文明奖罚制度,树文明施工之风,创安全生产之实。

(2) 贯彻落实上级有关部门安全生产、文明施工的管理规定,明确岗位职责,定期组织安全文明检查,对进场施工人员进行"三级"安全教育。

(3) 加强对施工用电的管理,临电全部采用三相五线制,对开关箱采用一机一闸一漏电保护器原则。

(4) 施工路段树立醒目标志牌或警示灯,或拉上隔离胶纸带,以防人穿行。

(5) 上班时必须穿戴相应的劳保用品，严禁穿拖鞋进入施工区。

(6) 保护和改善施工现场的环境，防止水土流失，进行综合治理。

3.9 堆载预压

1. 施工要点

(1) 路基填筑完成后，预压放置期不少于12个月。

(2) 实施堆载预压，先于路基基床底层顶面铺设一层复合土工膜，铺设宽度要大于堆载范围每侧不小于1.5m，其上分层摊铺预压土，碾压后平均重度应不小于$18kN/m^3$。预压土堆载边坡坡度按照1∶1控制。

(3) 用汽车将成卷的复合土工膜运至现场，人工将其满铺在基床底层的顶面，用自卸汽车运土至现场，推土机平整，振动压路机碾压。按每层30cm填筑直至达到设计标高。

2. 质量要点

(1) 认真选择堆载填料，使其填筑碾压后能够达到土体平均重度（不小于$18kN/m^3$）。

(2) 通过试验确定松铺厚度，每层填料全断面分层纵向分区摊铺均匀，填筑过程中按设计要求观测沉降情况，控制填筑速度，绘制"填土-时间-沉降"曲线图，若发现曲线有突变现象，立即停止填筑，及时报告，妥善处理。

(3) 施工中做好临时排水，预压土填筑时每层填土表面填成2%～4%的向外排水横坡，并在每次收工前用光轮压路机将表面碾压平整，及时排除路基表面雨水至路基两侧临时排水沟内。当天填筑的土层当天压实达到设计要求。每填筑一层后用人工将边坡整理平顺。

(4) 预压堆载完成后,加强沉降观测,按设计要求绘制"填土-时间-沉降"曲线图,并进行分析预测工作,为确定预压土卸载时间提供依据。

(5) 当推算的工后沉降不大于设计值。即可向业主和监理单位报告,请求卸除预压土。卸载采用分层进行,每层厚度不大于50cm。

(6) 预压土卸除后,对基床底层进行修整,必要时补充填土,碾压达到设计要求后施工基床表层30cm厚级配碎石。

3. 质量验收

堆载的填料密度应符合设计要求,堆载预压填筑高度不得小于设计高度,堆载预压后的总沉降量应符合设计要求。

总沉降量控制要求见表3.11。

表3.11 总沉降量控制要求

项目	允许偏差
宽度(mm)	±50
范围(mm)	±100
边坡坡率(%)	±0.5设计值

4. 安全与环保措施

(1) 强化安全法制观念,严格执行安全工作书面交底,双方认可,坚持特殊工种持安全操作证上岗制度等。

(2) 施工机械的使用严格按照有关规定执行,无关人员严禁使用。

(3) 加强施工管理人员的安全考核,增强安全意识,避免违章指挥。

(4) 专人指挥机械操作，自卸车行走时按统一路线。

(5) 现场电气设备均做漏电保护装置，配电线采用三相五线制。

(6) 取土坑四周进行安全围护，并设置相应的安全警示牌。

(7) 预压土填筑应尽量避开雨期，如无法错开雨期，施工时应及时掌握雨情，做好雨前的防护措施，避免易受侵蚀或新填挖的裸露面受到雨水的直接冲刷造成水土流失。

3.10　路基防护工程施工

1. 施工要点

(1) 骨架植物防护

① 施工准备：

a. 施工前先清理施工场地，修整边坡使砌筑地带的标高和边坡坡度符合设计要求，然后按图纸所示的尺寸进行骨架挖槽施工放样。

b. 检查砌筑地带的标高和边坡坡度是否符合设计要求。

c. 根据设计尺寸在预制场内进行混凝土预制块的集中预制。

② 施工要点：

a. 边坡开挖：根据设计坡度进行骨架基槽挂线开挖，坡面清刷后拍打密实、平整。

b. 混凝土预制块砌筑：预制块在小型预制件预制场预制，计划好各施工段落所需数量后按计划集中运输至施工现场，人工搬运。

c. 经检查砌筑地带的标高和边坡坡度符合设计要求后，即可进行混凝土预制块砌筑，混凝土预制块砌筑要求整齐、顺直、无凹凸不平现象。

d. 混凝土预制块自下而上挂线砌筑，铺设时用橡皮槌击打使砖与坡面密贴，不得使用铁锤等硬物。保证坡面平顺，并交错嵌紧，砌体每隔10～15m设置沉降缝一道，并在设计位置预留泄水孔。

e. 骨架形成后，及时进行铺草皮或播种草籽。

f. 养护：经必要的养护后，将砌筑材料的残留物清除干净，同时不得损坏已成的网格，如有松动或脱落之处，及时修整。

（2）绿色防护

播草籽时先将草籽与细砂或细土拌和均匀，在气温15℃以上的无风天气，采用喷播机或人工均匀播撒草籽。土工网垫铺设完后，首先在网垫上撒厚约1cm的粉细砂，然后撒种草籽，再撒厚1cm左右粉细砂并拍实，最后浇水养护。

选用施工季节易生长的草籽，撒种不能在大风天气进行，草籽撒完后用扫帚来回加扫几下，保证草籽全部落入土工网垫之凹处土上。撒播草籽后，及时覆盖种植表土并适当拍压，做好洒水养护工作。

（3）路基排水工程施工

路基排水包括地表排水、路基横向排水、地下排水和过渡段排水。

① 侧沟、排水沟

水沟预制块在预制场预制，人工开挖基坑，挂线安砌预制排水沟。浆砌片石排水设施，采用人工挤浆法砌筑。排水设施施工时做到沟基稳固，沟形整齐，沟坡、沟底平顺。

② 路堤横向排水设施

路堤横向排水沟与路基两侧排水沟相接，组成完整的排水系统，水路畅通无隐患。线间集水井待路基成型后采用整体切割方法施工，路基横向排水管路采用预埋施工工艺，高强耐压 PVC 管在路基填筑过程中预埋设。

③ 地下排水设施

地下排水设施与地表排水系统相配套，保证水路畅通。

浆砌工程采用挤浆法分层、分段砌筑，嵌缝饱满、密实，勾缝平顺无脱落，缝宽大体一致。混凝土现场浇筑。

渗沟的开挖自下游向上游进行，随挖随支撑并迅速回填，支撑渗沟间隔开挖。渗沟沟内用作排水和渗水的填充料在使用前经过筛选和清洗，以防止回填时土工织物和渗水管受到损伤。

④ 过渡段排水设施

过渡段台背渗水板、横向排水沟（管）等排水设施按设计要求及时完成，其连接方式应符合设计要求，铺设平顺、整齐、牢固，排水畅通。

2. 质量要点

（1）混凝土预制块集中预制，机压成型，表面做到平整、光滑。

（2）沉降缝需用沥青麻絮填塞紧密，深度不小于 2cm。

（3）对于严重潮湿的土质边坡，采取有效的排水措施整治后，方可砌筑。

（4）挂线施工，混凝土空心砖间砂浆填塞饱满，砌筑后外面整齐，各方向接缝顺直。

（5）施工过程中，将砌体的几何尺寸控制在允许偏差范围内。

3. 质量验收

砌体施工允许偏差见表 3.12。

表 3.12 砌体施工允许偏差

序号	项目	允许偏差			
		浆砌片石	干砌片石	带截水沟浆砌片石	混凝土预制块
1	平面位置	±50mm	±50mm	±50mm	±50mm
2	基底高程	±50mm	±50mm	±50mm	±50mm
3	坡顶高程	−20mm,0	−20mm,0	−20mm,0	−20mm,0
4	坡度	±0.5%	±0.5%		±0.5%
5	护肩,镶边及基础厚度、宽度	不小于设计值	不小于设计值	不小于设计值	不小于设计值
6	砌石厚度	不小于设计值	不小于设计值		
7	垫层厚度	不小于设计值	不小于设计值		不小于设计值
8	坡面平整度	30mm	30mm	30mm	10mm
9	骨架	净距			±50mm	
10		宽度及边槽高度			不小于设计值	
11		骨架厚度及嵌置深度			不小于设计值	

4. 安全与环保措施

(1) 防触电及电气外壳进行防护性接地、保护性接零或绝缘，电闸开关必须装盒。

（2）施工现场设置保护设施和安全提醒标志、便道方向标志等，变压器设置安全栅栏，并设置标志。

（3）消除一切可能造成火灾的事故根源，控制火源、易燃物质和助燃物，装设灭火器材，一旦发生火情，要及时转移器材，疏散人员，及时组织有效的灭火工作，当火势超过本单位消防能力时，要及时报警，以防造成更加严重的损失。

（4）对于电工作业、起重机械作业、机械车辆驾驶、焊接作业等特种技术工人，必须经专业培训，考试合格后持证上岗，并进行安全技术交底。严禁非驾驶人员操作机械，以防发生事故。

4 轨道交通铺轨

4.1 控制网测设施工

1. 施工要点

(1) 任意设站控制网平面测量

① 平面测量采用自由测站边角交会的方法测量,每个自由测站观测4对控制点,测站间重复观测3对控制点。每个控制点有4个自由测站的方向和距离观测量。

② 平面测量水平方向采用全圆方向观测法进行观测,水平方向观测应满足表4.1的规定。

表4.1 平面测量水平方向观测技术要求

控制网	仪器等级	测回数	半测回归零差	不同测回同一方向2C互差	同一方向归零后方向值较差	2C值
任意设站控制网	0.5″	2	6″	9″	6″	15″
	1″	3	6″	9″	6″	15″

③ 平面测量距离观测采用多测回距离观测法,应满足表4.2的规定。边长观测应实时地在全站仪中输入温度和气压进行气象元素修正,温度读数精确至0.2℃,气压读数精确至0.5hPa。

④ 平面测量可根据施工需要分段测量,分段测量的区段可以区间划分,区段间重复观测不应少于6对控制点。区

段接头不应位于车站段。

表 4.2 平面测量距离观测技术要求

控制网	测回数	半测回间距离较差	测回间距离较差
任意设站控制网	≥2	±1mm	±1mm

⑤ 任意设站控制网平面测量应联测已经联系测量的控制点作为平面起算点,并联测线路中已有的平面施工控制点进行检核。与平面控制点联测时,应至少通过3个或3个以上自由测站进行联测。

⑥ 平面测量数据计算与平差。

平面测量后先采用独立自由网平差,再采用经联系测量的控制点及合格的施工控制点为平面起算点共同进行固定约束平差。平面测量自由网平差时,应按表4.3的要求对各项技术指标进行统计分析,检核控制网自由网平差的精度。

表 4.3 平面测量自由网平差后的主要技术要求

控制网名称	方向改正数	距离改正数
任意设站控制网平面测量	±3″	±2mm

自由网平差满足要求后,应进行平面约束平差,并按表4.4的规定对各项技术指标进行统计分析,检核控制网约束平差的精度。为保证控制网成果质量,约束平差前应对采用的平面起算点进行精度检核,采用经检核合格的起算点进行约束平差计算。

区段之间衔接时,前后区段独立平差重叠点坐标差值应≤±3mm。满足该条件后,采用约束平差的方法进行区段接边处理。

(2) 任意设站控制网高程测量

表4.4 平面测量约束网平差后的主要技术要求

控制网	与起算点联测		控制点联测		方向观测中误差	距离观测中误差	点位中误差	相邻点相对点位中误差
	方向改正数	距离改正数	方向改正数	距离改正数				
任意设站控制网平面测量	±3.0″	±4mm	±3.0″	±2mm	±1.8″	±1mm	3mm	±1mm

① 任意设站控制网高程测量采用自由测站三角高程测量施测，利用平面测量的边角观测值，采用自由测站三角高程测量方法与平面测量合并进行，具体技术要求如表4.5、表4.6所示。相邻点需有三个高差值，且互差应小于3mm。

表4.5 任意设站控制网自由测站三角高程外业观测的主要技术要求

全站仪标称精度	测回数	测回间距离较差	测回间竖盘指标差互差	测回间竖直角互差
≤1″，$1\text{mm}+10^{-6}D$	≥3	≤1mm	≤10″	≤6″

表4.6 任意设站控制网自由测站三角高程网平差后的精度指标

高差改正数	高差观测值的中误差	高程中误差	平差后相邻点高差中误差
±1mm	≤1mm	≤2mm	±1mm

② 任意设站控制网高程测量每300m以联系测量的水准控制点为高程起算点，将其高程利用电子水准仪采用四等水准测量方法就近联测到一对控制点上，得到所联测控制点的棱镜中心高程。与水准控制点联测控制点时必须采用独立往返水准测量的方法进行，且满足精密水准测量精度要求。

③ 自由测站三角高程测量方法进行高程测量时，采用

不同测站所测得的相邻点的高差。

2. 质量要点

（1）控制点标志重复安置精度和互换安装精度 X、Y、Z 三方向分别小于 0.4mm、0.4mm、0.2mm。

（2）任意设站控制网平面测量使用的全站仪标称精度必须满足以下要求：

角度测量精度：$\leqslant \pm 1''$；

距离测量精度：$\leqslant \pm 1\text{mm} + 2 \times 10^{-6} D$。

（3）任意设站控制网高程测量使用的水准仪不低于 DS1 级及其配套铟瓦尺。

（4）观测前需按要求对全站仪及其棱镜进行检校，作业期间仪器必须在有效检定期内。

（5）平面测量时，在将棱镜安装在预埋件上后，应旋转棱镜镜头正对全站仪。

（6）测量完成后，应及时用保护盖将预埋件盖上。

（7）测量组件在搬运、运输过程中应用纸包裹，防止相互碰撞、磨损。

（8）每三个月检查一次预埋件和塞子是否损坏，用小毛刷刷除预埋件内灰尘。竖立的预埋件如果灰尘太厚，则用高压气枪吹净。

3. 质量验收

（1）控制点标志重复安置精度和互换安装精度 X、Y、Z 三方向分别小于 0.4mm、0.4mm、0.2mm。

（2）任意设站控制网平面测量使用的全站仪标称精度必须满足以下要求：

角度测量精度：$\leqslant \pm 1''$；

距离测量精度：$\leqslant \pm 1\text{mm} + 2 \times 10^{-6} D$。

(3) 控制基标埋设完成后，监理应对其进行全检，并做到左、右角各测二测回，距离往返各测二测回。直线控制基标间夹角与180°较差，实测距离与设计距离较差，曲线控制基标间夹角与设计值较差，计算出的线路横向偏差及弦长测量值与设计值较差均小于规定值，否则不允许进行加密基标的测量。

(4) 布设应符合水准路线，测定每个控制基标高程，实测值与设计值较差小于2mm。

(5) 经检测控制基标满足各项限差要求后，进行永久固定。

(6) 道岔铺设基标测设包括单开道岔、交叉渡线道岔的铺设基标测设，测设时应依据控制基标和道岔铺设设计图进行。道岔基标测设后监理进行全检。

(7) 限差：岔心相对于线路中心的高程（距离）与设计值较差，主线、侧线的长度交角的检测值与设计值较差，铺轨基标与线路距离和设计值较差，铺轨基标间距离与设置值较差，以上各项较差，均不得大于规程规范的规定值。

4. 安全与环保措施

(1) 在基坑边放样基础轴线时，确保架设的仪器稳定性，并随时检查有无塌方危险，若有须采取安全措施。

(2) 在高墩测量时，测量人员必须系安全带、戴安全帽方可作业，仪器架设的地方必须安全。旁边由脚架支立时，要有人监视，不得有东西掉落打坏仪器。

(3) 现场所放点位测设完毕后，做好标记以便施工队使用方便。

(4) 在露天测量时应避免在烟、尘、雨、雾、霜、雪、雷电及四级以上大风等不利条件下测量。防止雷电击伤和铝合金塔尺触电。在雷电天气野外测量作业时，不得使用移动电话。

4.2 基底处理施工

在进行矩形隧道及 U 形槽等地段施工前，对基底进行处理，采用风镐和钢钎等对结构底板凿毛，彻底清除基底面上的浮浆、污物和脏水。

1. 施工要点

轨行区移交：从土建单位接收轨道施工场地时要求基底面无积水、无渗漏、无明显质量缺陷。

基底凿毛（不含岔区）：在进行矩形隧道及 U 形槽等地段施工前，需对基底进行凿毛处理，彻底清除基底面上的浮浆、污物和脏水。凿毛可采用风镐和钢钎将基底凿成深度为 5~10mm、间距不大于 100mm 的凹凸面。用水或高压风清除浮碴及碎片，凿出的垃圾及时清扫干净并装袋，用轨道车和龙门吊搬运出洞口，统一运走。

2. 质量要点

（1）基底凿毛宽度和深度按设计要求严格控制；

（2）结构底板有渗水现象时不得进行混凝土道床施工；

（3）垃圾清扫装袋并清理出施工现场，冲洗结构底板并疏干积水。

3. 质量验收

（1）基底土密实，且路堤高大于 0.8m 时，将路堤基底整平处理碾压，直接填筑。

（2）路堤高度小于 0.8m 时，对原地表面进行清理与挖除，挖除之后的土质基底，表面翻松 0.3m，整平压实至设计要求。

（3）零填挖路床顶面以下 0～0.3m 范围内的压实度不得小于 95%，如不符合要求时，翻松后再压实，压实度达到规定的要求。

（4）地面自然横坡或纵坡陡于 1:5 或是半挖半填路基，将原地面挖成台阶，台阶的宽度不小于 1m，台阶顶做成 2%～4% 的内倾斜坡。砂类土不挖台阶，将原地面以下 200～300mm 的表土翻松、压实。

（5）对经过水田、水塘等松软地基，先进行排水，根据设计文件规定进行挖除清理，并按设计要求的宽度和高度分层回填压实加固，保证基底坚固。

（6）路堤基底为耕地或松土时，先清除有机土、种植土，如松土厚度不大于 300mm，将原地面夯压密实；当松土厚度大于 300mm 时，将松土翻挖，分层回填压实或采取其他土质加固措施。

4. 安全与环保措施

（1）设备电路需按规范布设，并定期进行安全隐患排查。

（2）夜间施工时，需保证场地照明，并派专人巡查，防止事故发生。

（3）施工产生的泥浆，未经沉淀不得排入排水管网。废浆和淤泥应使用封闭的专用车辆进行运输。

（4）施工现场应配备洒水降尘器具，设专人负责洒水降尘并及时清除浮土。

（5）噪声与振动控制。工程施工时采取降低噪声、振动措施。如通风机和空压机选择低噪声型号，并设置隔声设施，选用液压设备以降低噪声。

4.3 地下线普通整体道床施工

1. 施工要点

(1) 基底处理

参照本章4.2节。

(2) 安装龙门吊走行线

洞内铺轨小车根据施工环境的限制采用改装跨距的起吊运输设备。走行线采用长度为12.5m的22kg/m的钢轨,其中心线必须与线路中心线一致,其轨顶标高应高于道床面标高,以确保铺轨小车走行时不会冲撞基标。轨下采用钢制支撑架,其间距不大于1.2m。

(3) 钢筋制作与绑扎

沿线路方向,长12.5m左右的整体道床,纵向每隔3m选用表层横向钢筋与所有的收集网纵向钢筋焊接,短于6m的整体道床,在中部用一根横向钢筋与所有的收集网纵向钢筋焊接。被选作为收集网的纵向结构钢筋上下两层分布时,每隔3m或在中部选择的横向钢筋应焊接为闭合横向钢筋圈。

(4) 轨排铺设与调整

① 基地轨排拼装

a. 拼装台位搭设:为使安装敲进时轨枕不移位,按设计要求进行拼装台位搭设处理。

b. 拼装过程要求:轨节表为轨排拼装的依据,进行拼装前认真阅读理解,发现问题及时报请技术部门处理;先按照如下顺序将扣件组装在枕木上:

清理螺纹套管中的残渣→轨枕翻正→双头螺栓→铁垫板

→绝缘套→平垫圈→弹簧→螺帽。

c. 组装轨排：先用白油漆或石笔将轨枕位置标注在钢轨轨腰的内侧。轨排拼装在拼装台座上进行，扣件组装完成后安装轨枕，轨枕安装要同时在左右股钢轨上，每隔四根轨枕安装一根钢轨支撑架以固定轨距，用螺栓固定紧密，并与钢轨、轨枕、扣件一起构成轨道框架。轨排组装后组织验收，特别注意检查轨距、轨枕位置及间距、扣件与轨枕是否密贴等。验收合格后用龙门吊吊运到指定地点堆放或装车，并按铺设顺序注明轨节编号。轨排装车时，不得超过三层，先铺的装在上面，后铺的装在下面。

② 洞内轨排铺设及架轨调轨

铺轨小车将轨排吊装至铺设处距地面高度为 5～10cm 时，依据线路加密基标控制其中线和方向，并用鱼尾板和螺栓将其与已铺设定位的轨排连接，利用人工、起道机及侧向支撑初步调整轨道几何尺寸，当确认轨排标高、水平、方向不超过设计位置±20mm 时，将轨排初步就位。

轨排初步就位后，按照线路基标，采用万能道尺、直角尺通过上承式钢轨支撑架轨排，采用钢支顶螺旋调整轨道方向。

由于钢轨支撑架的位置与线路标桩不在同一横截面上，以及调轨时钢轨的牵连移动，调轨工作实际上是按趋近法进行的，需重复多次才能完善。调整就位后的轨道必须经检查达标后，方能进行下一工序的工作。

施工和检查用的直角道尺、万能道尺、钢卷尺等检测量具必须按规定送检。在使用过程中，如发现异常，必须停止使用，立即送检。

（5）水沟模板安装

道床模板采用组合式钢模板（其长度均为1.5m），可根据道床的厚度选择不同高度的模板。两侧道床模板安装位置在线路中线以外1200mm处，为保证脱模时不损坏道床，保证道床面的平整性，模板安装前需涂刷脱模剂。为确保模板的稳定性和安装精度，在顺线路方向每隔0.5m，采用ϕ12mm的钻头在隧道基底钻孔，插入ϕ10mm的光圆钢筋以固定模板的位置，模板采用特制夹具结合在一起。为防止跑模，用ϕ10mm钢筋制作成"S"形拉钩将模板固定在钢轨上，模板与轨枕间用木条支撑，以保证模板的稳定性。

（6）灌注混凝土及养护

道床混凝土灌注采用铺轨小车配合混凝土输送料斗进行。矩形、圆形整体道床施工按设计图纸要求分两次进行混凝土浇筑，水沟在道床混凝土浇筑完成后进行二次混凝土浇筑。

混凝土浇筑前，应用塑料袋将扣件包裹，避免混凝土施工过程中对扣（配）件造成污染。

混凝土灌注施工中，不得碰撞钢轨支撑架，不得敲打钢轨及混凝土轨枕，并应随时检查钢轨与轨枕的位置、轨距、水平，发现超过验收标准的应立即调整。

混凝土养护：混凝土浇筑完毕后应在12h以内对混凝土加以覆盖并保湿养护。可用土工布覆盖混凝土表面，同时洒养护液润湿。养护过程中应随时保持土工布的润湿，养护时间不得少于7d。

2. 质量要点

（1）整体道床按照设计要求在设计位置设置道床伸缩缝。隧道内整体道床每隔12.5m左右设置道床伸缩缝一处；伸缩缝以20mm厚沥青板设置。结构沉降缝处应设道床伸缩缝，施工缝应在伸缩缝处；轨枕应避开道床伸缩缝。

（2）整体道床浇筑过程中，必须采取有效措施加强对扣（配）件和钢轨的保护，如覆盖土工布等方法。浇筑完成后要及时清理粘在扣件和钢轨上的混凝土。

（3）混凝土灌注后，道床表面需抹面整平，一般整体道床与减振轨道道床处在同一块道床上时，由于两道床高度不一样，注意道床顶面顺坡过渡。

3. 质量验收

（1）轨道钢轨调整精度要求：轨道中心线距基标中心线允许偏差为±2mm；

（2）轨顶高程允许偏差为±1mm，左右股钢轨顶面水平允许偏差为1mm，在延长18m的距离范围内应无大于1mm三角坑；

（3）轨顶高低差：用10m弦量不应大于1mm；轨距：允许偏差+21mm，变化率不应大于1‰；

（4）钢轨接头：轨面、轨头内侧应平（直）顺，允许偏差为0.5mm；

（5）轨道的两股钢轨采用相对式接头，直线段允许偏差量为20mm，曲线段允许相错量为规定缩短量之半加15mm。轨缝允许偏差$^{+1}_{0}$mm。

（6）整体道床混凝土的变形缝和水沟模板支立应牢固，其允许偏差为：位置±5mm，垂直度3mm。

（7）道床混凝土抹面时，允许偏差为：平整度3mm，高差$^{0}_{-5}$mm。

（8）混凝土灌注终凝后强度达到5MPa时方可拆除钢轨支撑架，混凝土达到设计强度的100%时方能承重。

4. 安全与环保措施

（1）混凝土灌注终凝后，及时养护，混凝土强度未达到设计强度的70%时，道床上不得行驶车辆和承重。

（2）整体道床施工中，各道工序应保持适当间隔，并有机衔接与配合。

（3）钢筋网焊接时，焊接设备必须经过调试运转正常后，方可正式施工，焊机必须由专人使用和管理，非专职人员不得擅自操作。焊接设备必须装接地线，电源部分要妥善保护，防止因操作不慎使钢筋与电源接触，严禁两台焊机使用同一个电源闸刀。电焊工应穿戴必要的劳动防护用品。

（4）安装铺轨门吊应严格按照线路中心线铺设，连接支撑牢固，确保铺轨门吊的安全运输吊装作业。

（5）施工现场所有施工机械及各施工作业面和堆料场必须按规定设置施工铭牌，所有施工管理、作业人员应统一穿戴作业服，佩戴上岗证，未经业主批准同意，外部任何单位和个人均不得进入工地。

（6）施工及生活废水排放、施工现场扬尘、施工现场场界噪声符合国家和地方政府规定。

（7）及时清理地面上混凝土及平板车上散落的混凝土。地下线施工垃圾严禁乱扔，要集中堆放，统一回收销毁。

4.4 整体道床道岔施工

1. 施工要点

（1）整体道床交渡（含单开道岔）采用"架轨法"即现场挂枕法施工，道岔钢轨及轨枕采用汽车运输到下料口再由人工运输至施工现场，现场人工铺岔。钢筋网在基地下料、加工，采用现场铺设、焊接的方法施工。首先安装道岔钢轨上承式支撑架进行架轨、连接道岔钢轨。

（2）基底处理：对结构底板进行凿毛处理，深度不少于5～10mm、间距不大于150mm，呈梅花状；转辙器区域道床（单侧排水沟范围）的结构底板凿毛需进一步加密、加强处理；对凿毛的垃圾进行清理，同时对基底浮浆进行清除，最后用高压水冲洗干净。

（3）道岔组装：第一步先进行道岔转辙器部分架轨挂枕，第二步进行连接部分架轨挂枕，第三步进行导曲线部分架轨挂枕。对照基标钢轨纵向位置误差不大于10mm、横向误差不大于50mm时，再逐根挂枕。以铺轨基标为依据调整轨道平面和标高位置，道岔轨道位置粗调到位后进行下一道工序施工。

（4）单开道岔的精调：道岔道床钢筋网铺设完成后，精调道岔几何位置。调整道岔轨道几何位置时以道岔铺轨基标为依据，使用直角道尺逐步进行调整。

（5）交叉渡线的精调：铺设交叉渡线时，先完成交叉渡线菱形部分，并以基标为准，将菱形部分调整到位，再铺设、调整其他单开道岔钢轨；否则，A、C、D、B的水平、距离误差汇集到菱形部分后轨道平面和纵断面无法进行调整。

（6）粗调完成后，再进行道岔精调，经检查道岔各部位的连接和几何尺寸符合设计需要后，按要求再检查钢筋位置，钢筋位置调整合格后，开始灌筑道岔混凝土。

（7）道岔道床混凝土施工：道岔道床模型架立好后，对道岔几何状态、平面几何尺寸再次进行全面检查和精调，确认各部位符合要求后，并经监理工程师检查合格后，进行混凝土灌注，对轨枕底部及周围混凝土要充分振捣以使混凝土密实，灌注时不得振动道岔钢轨和岔枕，防止道岔几何尺寸变化，每灌注一组道岔取混凝土试件两组，与整体道床同样条件下养护 28d 后进行强度试验。试验的强度符合施工技术规范的有关规定。

2. 质量要点

（1）道岔尖轨是道岔的薄弱环节，道岔尖轨施工时更要确保道岔左右侧尖轨在同一平面内，不然尖轨更容易损坏，危及行车安全。

（2）交叉渡线道岔精调是施工的重要环节，施工时要加强控制，确保其纵断面和平面位置符合要求。道岔按设计图铺设，并符合下列规定：

① 里程位置：允许偏差为 ±15mm。

② 导曲线和附带曲线：导曲线支距允许偏差 1mm，附带曲线用 10m 弦量连续正矢差允许偏差 1mm。

③ 轨顶水平高程：全长范围内高低差不大于 2mm；高程允许偏差 ±1mm。

④ 转辙器必须扳动灵活，尖轨与基本轨密贴，其间隙不大于 1mm。尖轨尖端处轨距允许偏差 ±1mm。

⑤ 查照间隔（辙岔心作用面至护轨头部外侧的距离）不得小于 1391mm；护背距离（翼轨作用面至护轨头部外侧的距离）不得大于 1348mm。

⑥ 轨面平顺，滑床板在同一平面内。轨撑和基本轨密贴，其间隙不大于 0.5mm。

⑦ 道岔的精度调整合格后固定牢固，及时浇灌整体道床混凝土。

⑧ 新铺道岔临时使用时，使用转辙器设备，不用撬棍

扳道或用其他方法支顶尖轨。

3. 质量验收

施工质量验收标准参照《地下铁道工程施工质量验收标准》(GB/T 50299—2018)，见表 4.7。

表 4.7 质量验收标准

主控项目	1	轨距（mm）		+2 -1
	2	高低（10m 弦量）(mm)		1
	3	水平（mm）		1
	4	轨底坡		1/40
	5	轨向	直线（10m 弦量）(mm)	1
			曲线（mm）	
一般项目	1	中线（mm）		±2
	2	线间距（mm）		+10 0
	3	轨面高程（mm）		1

4. 安全与环保措施

(1) 作业人员，必须经过培训考核，持证上岗，严禁无证作业。

(2) 坚持班前安全讲话制度。作业人员，严禁打闹，严禁酒后作业。

(3) 作业人员，必须穿防滑鞋，不允许穿带钉鞋。

(4) 整体道床施工中，各道工序应保持适当间隔，并有机衔接与配合。

(5) 钢筋网焊接时，焊接设备必须经过调试运转正常后，方可正式施工，焊机必须由专人使用和管理，非专职人员不得擅自操作。焊接设备必须装接地线，电源部分要妥善保护，防止因操作不慎使钢筋与电源接触，严禁两台焊机使用同一个电源闸刀。焊工应穿戴好劳动保护用品。

（6）混凝土灌筑时，要经常检查输送管道，发生堵管时应尽可能敲击疏通。

（7）施工噪声严格控制，白天小于70dB，夜间小于55dB。

（8）道床施工垃圾严禁乱扔，要集中堆放，统一回收销毁。

4.5 钢弹簧浮置板整体道床施工

1. 施工要点

（1）基标测设

基标设置在直线地段前进方向的右侧和曲线地段的外侧，距线路中心距离1.7m。直线地段每6m设置一个，曲线地段每5m设置一个。为保证底层混凝土施工精度，须在隧道边墙上标出底层混凝土的标高线。

基标标桩应埋设牢固，铜标必须及时固定，同时在侧墙上标出桩号和里程。

（2）钢弹簧浮置板底层施工

① 底层钢筋加工及绑扎

钢弹簧浮置板底层施工多提前预铺，底层钢筋在铺轨基地钢筋加工场进行加工。为防止隧道变形影响后期钢筋绑扎及底层施工精度，钢筋尺寸应根据隧道现场测量的实际数据进行加工。加工完成的钢筋分类堆放，便于取用。

钢筋网片严格按照设计图纸和现场施工图纸进行绑扎，

绑扎过程中应严格控制纵向钢筋搭接长度和钢筋网片上、下保护层厚度。

② 底层混凝土模板安装

底层混凝土模板采用1.5m标准钢模，模板安装前将结构底板清理干净，不得有垃圾、杂物等。模板下口固定在钢筋网片上。为防止模板横向变形，在模板两侧设置横向撑杆。模板衔接要密贴、平顺，中线要和线路中线重合。

③ 底层混凝土浇筑

底层混凝土施工质量关系到后续工序和后期运营钢弹簧浮置板的总体质量。底层混凝土施工时，现场设置测量作业小组，利用三维坐标测量的原理对钢弹簧浮置板隔振器安装位置混凝土顶面标高进行精确测量，严格控制隔振器安装位置的底层混凝土面标高。底层混凝土其余顶面标高通过2m铝合金方尺利用隔振器已确定标高来进行控制。

（3）底层混凝土面检查和整改

底层混凝土施工完成后，根据铺轨基标对隔振器位置进行精确放样，对隔振器安装位置的标高进行测量，检查安装位置平整度和绝对标高。底层混凝土面标高高于设计值，对基底混凝土进行打磨处理；底层混凝土面标高低于设计值，采用环氧树脂砂浆进行修补。

（4）隔离层铺设

浮置板钢筋安设前，在基础混凝土上要铺设一层隔离层，选用材料为不小于1mm厚塑料薄膜。该层塑料薄膜的作用是隔开浮置板和基础，有利于后期的顶升作业。隔离膜的铺设质量直接影响后期的浮置板顶升，所以隔离膜的密封、防止漏浆是关键。

（5）上层钢筋笼绑扎

① 基地隔振器及板中心线测设

根据铺轨基地现场情况，合理布置钢筋笼拼装台位，要求台位平整。隔振器位置和板中心线应根据设计图纸进行精确放样。

② 基地钢轨拼装

钢轨接头采用对接，轨道的两股钢轨采用相对式接头，直线段允许相错量为 20mm，曲线段采用现行标准缩短轨，允许相错量为规定缩短量之半加 15mm。

按轨节表进行配轨，左右股钢轨配对公差控制在 3mm 以内。

短轨枕安装时，直线段两股钢轨的短轨枕中心线应与线路中线垂直，曲线则与线路中线的切线方向垂直。

短轨枕安装距离允许误差为 5mm。

③ 上层钢筋加工及绑扎

a. 钢筋加工

钢弹簧浮置板钢筋加工前，根据现场隧道净空测量数据对设计钢筋长度进行适当调整。因浮置板钢筋的钢筋规格及尺寸较多，要求钢筋加工按照板号及规格分类加工，并做好标签，避免钢筋混乱。

钢弹簧浮置板钢筋笼纵向钢筋采用搭接焊，在正式工程焊接之前，试验结果应符合质量检验与验收的要求。

b. 钢筋笼绑扎

按设计要求进行钢筋笼绑扎和安装剪力铰，剪力铰位置要准确，钢筋的布置间距及保护层符合验收规范要求。

钢筋加工必须符合《混凝土结构工程施工质量验收规范》(GB 50204—2015) 的要求。

钢筋堆放必须与地面隔离，以防雨水侵蚀生锈。加工好的成品钢筋和进场的原材料要分开堆放,并做好标识,以防混拿混用。

在隔振器周围绑扎钢筋时避免移动隔振器套筒,并把套筒的吊耳和上部非排流钢筋绑扎在一起。绑扎结构钢筋和杂散电流钢筋必须满足杂散电流施工相关要求。

钢筋加工在顺长度方向全长的净尺寸允许误差为±10mm。

钢筋末端做180°的弯钩,其圆弧直径应不小于钢筋直径的2.5倍,平直部分不宜小于钢筋直径的3倍。

钢筋绑扎要符合表4.8的要求。

表4.8 钢筋绑扎质量要求

序号	项目		允许偏差(mm)
1	钢筋间距		20
2	钢筋保护层厚度	底面不得小于35mm	+5,-2
		顶面及侧面不得小于40mm	+3,-1

钢筋笼绑扎完成后,应标出钢筋笼的中心位置。

c. 钢筋笼吊装及运输

钢筋笼拼装完成后,钢筋笼同钢轨之间采用专用连接件进行连接固定。钢筋笼从铺轨基地吊装至轨道平车,采用基地龙门吊进行吊装。吊装前,应对龙门吊进行试吊,确保吊装安全。

由于地铁线路个别地段曲线半径设置较小,为防止钢筋笼在运输过程中通过小曲线半径、道岔时钢筋笼变形,在平板车上设置专用转向支架,以减少钢筋笼的变形。

(6) 上层钢筋笼就位及两侧钢筋网绑扎

① 现场测量放样:钢筋笼铺设前,应对钢筋笼的板端

位置和线路中心线进行精确放样，利用红油漆标在隔离膜上。曲线地段应计算钢筋笼中心线和线路中心线的偏移值，将偏移值标在板端隔离膜上。

② 现场钢筋笼吊装：轨道平车将钢筋笼运输至施工现场后，利用 DT-10 型铺轨小车将钢筋笼吊装起升，吊装时严格控制钢筋笼吊点位置，防止钢筋笼挠度变形过大。

③ 钢筋笼就位：铺轨小车走行轨按照线路中心线进行布置，当盾构同线路中心线存在偏移时，走行轨支墩采用可调高式钢支墩，确保铺轨龙门吊走行轨处于同一高程。

采用支撑及其他定位方式，在钢筋笼就位时进行调整，直线地段钢筋笼中心线同线路中心线应重合。曲线地段钢筋笼中心线同线路中心线偏移值应符合设计数量，确保钢筋笼的中心线接近于线路中心线。

④ 轨道的架设

根据钢筋笼拼装时安装的钢轨支撑架的位置，安装丝杠，钢轨架设采用下承式支撑架，支撑架间距不大于 3m。然后用调轨支撑架调整轨排几何尺寸，轨排调整工作：轨排初步就位后，先检查轨道的轨底坡是否达到设计要求，如果不满足设计要求，调整支撑架上固定轨腰的螺栓，直到轨底坡满足正线 1/40 的要求，然后按照线路基标，采用万能道尺、直角尺通过上承式钢轨支撑架轨排高低，采用钢支顶螺旋调整轨道方向。

⑤ 钢筋笼两侧钢筋网片绑扎

钢筋笼两侧钢筋网采用现场绑扎，钢筋笼调整就位后，根据设计图纸进行钢筋绑扎，钢筋绑扎精度满足设计要求。钢筋绑扎尺寸偏差同上层钢筋加工及绑扎的要求。

(7) 轨道几何尺寸调整

轨道按设计图进行调整，道尺使用前应校正，其精度允许偏差为+0.5mm、0mm。轨道的两股钢轨应采用相对式接头，直线段允许相错量为20mm；曲线段采用现行标准缩短轨，允许相错量为规定缩短量之半加15mm；当缩短轨对接布置困难而需要错接时，其错开距离不小于3m，但轨道电路的两绝缘接头相错量严禁大于2.5m。

轨道钢轨调整精度应符合下列规定：

轨道中心线：距基标中心线允许偏差为±2mm。

轨道方向：直线段用10m弦量，允许偏差为1mm；曲线段用20m弦量正矢，允许偏差应符合表4.9规定。

表4.9 曲线正矢施工要求

曲线半径 （m）	缓和曲线正矢与 计算正矢差	圆曲线正矢 连续差	圆曲线正矢最 大最小值差
251～350	3	5	7
351～450	2	4	5
451～650	2	3	4
>650	1	2	3

轨顶水平及高程：高程允许偏差为±1mm，左右股钢轨顶面水平允许偏差为1mm，在延长18m的距离范围内应无大于1mm的三角坑。

轨顶高低差：用10m弦量不应大于1mm。

轨距：允许偏差为+2mm、−1mm，变化率不大于1‰。

轨底坡：按1/40设置。

钢轨接头：轨面、轨头内侧应平（直）顺，允许偏差为0.5mm。

轨道状态调整到位后，应根据钢轨同隔振器的相对位置利用专用工装进行隔振器的精确调整，确保隔振器安装位置满足设计要求。

（8）上层混凝土模板安装

钢弹簧浮置板模板采用标准组合式钢板，钢模板高度为200mm，长度为1500mm；模板组合要求平整顺直，垂直度误差要求在2mm内，位置偏差±5mm。

安装模板时要根据设计要求合理布置。

浮置板模板的安装方法：根据浮置板凸台尺寸来制作角钢横梁用于吊装并固定模板，横梁固定在钢轨上，组合钢模之间采用弹簧卡连接，并用螺栓固定在角钢横梁上，在模板的下方用一个支撑来控制模板底部的位置，支撑固定在钢轨底板上并可以横向调节长度。在模板安装的时候要严格按照浮置板的设计尺寸安设。模板安装好后安装泄水管。支立轨道周边的模板要注意其牢固性。

（9）上层混凝土浇筑

钢轨调整加固完成后，即可进行浮置板混凝土浇筑。钢弹簧浮置板混凝土采用料斗的方式进行浇筑，下料时要分层捣固，尤其注意模板边缘必须捣固密实，捣固棒要快插慢提，直到混凝土面上没有大量气泡冒出即可停止捣固。

同一块道床浇筑过程中不得中断，必须一次完成。

钢弹簧浮置板道床每块尺寸应满足设计要求，道床表面高度误差为±5mm。抹面允许偏差为：平整度3mm，高程0～－5mm。

（10）钢弹簧浮置板顶升

顶升前将道床及端模板清理干净，道床之间及道床与边墙之间进行密封。

浮置板顶升：当混凝土达到设计强度，用专利厂家提供的专用千斤顶从浮置板支承基础上抬起浮置板，浮置板的顶升高度按设计要求进行控制，允许误差为±1mm。顶升完成后在浮置板自重作用下，浮置板下沉后达到设计标高。整个顶升过程需在专利厂家的指导下进行。

标高调整：如果需要进行高度调整，可以通过调平钢板对浮置板进行调整，并通过螺栓把它与上支承板连接在一起，防止调平钢板移动。最后盖上外套筒盖板，以保护弹簧隔振器。

施工控制措施：先施工浮置板，后施工两端线路，当施工线路至浮置板两端时，浮置板未进行顶升作业，要求在浮置板两端10m范围内，抬高30mm，并注意轨道的方向及水平度，确保两端线路的顺接。

2. 质量要点

钢筋笼变形的控制是决定整个施工进度的关键点之一，采取各种措施，严格控制钢筋的变形，在钢筋笼的运输、吊装、加工，定位及调整阶段控制钢筋笼的变形问题。

（1）轨道几何尺寸的控制

先调水平，后调轨距；先调基标部位，后调基标之间；先粗后精，反复调整。经过精调后，其精度必须符合无砟轨道铺设的技术标准要求。施工中严格按照"三步控制"的措施确保轨道的几何状态。第一步：粗调。钢轨架设时按照中桩及标高资料初步调整轨道，初步调整完毕后，安装钢筋，支立模板；第二步：精调。对轨道几何状态精确进行调整，用目视及弦量的方法进行调整；第三步：灰后检查。混凝土施工中可能对轨道几何尺寸产生影响，要求在混凝土浇筑完毕后，混凝土尚未凝固前，立即安排人员进行检查及调整。

(2) 浮置板施工"三心"的控制

浮置板道床的线路中心线、轨道中心线、隔振器中心线的控制是质量控制的关键，根据计算偏心量进行调整，确保"三心"符合要求。

(3) 超前测量，注意"二心"偏差

浮置板轨道需安排测量人员超前进行浮置板的测量，尤其对盾构中心线同调线调坡测量后的线路中心线偏移尺寸较大的，影响钢筋笼布置、影响外套筒布置的及时同设计单位联系，确保浮置板施工顺利进行。

(4) 底层混凝土：浮置板下面的底层混凝土根据给定公差施工。安装隔振器的位置的上表面一定要平整，公差为2mm，垂直方向公差为0～－5mm。

结合面隔离层：混凝土表面要清理干净，然后在浮置板基础上铺地板胶，以防止浇筑浮置板时新制水泥与浮置板支承面的结合。

(5) 浮置板的施工

隔振器周围加强筋和隔振器箱体上的肋相连，以防止箱体浮起。浮置板的混凝土应浇筑到封闭箱体的上边缘。注意这时浮置板的上表面要比最终的运行面低30mm。道床的浇筑不要中断，以避免冷接缝，削弱浮置板的动力学强度，因为其以后要长期承受动态载荷。运用插入式混凝土振荡器保证混凝土的浇筑质量，特别是在箱体邻近处。除去混凝土，确保箱体盖上无混凝土。

(6) 浮置板顶升

当混凝土达到设计强度时，用厂家提供的专用液压千斤顶进行浮置板顶升。

利用放在隔振器上的液压千斤顶的液压柱塞顶住上支承

板,直到3个爪低于上支承板。由压差控制的压力作用在钢板上并作用到浮置板支承基础上,作用在支承架上的反作用力抬起浮置板。为避免浮置板产生过应力,浮置板要逐步抬起达到规定高度。最终抬起高度30mm,至少要分两步进行。每一步依靠调整放置在钢板和下支承架之间的调整垫板来保证合适的厚度。

最后测量浮置板高度,看浮置板是否在设计要求的范围内。

(7) 高度调整

根据要求可以通过调整钢板对浮置板高度进行调整。和抬起浮置板的过程一样,以消除不均匀沉降。

(8) 最后检查

整个系统正确安装,并且调整到设计标准高度后,固定在箱体里弹簧隔振器上的3个特定水平螺栓已经锁紧,以保证水平力的传递。

3. 质量验收

(1) 浮置板纵向钢筋采用对焊的长钢筋,在穿筋时应保证同一截面钢筋焊接率不大于50%。

(2) 基础表面混凝土施工控制精度:垂直方向公差为0~-5mm;安装隔振器位置的表面一定要平整,平整度$\pm 2mm/m^2$。

(3) 模板顶面与混凝土面重合,模板位置偏差不大于10mm,高程误差不大于2mm。水沟尺寸350mm×120mm。

(4) 浮置板基底铺设隔离膜时,接槎处搭接不小于50mm,接槎不能落在水沟盖板上,至少远离水沟盖板100mm。

(5) 轨道几何形态允许偏差见表4.10。

表 4.10 轨道几何形态的允许偏差表

序号	检查项目	偏差要求
1	扣件间距	±5mm
2	轨距	+2mm、-1mm,变化率≤1‰
3	水平	2mm
4	扭曲	2mm
5	轨向	直线不得大于 2mm/10m 弦
6	高低	轨面目视平顺,最大矢度≤2mm/10m 弦
7	中线偏差	2mm
8	高程	±5mm
9	轨底坡	1/35～1/45

4. 安全与环保措施

(1) 施工人员在进入施工现场作业时,要佩戴好安全帽、穿好工作服,作业人员必须经过培训考核合格,持证上岗,严禁无证作业。

(2) 坚持班前安全讲话制度。洞内作业严禁打闹,严禁酒后作业。

(3) 在吊装钢筋笼时,要做好防护工作,防护设施应齐全。

(4) 钢筋网焊接时,焊接设备必须经过调试运转正常后,方可正式施工,焊机必须由专人使用和管理,非专职人员不得擅自操作。焊接设备必须装接地线,电源部分要妥善保护,防止因操作不慎使钢筋与电源接触,严禁两台焊机使用一个闸刀电源。焊工应穿戴好劳动保护用品。

(5) 建立机械设备台账,严格履行机械设备进场报验程序,及时对机械设备进行检验、检测,加强对机械设备的定期保养、检修。

(6) 在吊装轨排、倒运钢轨时,作业人员要站在安全区域，严禁站在钢筋笼下方，吊装落位时要注意防止碰撞。

（7）对从事有害作业人员进行健康检查，预防和消除职业危害。

（8）严格控制施工噪声，白天小于 70dB，夜间小于 55dB。

（9）浮置板道床养护完毕后 2 日内，应立即凿除漏浆、清理钢轨施工垃圾，做到工完料清。

4.6 整体道床散铺施工

1. 施工要点

（1）道床钢筋集中在铺轨基地下料加工，通过轨道车或汽车运输至施工现场绑扎焊接。布设前，根据设计钢筋网格间距在底板上确定位置并弹出墨线；然后人工抬运钢筋按照底板上墨线进行布设、绑扎固定，按规定要求在钢筋网下设置混凝土保护层混凝土垫块。钢筋网严格按照设计要求进行焊接，应注意杂散电流专业的要求，每段道床纵向钢筋进行电气连接。

（2）轨排现场组装

轨枕直接由铺轨基地或厂家通过轨道车或汽车运送至施工现场，沿线路存放。轨枕铺设前应检查轨枕有无破损，承轨槽内是否干净无杂物。轨枕铺设垂直于线路，人工散枕并安放扣配件，拉线检查轨枕横向位置，调整到位后将钢轨置于承轨槽内，逐一调整轨枕间距满足设计要求，拧紧扣件螺栓，完成轨排组装。每隔四根轨枕安装一根钢轨支撑架以固定轨距，用螺栓固定紧密，并与钢轨、轨枕、扣件一起构成轨道框架。

(3) 轨道状态调整及模板安装方法同普通整体道床施工。

(4) 地下段散铺混凝土施工方法同普通整体道床施工。路基及U形槽地段散铺时直接采用混凝土泵车泵送道床混凝土。

2. 质量要点

(1) 钢轨、轨枕现场吊装时应采取必要的安全保护措施。

(2) 现场组装轨排时应逐一检查轨枕横向位置、纵向间距及扣件安装的正确性，超出允许偏差的应及时调整保证轨排质量。

(3) 整体道床施工前，应按设计及规范要求设置线路控制基标和加密基标。

(4) 轨道架设安装：整体道床施工采用钢轨支撑架架设钢轨。

其架设应符合下列要求：①钢轨架设前必须调直，扣件的飞边、毛刺应打磨干净并涂油。②钢轨支撑架间距：直线段宜2.5m设置一个，曲线段宜2m设置一个，且直线段支撑架应垂直线路方向，曲线段支撑架应垂直线路的切线方向。③架设于支撑架上的钢轨应初步调整其水平、位置、轨距、轨底坡和高程，并测放出轨枕位置。其调整精度应符合地下铁道施工验收规范的有关规定。④轨枕安装时，轨枕中心线与线路中心线垂直，轨枕安装距离允许偏差为10mm。

(5) 轨道位置调整。按设计图纸并依照铺轨基标进行调整，直角道尺及万能道尺使用前应校正，其精度允许偏差为+0.5~0mm。

轨道调整精度应符合设计及规范要求。

轨道精调后必须固定牢固，并应检查防杂散电流网的布设、焊接，整体隐检合格后，应及时浇筑道床混凝土。

（6）灌注道床混凝土。灌注道床混凝土前隧道底填充混凝土表面要凿毛，并清洗干净，排干场地积水。绑扎钢筋、立伸缩缝和水沟模板，经自检合格后，报监理工程师检查、签证。

（7）混凝土应振捣密实，严禁振捣器触及支撑架和钢轨；混凝土施工的接缝面应与道床中心线垂直，施工缝应设置在伸缩缝处；灌注过程中应随时检查轨距及水平，发现问题及时处理。

3. 质量验收

（1）混凝土浇筑须满足《混凝土结构工程施工质量验收规范》（GB 50204—2015）要求，并经监理工程师认可。

（2）道床混凝土初凝前应及时进行面层及水沟的抹面，并将钢轨、轨枕、扣件、支撑架等表面清理干净。

（3）混凝土终凝后，及时养护，其强度达到 5MPa 时方可拆除钢轨支撑架。

4. 安全与环保措施

（1）施工人员在进入施工现场作业时，要佩戴好安全帽、穿好工作服，作业人员必须经过培训考核合格，持证上岗，严禁无证作业。

（2）坚持班前安全讲话制度。洞内作业严禁打闹，严禁酒后作业。

（3）在吊装钢筋笼时，要做好防护工作，防护设施应齐全。

（4）钢筋网焊接时，焊接设备必须经过调试运转正常后，方可正式施工，焊机必须由专人使用和管理，非专职人员不得擅自操作。焊接设备必须接地线，电源部分要妥善保护，防止因操作不慎使钢筋与电源接触，严禁两台焊机使用一个闸刀电源。焊工应穿戴好劳动保护用品。

（5）在吊装轨排、倒运钢轨时，作业人员要站在安全区域，严禁站在钢筋笼下方，吊装落位时要注意防止碰撞。

4.7　车辆段整体道床施工

1. 施工要点

（1）柱式检查坑整体道床施工

测量队根据相关资料，准确放出铺轨基标并复核立柱整体线形及顶面标高，同时复核土建施工是否影响轨道铺设线形及轨顶标高。

在柱体模板支立后，将钢轨架立在相应位置。浇筑混凝土前，还应进行螺栓的预埋，螺栓预埋间距以施工图纸为准。

铺轨前做好配轨计算，按轨节表铺轨，铺轨时必须将钢轨与扣件系统组成轨排进行铺设，注意扣件系统的定位与保护。铺轨时，若有钢轨接头落入柱体之间时，应调节配轨，使钢轨接头刚好落在柱体上。

钢轨上每隔 2.5m 安装临时轨距拉杆固定轨距。铺轨时可用木枕头搭设临时支墩，支墩每 4～5m 设置一对；然后采用下承式支撑架，支撑起轨排，使轨排初步就位。钢轨初步就位后，按照设计和施工规范要求，确认轨道标高、轨距、水平、方向不超过±20mm 后，用鱼尾板将初调后的钢轨连接起来，再进行精调。精调时根据基标通过支撑架，借助于直角道尺调整轨道基本股，再用万能道尺调整另一股调整轨达标高或曲线超高；轨道调整完后，确认轨道中线、标高、轨距、超高、正矢等符合设计要求后，进行钢轨下柱体混凝土浇筑。

（2）壁式检查坑整体道床施工

① 测量

测量方法同立柱式检查坑整体道床施工。

② 钢筋制作

钢筋裁切过程中，发现焊接接头及钢材的外观缺陷，应予剔除，定尺挡板的位置固定后应复核，不带弯钩的长钢筋裁切长度误差为±15mm。

钢筋弯曲成型必须依据技术部门下发图纸进行加工，钢筋弯制成型过程中，发现钢材或熔接点开裂、脆断、过硬、回弹等异常现象，应及时向技术人员反映，找出原因适当处理。

道床内钢筋根据《混凝土结构设计规范》（GB 50010—2010）要求进行焊接搭接，其中纵向钢筋搭接长度不得小于$10d$；施工时同一连接区段内纵向钢筋的搭接接头面积百分率应不大于50%。整体道床纵向钢筋在伸缩缝处断开。

竖向钢筋沿纵向按扣件间距进行，布置在扣件垫板周围，并且与道床底部纵横向钢筋绑扎牢固，以加强道床与基础的连接；并预先埋入下部结构中，埋入长度为120mm。

③ 模板支立

完成上述钢筋制安后，进行整体道床模板的支立工序施工。313mm厚的混凝土立壁施工采用400mm高的钢模板。浇筑混凝土前，必须通过工程管理部技术人员复核符合相关技术标准，监理工程师验收合格后方可进行下一步施工。

④ 轨道铺设

浇筑前应进行轨道铺设及短轨枕（D、E 型）的预埋，螺栓预埋间距满足设计要求。铺轨前做好配轨计算，按轨节表铺轨。铺轨时必须将钢轨与扣件系统组成轨排进行铺设，并注意扣件系统的定位与保护。钢轨上每隔 2.5m 安装临时轨距拉杆固定轨距。

立壁式检查坑顶面平整度控制在 1.5mm 以内，相邻顶面高差不大于 3mm。

分次浇筑时应注意新旧混凝土的连接，可通过凿毛或预留钢筋等方式加以处理。

铺轨时可用木枕头搭设临时支墩，支墩每 4～5m 设置一对；然后采用下承式支撑架，支撑起轨排，使轨排初步就位。钢轨初步就位后，按照设计和施工规范要求，确认轨达标高、轨距、水平、方向不超过±20mm 后，用鱼尾板将初调后的钢轨连接起来，再进行精调。精调时根据基标通过支撑架，借助于直角道尺调整轨道基本股，再用万能道尺调整另一股调整轨达标高或曲线超高；轨道调整完后，确认轨道中线、标高、轨距、超高、正矢等符合设计要求后，进行轨道部分钢筋绑扎，绑扎时注意与土建部分预留的竖向搭接长度不小于 120mm。

⑤ 轨道粗调、精调

对照铺轨基标利用螺旋支腿粗调轨道几何位置。确认轨达标高、轨距、水平、方向不超过±5mm 后，结合使用钢支顶再进行轨道几何位置精调。精调前首先按不大于 0.5mm 精度误差调整道尺，借助于直角道尺调整轨道基本股，再用万能道尺调整另一股调整轨达标高和设置曲线超高；用 20m 弦线圆顺轨道方向，轨道调整完后，确认轨道中线、标高、轨距、超高、正矢等符合设计要求后,浇筑轨道混凝土。

⑥ 混凝土浇筑

确认符合相关隐检要求后,采用设计要求强度的商品混凝土浇筑墙体,混凝土质量及要求由实验室严格把控。浇筑方式采用商用混凝土运输车运至施工现场,然后架设泵管,并在出混凝土的泵管端头设置橡胶软管,软管可以在一定范围内移动以减少拆管的工作量。

(3) 伸缩缝设置

立壁式整体道床基础及墙体每隔 6.25m 或 6.95m 设置道床伸缩缝,宽 20mm,伸缩缝位置要求与下部结构伸缩缝位置一致且道床纵向钢筋断开;缝隙采用防腐处理的木板填缝,表面用沥青做防水处理。

2. 质量要点

(1) 以上各道工序冻结、隐蔽前,均应经过专业监理工程师的验收与同意。

(2) 混凝土浇筑完毕后,应及时进行养护工作。

(3) 钢筋网在加工基地下料加工,现场铺设、焊接,搭接长度等需符合相关技术标准。

(4) 浇筑混凝土前,测量及技术人员务必对中线线路、立壁式墙体的尺寸进行复测,防止浇筑歪斜。在浇筑过程中,应安排专人进行施工监控,一旦发现问题必须及时调整与处理。

(5) 轨道施工时,应做好与路基、站场、房建、结构、信号、接触网、电力及工艺等专业的协调统一,若有不一致处,必须会同有关专业协商处理。

(6) 施工过程中注意对既有构筑物的保护。

3. 质量验收

（1）技术人员按照设计标准对轨道进行复测，由轨道作业队人工调整线路至设计要求。直线轨道方向偏差≤2mm；轨顶标高与允许偏差±2mm；钢轨左右股水平差≤2mm；轨顶前后高低差≤1mm；轨距允许偏差±2mm。

（2）立壁式检查坑顶面平整度控制在1.5mm以内，相邻顶面高差不大于3mm。

（3）轨道中心线与线路设计中心线应一致，距基标中心线允许偏差为±2mm。

（4）轨顶水平及高程：高程允许偏差为±1mm；左右股钢轨顶面水平允许偏差为1mm；在延长18m的距离范围内应无大于1mm三角坑。

（5）轨顶高低差：用10m弦量不应大于1mm。

（6）轨距：允许偏差为+2mm、-1mm，变化率不应大于1‰。

（7）轨缝：允许偏差为+1mm、0mm。

（8）钢轨接头：轨面、轨头内侧应平（直）顺，允许偏差为0.5mm。左右两股钢轨的钢轨胶接接头应相对铺设，且绝缘接头轨缝绝缘端板距轨枕边缘不宜小于100mm。

4. 安全与环保措施

（1）进场人员必须按规定使用安全防护用品，各类施工机械都要制定安全操作规划，并挂牌明示。

（2）钢轨转运、吊装时要有专人指挥，吊臂及重物下不得站人或有人员通过。

（3）所有危险处所都要有示警标牌。

（4）施工现场的临时用电，严格按照《施工现场临时用电安全技术规范》（JGJ 46—2005）的规定执行。

（5）施工中采用低噪声的工艺和施工方法。

（6）合理安排施工工序，严禁在中午和夜间进行产生噪声的建筑施工作业。

（7）注意夜间照明灯光投射，在施工区内进行作业封闭，尽量降低光污染。

4.8 车辆段碎石道床施工方法及工艺

4.8.1 碎石道床施工

1. 施工要点

（1）卸轨料：利用汽车吊将汽车上钢轨、轨枕及扣件卸下，分类集中堆码，钢轨在卸下的同时进行逐根检尺，并标识在轨头上。

（2）拖散钢轨：用人工或汽车，按轨排表中所标注的钢轨长度、顺序配对，将钢轨拖拉到对应铺设地点，并按上、下股拨移到股道两边上。

（3）散布轨枕及扣配件：利用汽车把轨枕、扣配件运到施工现场，根据轨排表中注明的每节轨排的轨枕根数及所需的扣配件数量均匀散布，并按线路中线桩将轨枕方正。（Ⅻ型轨枕使用前需先进行锚固施工）

（4）连接钢轨：人工用撬棍将钢轨由路肩拨移到轨枕承轨槽内，安装鱼尾板、螺栓及垫圈，并按规定力矩拧紧螺帽。

（5）方枕及散扣件：按照轨排表中所注明的轨枕间距，用石笔在轨面上画出间距印，并用白油漆在轨腰上打上正式点位，然后用起道机顶起钢轨，将轨枕方正，再将扣件按规定规格、数量散放在钢轨两侧轨枕上。

（6）上扣件：上扣件前先细方轨枕、摆正轨下绝缘垫板，铲除承轨槽面余渣，然后将各种扣件依次放入承轨槽内,用小撬棍将扣件拨正落槽。

(7)线路整修:线路铺好后,按线路中线桩拨至设计位置,串砟捣固,消除硬弯、鹅头、三角坑和反超高现象。

2. 质量要点

(1)线路上铺设的钢轨、轨枕及扣配件必须有产品出厂合格证,并应符合本线设计要求。无合格证或经检验不合格的轨道材料不得上线使用。

(2)对施工设计文件和施工资料进行会审,并据以编制实施性施工组织设计,指导施工。

(3)复核线下施工单位移交的线下工程竣工资料,如路基整修表、曲线表、坡度表、断链表、平交道口表、控制桩表以及水准点表等,并据此对其路基面、中线桩和所铺底砟等进行现场检查验收。

(4)根据核准的施工文件及资料,编制轨排铺设计划表,提出人工铺轨轨料计划,并按施工组织设计要求下达施工计划。

(5)落实人工铺轨施工所需的人员、工具、机械设备,并调迁到位。

3. 质量验收

(1)轨缝预留应符合《铁路轨道工程施工质量验收标准》(TB 10413—2018)的规定。当轨温低于当地历史最高轨温时,不得有连续3个及以上的瞎缝。任何情况下,不得出现构造轨缝。轨缝实际平均值与检算平均值差±2mm;接头错牙≤1mm;接头相错量直线≤40;曲线≤40mm加缩短轨缩短量的一半;轨距误差允许+6mm、-2mm;轨道中心与设计中线差≤20mm。

(2)各种扣配件应安装齐全,位置正确,扣件应涂油。

（3）轨道大方向远视直线顺直、无硬弯、曲线圆顺、无反弯或鹅头，无反超高和三角坑。

4. 安全与环保措施

（1）操作人员必须经过安全教育持证上岗，进入施工现场必须戴安全帽、着装统一。施工现场设专职安全员进行安全防护。

（2）施工现场设安全标志。危险作业区要悬挂"危险"或者"禁止通行"等标志，夜间设红灯示警。

（3）收工前工点负责人应组织专人对本工点进行一次详细的安全检查，确认无事故隐患，才准撤除防护收工。

（4）夜间施工要尽量减少噪声，对噪声较大的施工作业工序，尽量安排在日间进行。

（5）工程完工的同时，严格按照环保及生态保护的要求，对临时设施、施工工点及其他施工区域范围做好环保及生态环境的恢复工作。

4.8.2 碎石道床道岔施工

1. 施工要点

提前预铺道床，采用汽车运输道砟，推土机逐层推铺，人工均砟填平，压路机逐层压实，道岔采用人工铺设，小型机具配合，利用既有公路，把道岔钢轨、轨枕及配件卸至施工路段附近，人工就地铺设，使用齿条式起道器、液压起拨道器、液压起拨道机、小型液压捣固机进行起道整修和沉落整修。

（1）测设道岔铺轨中桩：根据施工平面图测设道岔岔前、道岔中心、岔后中心轨道中线桩。

（2）底砟预铺：汽车运输上道、推土机推铺，人工均砟找平，压路机逐层压实。

（3）铺设岔枕：按照道岔布置图上的岔枕间距在内侧轨

腰刻画轨枕位置线，标出岔枕位置，人工摆放道岔轨枕。

（4）轨枕组装：轨枕组装按先直后曲、先外后内、由前向后的步骤进行。

（5）起道整道：轨枕组装完毕后，按中线桩将道岔拨到设计位置，按照验标要求，对道岔各部位进行整道。采用人工配合液压捣固机整道。

质量检查：检查材料数量、道岔位置、轨距、扣件安装、导曲线支距、附带曲线支距、轮缘槽宽度、尖轨密贴程度等项目是否符合规定。具体检查以下内容：

① 铺设位置正确，基本轨、尖轨、辙叉及配件铺设符合图纸及规范要求。

② 转辙器搬动灵活，尖轨与基本轨密贴，在转杆连接处，尖轨与基本轨的间隙不得大于2mm，尖轨无损伤，尖轨顶面宽50mm以上断面处，不低于基本轨顶面1mm。

2. 质量要点

（1）道岔结构件、轨枕、配件等均须有产品出厂合格证，外观及尺寸必须符合设计要求，材料数量齐全。

（2）施工前编制作业指导书，并进行深入的施工技术交底和职工技能培训。

（3）在每一处施工工点安排至少一名技术工人带班控制施工质量，质量管理部门进行施工质量检查。

3. 质量验收

轨距允许误差：装有控制设备的道岔，除尖轨尖端处为±1mm外，其余各部均为+3mm、-2mm。辙叉心作用边至护轨头部外侧的距离（查照间隔）不得小于1391mm，翼轨作用边至护轨头部外侧距离（护背距离）不得大于1348mm。

道岔的大方向与其连接线路的中线一致，与道岔偏差不大于30mm。

导曲线应圆顺，支距正确，其误差不得大于2mm，连接曲线用10m弦量，连续正矢量不得大于3mm。

接头处轨面高差和错牙不得大于1mm，轨缝实际平均与检算值误差控制在±2mm，岔头或岔尾接头相错量不大于20mm。

基本轨落槽、滑床板平直，滑床板与尖轨间有2mm以上空隙者，不得多于1块。

4. 安全与环保措施

（1）操作人员必须经过安全教育持证上岗，进入施工现场必须戴安全帽、着装统一。施工现场设专职安全员进行安全防护。

（2）施工现场设安全标志。危险作业区要悬挂"危险"或者"禁止通行"等标志，夜间设红灯示警。

（3）收工前工点负责人应组织专人对本工点进行一次详细的安全检查，确认无事故隐患，才准撤除防护收工。

（4）夜间施工要尽量减少噪声，对噪声较大的施工作业工序，尽量安排在日间进行。

（5）工程完工的同时，严格按照环保及生态保护的要求，对临时设施、施工工点及其他施工区域范围做好环保及生态保护的恢复工作。

4.9 无缝线路施工

1. 施工要点
（1）施工准备

根据工艺要求现场焊接、准备好特制辊轴、三脚吊架、楔铁（楔形木）、铁垫盒等。特制辊轴支垫在拆除扣件后的钢轨下，减少钢轨焊接拖动摩擦阻力。辊轴制作高度统一为140mm。三脚吊架主要是方便将两根待焊钢轨对位。楔铁（楔形木）用于微调动轨（焊机前方钢轨）高低和方向，保证动轨与定轨（焊轨车下钢轨）对位准确。铁垫盒用于待焊钢轨接头下。基地焊接与现场移动焊接采用相同设备，焊接方式相似，以下用现场移动焊说明焊接方法和工艺。

（2）钢轨打磨

① 钢轨轨腰打磨：在距离轨头700mm范围内用直向式电动砂轮机打磨出厂标志和打磨除锈。钢轨打磨后有金属光泽，不得有锈斑，母材打磨深度不得超过0.2mm，不得有任何凸出，以防损伤钳口。

② 接钢轨断面垂直度打磨：焊前24h内对待焊接钢轨端面进行除锈打磨和垂直度打磨处理，确保焊接质量和保护焊机钳口。

（3）待焊钢轨接头对位

完成钢轨除锈和磨平处理后，在距待焊钢轨焊接端3m和10m位置支垫高度可调辊轴，在距钢轨末端3m位置用三脚吊架起吊钢轨，调整三脚吊架高度将焊缝两端各0.7m范围钢轨面对接高度及轨底坡调整到符合焊接要求。

（4）对位方法

为更好地将动轨与定轨对准，将焊轨车的前轮通过螺旋支腿将整车抬离定轨（焊轨车下钢轨）轨面。将动轨（处于支撑状态的钢轨）与定轨在高低、方向上调平或调整在同一坡度，然后在距轨头100mm处的钢轨头下面分别塞垫两个80mm等高的铁盒（防止焊机机头落下时，钢轨发生挠曲而影响钢轨接头的高低），用 1m 直度尺进行测量，保证在接头 1m 范围内钢轨顺直。

（5）夹轨对位及钢轨焊接

启动吊架伸缩臂液压油缸，将焊机机头从吊架底板上提起，然后启动吊架伸缩油缸，伸缩臂在竖直面内旋转，让焊机机头移出吊架底板，缓慢下降到接近钢轨面。

（6）轨焊后调直

焊接完成后焊机焊头退出，利用钢轨呈热状态（850℃左右）时，用钢轨直度测量尺跨焊缝 1m 范围内检测其水平方向和垂直方向上的直度，其不直度不得超过 0.3～0.5mm/m；若不直度超标，则用钢轨调直机进行调直。使钢轨在焊缝前后各 1m 范围内，水平弯曲度不大于 0.3mm/m（以作用面一侧测量为准），垂直弯曲度不大于 0.3mm（以轨顶面测量为准）。

（7）焊机前移

焊机钳口退出时焊缝温度在 850℃左右，此时焊机前移通过焊缝会影响焊缝晶相组合和焊接接头高低，待焊缝温度降低到 300℃时焊缝晶相组合完成，过车对焊缝无影响。

（8）焊后接头正火

焊接接头两端各 2.5m 处垫辊轴，满足轨底至道床面 140mm 的正火高度要求，5m 范围内调平钢轨面、调直钢轨方向。为防止正火时升温产生钢轨内应力使焊缝上拱、下凹或扭曲变形，正火工序滞后焊轨工序两个接头以上，正火前将焊缝处前后各一根钢轨范围内的扣件全部拆除，使正火升温产生的钢轨内应力尽可能分散释放。

（9）焊缝粗打磨

打磨轨头时，平直度在焊缝两侧各 1m 范围内基本符合

0~0.5mm（以钢轨作用边为基准）；焊缝踏面部位热态时呈0.5~1.0mm的上拱量，在常温下不能打亏；轨底上表面焊缝两侧各150mm范围内及距离两侧轨底角边缘各为35mm范围内打磨平整；用砂轮打磨凸出量必须顺向打磨，严禁横向打磨。当焊接接头落在枕木上时，用条形砂轮机进行轨底板打磨至与轨底平齐。

（10）焊缝精细打磨

用内燃仿形打磨机进行打磨时，进刀量不得超过0.2mm，打磨机沿钢轨纵向往复移动，待无火花时，再适当给进刀量；打磨机从轨顶逐渐向轨侧摆动，直至完成对钢轨轮廓的仿形打磨。为提高磨削效率，在该阶段可以选择深切、快移打磨。打磨时不准冲击和跳动，对母材的打磨深度不得超过0.5mm。精细打磨时，选择较小的切削深度（进刀量）沿钢轨纵向缓慢移动，打磨平顺圆滑，焊接接头打磨误差以1‰顺坡处理。用1m直尺测量钢轨焊头的不直度满足表4.11的规定。

表4.11 焊接接头外观尺寸检查要求

轨顶面	轨头内侧工作面	轨底
0~+0.3	0~+0.3	0~+0.5

完成精细打磨后，检查钢轨工作面打磨标准要考虑在圆曲线上1m弦长内的平面正矢值对检查标准的影响。不同曲线半径下1m弦长内的正矢值见表4.12。

表4.12 不同曲线半径正矢值对检查标准影响

半径R	300	400	500	600	700	800	900	1000	1100	1200	1300
f (mm)	0.4	0.3	0.25	0.21	0.18	0.16	0.14	0.13	0.11	0.1	0.1

焊接接头探伤：对每个钢轨焊头均进行超声波探伤。钢轨冷却到50℃以下时对钢轨焊头进行探伤，焊缝探伤分为目测和仪器检测。焊缝表面的缺陷主要有电击伤、划伤、碰伤等，可以通过目测判断；焊缝内部的缺陷主要有过烧、灰斑、夹杂、未焊透等，可以通过仪器进行探伤。探伤前，首先对工件表面进行处理，使其达到表面无锈蚀、斑点、氧化层、油和焊接溅射物等存在，表面光洁度通常要求在△6以上，这样可以保证探伤的准确度，并保护探头。

2. 质量要点

（1）设备保证技术措施：焊机是实施钢轨接头焊接的硬件设施，焊接参数的稳定是保证焊接质量的关键，进行焊接时保证焊机正常的工作状态，要按照以下要求进行检查和维护：

① 内燃发电机燃料按设计燃油标号配给，不得使用劣质燃料或降低燃料标号。

② 及时更换润滑油脂和清洗机油滤清器。

③ 及时检查更换液压油，确保焊机液压系统工作正常。

④ 施工组织保证技术措施：组建专业化的无缝线路施工队伍并在开工前进行必要的技术和业务培训，保证实施时的施工质量。

（2）环境保护技术措施：工地移动式接触焊作为创新的施工技术，除接头焊接质量要满足现行的规范要求外，达到相关环境保护和职工劳动保护的要求，工地移动式接触焊机动力系统采用内燃发电机，采取以下措施使尾气净化和降低噪声达到有效控制：

① 燃油中添加外加剂，使燃油充分燃烧。

② 尾气净化和降低噪声装置安装到内燃机尾气排放管

上，使内燃机尾气达到进一步净化和降低噪声，实现施工环保和达到职工劳动保护要求。

3．质量验收

（1）技术要求

① 钢轨接头焊接执行《钢轨焊接》（TB/T 1632—2014）的标准和要求。

② 单元轨节左右两股钢轨始、终端的相错量不超过100mm。

③ 线路插入短轨大于8m。不得连续插铺。

（2）接前试验

出现下列情况之一时应进行型式检验：

① 焊轨组织初次生产；

② 正常生产后，改变焊接工艺，可能影响焊接接头质量；

③ 更换焊轨设备；

④ 钢轨生产厂、钢轨型号、钢轨牌号、钢轨交货状态改变，首次焊接；

⑤ 生产检验不合格；

⑥ 停产一年后，恢复生产。

型式检验的项目及受检试件数量见表4.13。

表4.13 型式检验的项目及试件数量 （个）

外观	超声波探伤	落锤		静弯		疲劳	拉伸	冲击	硬度	显微组织	断口
		移动式闪光焊	固定式闪光焊	轨头受压	轨头受拉						
全部试件	全部试件	15	25	12	3	3	1	1	2	1（利用硬度试件）	15（利用落锤试件）

注：硬度试件2个，包括测试轨面硬度1个和测试纵断面硬度1个。

a. 型式检验受检试件所有钢轨的生产厂、型号、牌号、交货状态应与焊接生产用钢轨相同，受检试件应是相同工艺焊接的接头。

b. 型式检验结果要符合《钢轨焊接　第 2 部分：闪光焊接》（TB/T 1632.2—2014）中的相关要求。静弯受检 15 个试件和移动式闪光焊落锤受检 15 个试件应连续合格。一次型式检验中，应在各检验项目全部合格后，方可判定本次型式检验合格，型式检验合格后方可批量生产。

c. 型式检验报告中，应明示一下内容：焊轨组织名称、焊机型号、焊机出厂编号、钢轨出厂编号、钢轨生产厂、钢轨型号、钢轨编号、钢轨交货状态、检验设备、详细的检验结果等。

4. 安全与环保措施

(1) 作业人员的墨镜、长袖手套、护腿等劳保用品必须穿戴齐全，谨防伤人伤己。点火预热时，人员应站在上风口方向，点燃和移开预热器时，应注意避开周围的人员，以免发生烧伤事故。氧气与乙炔应有隔离措施，严禁烟火。

(2) 在焊剂反应和拆箱整修时，其他无关人员应站在距焊接地点 5m 以外。

(3) 打磨钢轨必须配戴护目眼镜，使用电动机械必须有漏电保护装置。

(4) 制定安全作业规章制度，在施工中做到各项工作有章可循。

(5) 深化安全教育，强化安全意识。施工人员上岗前必须进行安全教育和技术培训，牢记"安全第一"的宗旨，安全员坚持持证上岗。

4.10 疏散平台施工

1. 施工要点

(1) 疏散平台支座安装

根据不同区段疏散平台设计图纸确定疏散平台支墩间距,现场安装时应从区间一端向另一端进行安装,疏散平台支座同隧道壁固定采用防开裂定型化学锚栓。

(2) 疏散平台踏板安装

踏板内侧与隧道结构壁的水平空隙不得大于 53mm。在直线地段平台踏板边缘距离线路中心线 1600mm,允许偏差 0~20mm,曲线地段平台边缘距线路中心线的距离严格按照曲线地段区间疏散平台限界加宽表执行。

每个区间疏散平台踏板安装完成后,对疏散平台限界进行复测,保证不侵限,并检查每块踏板安装是否牢固,平台踏板不应出现台阶。

(3) 疏散平台步梯安装

疏散平台步梯高度根据安装位置、道床混凝土高度进行调整。疏散平台步梯同隧道壁采用防开裂定型化学锚栓固定。安装完成后,须对疏散平台步梯限界进行复测,保证不侵限。

(4) 限界复测

结合区间疏散平台敷设范围表及限界加宽表对区间疏散平台限界进行复测,复测采用全站仪进行,主要测量疏散平台外边缘同轨道中心线的相对距离及疏散平台顶面至轨面的相对高度。对复测过程中发现超限的地段应及时处理。

2. 质量要点

(1) 疏散平台安装前,应进行安装区域的断面测量。现场实测数据作为疏散平台加工及后期安装数据。

（2）为避免疏散平台支座同电缆支架发生冲突，疏散平台支座安装应紧随短轨铺设进行。支座安装时，应严格控制相邻支座之间的相对位置关系及支座同轨道的相关位置关系，确保支座安装精度符合设计要求，且不得侵限。

（3）疏散平台踏板应按照前期测量数据进行安装，踏板同支座应固定牢靠。踏板外边缘同轨道中心线距离应满足设计要求。每块踏板安装到位后应及时检查踏板边缘同轨道中心线的距离是否满足设计要求。

（4）一个区段疏散平台安装完成后，测量人员应及时对疏散平台同轨道的相对位置进行检测，并将测量资料提交监理单位报验。

3. 质量验收

（1）疏散平台横档必须保持与轨道中心线垂直，平台支架应水平，容许上翘0°～3°，相邻平台面连接处应在同一平面上。

（2）疏散平台顶面距两轨面连线中心高度应满足设计标准允许误差0～－20mm；疏散平台踏板边缘至线路中心的距离（限界）为设计值，允许误差±10mm。

（3）疏散平台总体检查：踏板两端在支架上的搭接长度为35mm。平台踏板每榀支架上连接扣件不少于3个，均匀分布。

（4）平台踏板安装完成后，离墙面间隙一般为80mm，困难时不得超过100mm。

4. 安全与环保措施

（1）进场前所有工人必须进行体检，合格后方可作业，加强对现场施工作业人员的安全教育。对施工作业人员进行施工方案、安全技术措施及施工中安全隐患、注意事项的安全交底和教育。

(2) 在作业区显著位置张贴醒目的安全警示标志。

(3) 要求所有管理人员及作业人员均应正确佩戴安全帽,穿反光背心。施工作业时在作业人员旁边放置警示灯,隧道内规范设置临时照明线路,并安装应急照明设施。

5 轨道交通高架桥梁

5.1 钻孔桩基础

钻孔桩施工流程如图 5.1 所示。

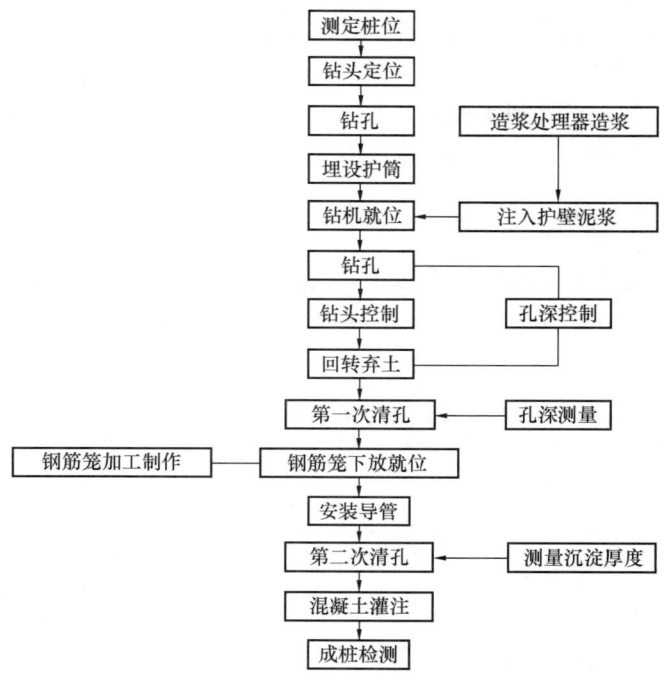

图 5.1 钻孔桩施工流程图

5.1.1 钻孔施工

1. 施工要点

(1) 桩顶/底高程、成桩中心坐标、桩径、孔底沉渣厚度必须符合设计、规范要求。

(2) 嵌岩桩的柱底岩层强度、嵌岩深度等应符合设计要求,且柱底以下一定的范围内岩层无软弱夹层、溶洞等不良地质,承载力满足设计要求。

(3) 摩擦桩必须按要求记录各地质变化情况,确保和设计参照地质情况一致。

2. 质量要点

(1) 钻孔过程中应检查并记录土层变化情况,并与地质剖面图核对。

(2) 钻孔到达设计深度后,应对孔位、孔径、孔深和孔形进行检验,必须核实地质情况,并填写钻孔记录表(主控项目)。

3. 质量验收

施工质量验收标准参照《铁路桥涵工程施工质量验收标准》(TB 10415—2018),施工允许偏差应符合表5.1的规定。

表5.1 钻孔桩钻孔允许偏差

序号	项目		允许偏差(mm)
1	孔径		不小于设计孔径
2	孔深	摩擦桩	不小于设计孔深
		柱桩	不小于设计孔深,并进入设计持力层
3	孔位中心偏心	群桩	≤100
		单排桩	≤50

续表

序号	项目		允许偏差（mm）
4	倾斜度		≤1%×孔深
5	浇筑混凝土前桩底沉渣厚度	摩擦桩	≤300
		柱桩	≤100

4．安全与环保措施

（1）安全要求

① 钻机、泵车及装载机司机必须经过专门训练，经专业管理部门考核并取得操作证或驾驶证后才能上机操作。

② 冬期施工应经常检查钻机梃杆、滑轮横梁，发现脆断裂纹立即修补。

③ 钻机行走场地的地基承载力不满足要求时应加垫钢板或路基箱。

（2）环保要求

① 作业时尽量控制噪声影响，对噪声过大的设备尽可能不用或少用。合理选用低噪声的先进机械设备。

② 对噪声过大造成环境污染的机械施工，采取有效降噪处理措施，其作业时间限制在规定时间内。尽量避免夜间施工。

③ 施工现场的临时用电必须按照施工方案布置完成并检查合格后方可投入使用。

5.1.2 泥浆制备和处理

1．施工要点

（1）对制备的泥浆应检验全部性能指标，钻进时应随时检查泥浆相对密度和含砂率。

（2）施工中可回收利用的泥浆应进行分离净化处理，符合标准后方可循环使用。泥浆性能指标严格按照规范要求检测,达到废弃标准后及时废除,补充新制备泥浆,废弃泥浆的处理不得污染环境。

2. 质量要点

(1) 在砂类土、碎(卵)石土或黏土夹层中钻孔,宜采用膨润土泥浆护壁;在黏性土中钻孔,当塑性指数大于15,浮渣能力满足施工要求时,可利用孔内原土造浆护壁;冲击钻机钻孔,可将黏土加工后投入孔中,利用钻头冲击造浆。

(2) 施工期间,孔内泥浆必须高于地下水位1.0m以上,而且不低于护筒顶面0.5m。在容易产生泥浆渗漏时,应及时堵漏和补浆,使孔内泥浆液面保持正常高度,防止塌孔。

(3) 采用泥浆护壁进行钻孔施工时应设置泥浆循环系统,泥浆性能指标应符合规范要求。

3. 质量验收

施工质量验收标准参照《铁路桥涵工程施工质量验收标准》(TB 10415—2018),泥浆的性能指标应符合表5.2的规定。

表5.2 制备泥浆的性能指标

泥浆性能	新配制		循环泥浆		废弃泥浆		检验方法
	黏性土	砂性土	黏性土	砂性土	黏性土	砂性土	
密度(g/cm^3)	1.04~1.05	1.06~1.08	<1.10	<1.15	>1.25	>1.35	比重计
黏度(s)	20~24	25~30	<25	<35	>50	>60	漏斗计
含砂率(%)	<3	<4	<4	<7	>8	>11	洗砂瓶
pH值	8~9	8~9	>8	>8	>14	>14	试纸

4. 安全与环保措施

(1) 安全要求

① 泥浆池周围需设置安全防护栏杆,并作醒目警示。

② 注浆前应对注浆系统全面细致检查,注浆阀管及压力表等具体接头部位是否牢固,轧头是否拧紧,否则会引起堵管事故。

③ 注浆工需佩戴风镜,防止浆液溅入眼睛里。

(2) 环保要求

① 在现场出入口处设置汽车冲洗台及污水沉淀池,对开出车辆进行冲洗,做到车辆不带泥砂出场。

② 妥善处理泥浆水,未经处理不得直接排入城市排水设施和河流。

③ 水泥浆需运至甲方或有关部门指定地点排放,严禁随意排放污染环境。

5.1.3 钢筋笼制作与安装

1. 施工要点

(1) 钢筋材料进场后应按照规范要求进行检测和试验,做好产品标识及试验状态标识,未经检验合格的严禁使用。

(2) 钢筋笼的材料、加工、接头和安装,应符合设计要求和铁路混凝土工程施工质量验收标准。

(3) 钢筋笼吊装入孔后不影响清孔时,应在清孔前进行吊放;需采用超声波检测的桩基,声测管应与主筋连接牢固,管内灌水后封堵管口确保声测管不变形、漏浆。

(4) 钢筋笼分节加工质量、施工接头安装固定自检合格后,通知监理工程师进行验收,检验合格后进入下步工序。

2. 质量要点

(1) 钢筋笼加工参数应符合设计及规范允许偏差,入孔后应准确、牢固定位,平面位置偏差不大于 10cm,底面高程偏差不大于 ±10cm。

(2) 在钢筋笼上端应均匀设置吊环或固定杆,钢筋笼外侧应对称设置控制钢筋保护层厚度用的垫块或耳筋。

(3) 钢筋笼需对接时,接头与焊接质量应满足规范要求。

3. 质量验收

施工质量验收标准参照《铁路桥涵工程施工质量验收标准》(TB 10415—2018),钻孔桩的钢筋笼制作、安装质量应符合表 5.3 的规定。

表 5.3 钻孔桩钢筋管制作、安装的允许偏差和检验方法

序号	项目	允许偏差(mm)	检验方法
1	钢筋骨架在承台底以下长度	±100	尺量检查
2	钢筋骨架直径	±20	
3	主钢筋间距	±0.5d	尺量检查 不少于 5 处
4	加强筋间距	±20	
5	箍筋间距或螺旋筋间距	±20	
6	钢筋骨架垂直度	骨架长度×1‰	吊线尺量检查

4. 安全与环保措施

(1) 安全要求

① 操作前必须检查切断机刀口,确定安装正确,刀片无裂纹,刀架螺栓紧固,防护罩牢靠,空运转正常后再进行操作。

② 机械设备发生故障后及时检修,决不带故障运行,杜绝机械事故。

③ 钢筋笼、导管架、导管的起吊配备专用工具、卡具。

(2) 环保要求

① 工程施工时采取降低噪声、振动措施。如选用液压

设备以降低噪声。

② 施工产生的泥浆，未经沉淀不得排入排水管网。

③ 废浆和淤泥应使用封闭的专用车辆进行运输。

5.1.4 混凝土灌注

1. 施工要点

（1）混凝土浇筑必须符合施工工艺要求。

（2）桩的混凝土强度等级必须符合设计要求，水下混凝土标准养护试件强度必须符合设计强度等级的1.15倍。

（3）在浇筑水下混凝土前，应填写检查钻孔桩桩孔和钢筋笼情况的"工程检查证"，在浇筑水下混凝土过程中，应填写"水下混凝土浇筑记录"。

（4）桩顶混凝土浇筑面高程应高出设计桩顶高程0.5~1m。

（5）钻孔桩桩身混凝土应均质、完整，其检验必须符合相关规范要求。

2. 质量要点

（1）混凝土的初存量应满足首批混凝土入孔后，导管埋入混凝土的深度不得小于1m并不宜大于3m；当桩身较长时，导管埋入混凝土中的深度可适当加大。漏斗底口处必须设置严密、可靠的隔水装置，该装置必须有良好的隔水性能并能顺利排出。

（2）混凝土浇筑过程中应经常测探孔内混凝土面高程，及时调整导管埋深（导管埋深宜控制在2~6m，最小埋深任何时候不得小于1m）。

（3）水下混凝土应连续浇筑，中途不得停顿。并应尽量缩短拆除导管的间断时间，每根桩的浇筑时间不应太长，宜在8h内浇筑完成。

3. 质量验收

施工质量验收标准参照《铁路桥涵工程施工质量验收标准》(TB 10415—2018),钻孔桩混凝土施工质量应符合下列规定。

(1) 每根桩应在混凝土的浇筑地点随机抽样制作混凝土试件不得少于2组,监理单位见证取样检测或平行检验数量为总数量的20%、10%,且不少于2组。

(2) 所有钻孔桩桩身混凝土质量均应进行低应变动测法检测。

(3) 桩基检测应符合设计要求,设计无明确要求时桩径大于等于2m或桩长超过40m或复杂地质条件下的桩基应进行声波透射法检测。

(4) 对质量有问题的桩,应采用钻芯取样对桩身混凝土进行鉴定检验。

(5) 对大桥和特大桥或结构需要控制的桩的桩底沉渣厚度,按桩总数3‰~5‰钻孔取样检验。

(6) 桩基承载力施工单位进行静载试验,监理单位进行见证试验,勘察设计单位现场确认,承载力试验必须符合设计要求。

4. 安全与环保措施

(1) 安全要求

① 泵送混凝土时,宜设2名以上人员牵引布料杆。泵送管接口、安全阀、管架等必须安装牢固,输送前应试送,检修时必须卸压。

② 预应力灌浆应严格按照规定压力进行,输浆管道应畅通,阀门接头应严密牢固。

③ 使用汽车、罐车运送混凝土时,现场道路应平整坚

实,现场指挥人员应站在车辆侧面。卸料时,车轮应遮挡。

(2) 环保要求

① 混凝土罐车出工地前,车身及溜槽必须冲洗干净。

② 现场设专人清扫、洒水,保持现场干净整洁。

③ 冲洗泵的水,要及时排入现场排水沟,停止泵送时,要及时关掉自来水阀门,以免浪费水资源和造成环境污染。

5.2 明挖基坑

明挖基坑施工流程如图 5.2 所示。

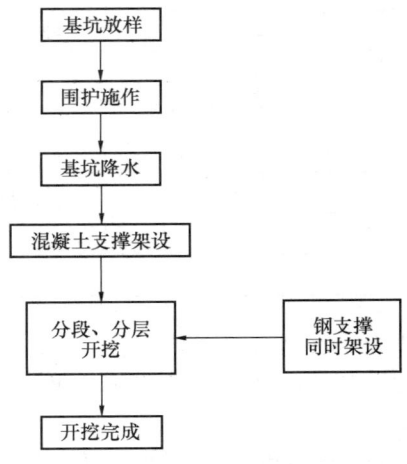

图 5.2 明挖基坑施工流程图

5.2.1 基坑

1. 施工要点

(1) 根据基坑情况确定坑壁开挖坡度、支护方式、开挖方法、防排水措施及弃土位置;基坑施工时应对支护结构、周围环境进行观察和监测。

(2) 基底应避免超挖,松动部分应清除。使用机械开挖时,不得破坏基底土的结构,可在设计高程以上保留一定厚度由人工开挖。

(3) 弃土不得妨碍施工。弃土堆坡脚距坑顶的距离不宜小于基坑的深度,且宜弃在指定地点,不得淤塞河道,影响泄洪。

(4) 在富水地质情况下应该提前降水,具体要求见表5.4。

表5.4 各类井点法降水的适用范围

井点名称	土层渗透系数(m/d)	降低水位深度(m)
单层轻型井点	0.1~50	3~6
多层轻型井点	0.1~50	6~12(由井点层数而定)
喷射井点	0.1~1	8~20
电渗井点	<0.1	根据选用的井点确定
管井井点	20~200	3~5
深井井点	10~250	>15

2. 质量要点

(1) 基坑平面位置、尺寸、基底高程必须满足设计及施工工艺设计要求。

(2) 基坑开挖方式和支护形式必须符合施工工艺设计要求。

(3) 基坑地质条件必须满足设计要求。

(4) 基坑回填填料应符合设计要求,夯实应符合规定。

3. 质量验收

施工质量验收标准参照《铁路桥涵工程施工质量验收标

准》(TB 10415—2018),基底标高的允许偏差和检验方法应符合表5.5的规定。

表5.5 基底标高的允许偏差和检验方法

序号	地址类别	允许偏差(mm)	检验方法
1	土	±50	测量检查不少于5处
2	石	+50、-200	

4. 安全与环保措施

(1) 安全要求

① 基坑边缘3m范围内严禁堆放一切材料。

② 基坑边缘应设置护栏,防止坠落事故的发生。

③ 基坑开挖需分段分层开挖,边挖边支撑。

(2) 环保要求

① 将施工中噪声较大的工序作业时间控制安排在白天7:00~22:00时段,特殊情况需夜间进行作业时,必须采取降噪措施,设置封闭的降噪棚。

② 在施工过程中,确保路面排水系统畅通,如有部分堵塞或损坏,应立即组织疏导和修复。

③ 砂石堆场应整洁,进料车辆应用彩条布封闭车厢,以免灰尘飞扬。

5.2.2 基坑护壁

1. 施工要点

(1) 下列基坑开挖后可采用护壁加固:

① 基坑较深,土方数量较大。

② 基坑坡度受场地限制。

③ 基坑地质松软或含水量较大,坡度不易保持。

(2) 挡板支撑，可采用横、竖向挡板与钢（木）框架支撑坑壁。基坑每层开挖深度，应根据地质情况确定，不宜超过 1.5m，边挖边支。

(3) 对支撑结构应随时检查，发现变形，及时加固或更换，更换时应先撑后拆。支撑拆除顺序，应自下而上。待下层支撑拆除并回填土后，再拆除上层支撑。

(4) 用吊斗出土，应有防护措施。吊斗不得碰撞支撑。

(5) 基坑开挖前，应在坑口顶缘采取加固措施，防止土层坍塌。

(6) 混凝土围圈护壁，除流砂及呈流塑状态的黏性土外，适用于各类土的开挖防护。

2. 质量要点

(1) 喷射混凝土护壁适用于稳定性好、渗水量少的基坑。喷护的基坑深度应按地质条件决定，但不宜超过 10m。

(2) 喷射混凝土护壁的坡度根据土质稳定情况与渗水量的大小可采用 1∶0.07～1∶0.1。

(3) 围圈混凝土壁厚和拆模强度应满足承受土压力的要求。

3. 质量验收

暂无相关验收规范，根据施工经验，提供参考验收标准如下：

喷射混凝土厚度可参照表 5.6 规定办理。

当在天然土层上挖基，基坑深度在 5m 以内、施工期较短、基坑底在地下水位以上、土的湿度接近最佳含水量、土层结构均匀时，基坑坑壁坡度可采用表 5.7 基坑坑壁坡度中的数值。

表 5.6 喷射混凝土厚度　　　　　　　　（cm）

地质类别	基坑渗水情况	
	无渗水	少量渗水
砂类土	10～15	15
黏性土、粉土	5～8	8～10
碎石类土	3～5	5～8

注：1. 本表喷射混凝土厚度适用于不大于 10m 直径的圆形基坑，未考虑基坑顶缘荷载；
　　2. 每次喷射混凝土厚度，取决于土层和混凝土的黏结力与渗水量的大小；
　　3. 坑内砂层有少量渗水，可在坑壁打入木桩后再喷混凝土，木桩直径约为 5cm、长 100cm，向下与坑壁呈 30°角打入，一般间距为 50～100cm。

表 5.7 基坑坑壁坡度

坑壁土	坑壁坡度		
	基坑顶缘无载重	基坑顶缘有静载	基坑顶缘有动载
砂类土	1∶1	1∶1.25	1∶1.5
碎石类土	1∶1	1∶1	1∶1.25
黏性土、粉土	1∶0.33	1∶0.5	1∶0.75
极软岩、软岩	1∶0.25	1∶0.33	1∶0.67
较软岩	1∶0	1∶0.1	1∶0.25
极硬岩、硬岩	1∶0	1∶0	1∶0

注：1. 基坑通过不同的土层时，边坡可分层选定，并预留平台；
　　2. 在山坡上开挖基坑，当地址不良时，应防止滑塌；
　　3. 在既有建筑物旁开挖基坑时，应符合设计文件的规定。

① 基坑深度大于 5m 时，应将坑壁坡度适当放缓或加设平台；

② 当土的湿度可能引发坑壁坍塌时，坑壁坡度应缓于该湿度下土的天然坡度。

4. 安全与环保措施

(1) 安全要求

① 起吊设备的钢丝绳必须经过安全检查,且直径符合要求后方可使用。

② 混凝土喷射作业时,中断时间若超过 1h,必须将仓内及输料管内混合料全部喷出。

③ 所有需电焊的部位均应保证焊接的质量,达到设计强度要求。

(2) 环保要求

① 在洞口及拌合站设置四级沉淀池,集中处理施工污水。

② 操作湿喷机喷射作业时,必须佩戴防护用品。

③ 喷浆完成后将现场废弃料收集到一起,集中处理,可以用于临时工程建设。

5.2.3 基坑回填

1. 施工要点

(1) 基础施工完成后应及时进行基坑回填,回填材料及质量应符合设计要求。

(2) 基坑回填前,应清除基底的垃圾、树根等杂物,抽除坑穴积水、淤泥,回填时不得破坏基础混凝土。

(3) 基坑采用碎石或其他填料回填时,应分层施工,压实质量应符合设计要求,当采用混凝土回填时,应分层振捣密实。

(4) 陆地基坑回填后应略高于基坑顶缘地面,防止基坑积水。

2. 质量要点

(1) 填方施工过程中应检查排水措施、每层填筑厚度、含水量控制、压实程度。填筑厚度及压实遍数应根据土质、压实系数及所用机具确定。

（2）台背回填所用的材料和混凝土强度应满足设计要求。

（3）台背回填应密实、稳定。若以碎石分层填筑，其压实质量应满足设计要求。

（4）台背回填顶面高程允许偏差为±50mm。

3．质量验收

施工质量验收标准参照规范《建筑地基基础工程施工质量验收标准》（GB 50202—2018）。

（1）无试验依据的应该符合表5.8规定。

表5.8 填土施工时的分层厚度及压实遍数

压实机具	分层厚度（mm）	每层压实遍数
平碾	250～300	6～8
振动压实机	250～350	3～4
柴油打夯机	200～250	3～4
人工打夯	<200	3～4

（2）填方施工结束后，应检查标高、边坡坡度、压实度等，检验标准应符合表5.9规定。

表5.9 填土工程质量检验标准　　　　　　　　　　（mm）

项目	序号	检查项目	允许偏差或允许值					检验方法
			桩基基坑基槽	场地平整		管沟	地（路）面基础层	
				人工	机械			
主控项目	1	标高	−50	±30	±50	−50	−50	水准仪
	2	分层压实系数						按规定方法

续表

项目	序号	检查项目	允许偏差或允许值					检验方法
			桩基基坑基槽	场地平整		管沟	地（路）面基础层	
				人工	机械			
一般项目	1	回填土料	20	20	50	20	20	用2m靠尺和楔形塞尺检查
	2	分层厚度及含水量	设计要求					观察或土样分析
	3	表面平整度	20	20	30	20	20	用塞尺或水准仪

4．安全与环保措施

（1）安全要求

① 回填土应从两侧对称回填，并分层夯实。

② 使用推土机回填时，严禁从一侧直接推入沟坑。

③ 人工回填使用手推车回填时，沟坑边应设置挡板。

（2）环保要求

① 水泥和其他易飞扬、细颗粒散体材料，安排在库内存放或严密遮盖，运输时要防止遗洒、飞扬，卸运时采取措施，减少污染。

② 遇有四级风速以上的天气，停止土方施工。

③ 在出场大门设置车辆及挖掘土方设备清洗冲刷台，车辆经清洗后出场，严防车辆携带泥砂出场造成道路的污染。

5.2.4 桩基承台

1．施工要点

（1）桩身顶端上层浮浆必须凿除，凿除后顶面应平整，粗骨料呈现均匀，不得损坏桩基钢筋，凿除后桩顶高程偏差应控制在 0~3cm。

（2）基桩埋入承台长度及桩顶主钢筋锚入承台长度应满足设计要求，钢管桩应焊好桩顶连接件。

（3）采用基桩顶主钢筋伸入承台联结时，承台底层钢筋网在越过桩顶处不得截断。采用基桩顶部直接埋入承台联结时，承台底层钢筋网碰及基桩时，可以调整钢筋间距或在基桩两侧改用束筋越过，确需截断时，宜在截断处增设附加等强度钢筋连续绕过。

（4）在水中修建承台，当设计承台底面位于河床以下时（低承台），可采用钢板桩围堰、双壁钢围堰修建承台。设计承台底面在低水位以上时（高承台），宜采用吊箱围堰修建承台。高承台及墩身混凝土施工完成后，应及时将承台顶面以上临时结构物清除。

（5）高承台结构中，当承台及墩台混凝土浇筑完成后，应将承台顶面以上的钢结构切除，不得危及通航船只的安全和洪水期造成漂浮物堆积。

2. 质量要点

（1）绑扎承台钢筋前，应核实承台底面高程及每根基桩埋入承台长度，并应对基底面进行修整。在基底为软弱土层时，应按设计要求采取适当措施，防止承台在灌筑混凝土过程中产生不均匀沉降。

（2）承台混凝土应一次连续浇筑，当混凝土与环境温差大于 25℃时，应采取降低混凝土水化热和内部温度的措施。

3. 质量验收

施工质量验收标准参照《铁路桥涵工程施工质量验收标准》（TB 10415—2018）。

（1）承台施工前应检查并记录每根基桩在承台底平面的位置和桩身倾斜度。承台底平面桩位偏差应符合表5.10的规定。

表5.10 承台底平面桩位允许偏差

序号	项 目		允许偏差（mm）
1	上面盖有帽梁的排架桩	垂直帽梁的轴线	100
		沿帽梁的轴线	150
2	3~20根桩基中的桩		0.5D
3	桩数多于20根以上桩基中的桩	最外边的桩	250
		中间的桩	250并不大于D/2
		与承台边缘的净距	桩径≤1m时不小于0.5D，且不小于250mm，桩径>1m时不小于0.3D，且不小于500mm

注：D为桩径或短边。

（2）承台混凝土强度应满足设计要求，混凝土表面应平整光滑，不得有蜂窝、麻面和露筋，钢筋保护层厚度不小于设计要求。承台各部位允许偏差应符合表5.11的规定。

表5.11 承台各部位允许偏差和检验方法

序号	项 目	允许偏差（mm）	检验方法
1	尺寸	±30	尺量长、宽、高各2点
2	顶面高程	±20	测量5点
3	轴线偏位	15	测量纵横各2点
4	前、后、左、右边缘距设计中心线尺寸	±50	尺量各边2处

4. 安全与环保措施

(1) 安全要求

① 人工搬运钢筋,步伐要一致;当上下坡或转弯时,要前后呼应,步伐稳健、慢速;要注意钢筋头、尾的摆动,防止碰撞物体或打击人的身体。

② 焊接钢筋时,电焊机应设在干燥、通风良好的地点,周围严禁存放易燃、易爆物品。焊接时要有专业电焊工(持证人员)按设计和规范要求进行焊接。

③ 钢筋切断机作业前,应先进行试运转,检查刃口是否松动,运转正常后,方能进行切断作业。

(2) 环保要求

① 做好施工场地硬化,要定期向地面洒水,减少灰尘对周围环境的污染。

② 回灌用水必须采用清洁水。

③ 在施工中要采取有效措施控制人为噪声、粉尘的污染和采取技术措施控制污水、噪声污染。

5.3 下部结构

下部结构施工流程如图 5.3 所示。

5.3.1 墩台

1. 施工要点

(1) 墩台身施工前,应将基础顶面浮浆凿除,冲洗干净,整修联结钢筋,并在基础顶面测定中线、水平,标出墩台底面位置。

(2) 墩台身模板及支架应有足够的强度、刚度与稳定性。模板宜采用大块钢模板。模板接缝应严密,不得漏浆。

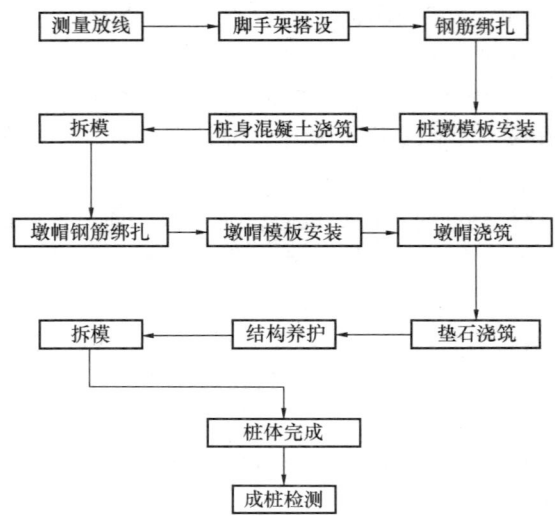

图 5.3 下部结构施工流程图

（3）墩台身钢筋的加工安装、混凝土的施工、养护和拆模等应符合现行混凝土与砌体工程施工标准和有关客运专线铁路高性能混凝土技术条件的相关规定。接地钢筋的安装应符合设计要求。

（4）浇筑混凝土时，应经常检查模板、钢筋、沉降观测点及预埋部件的位置和保护层的尺寸，确保其位置正确且不变形。

（5）墩台身混凝土宜一次连续浇筑。当分段浇筑时，施工接缝应符合现行铁路混凝土与砌体工程施工标准的相关规定。

（6）墩台顶帽施工前后均应复测其跨度及支承垫石高程。施工中应确保支承垫石钢筋网及锚栓孔位置正确，垫石顶面平整，高程符合设计要求。

2. 质量要点

(1) 墩台模板及支架应经过设计计算具有足够的强度、刚度与稳定性,能承受施工过程中可能产生的各项荷载,保证结构物各部形状、尺寸准确。

(2) 模板安装前应进行试拼,模板的垂直度、平整度、错台、拉杆和螺栓的连接牢固程度及支架的稳定性检验合格后投入使用。

(3) 墩台模板必须与承台或基础顶面密封,封闭材料不得侵入墩身。

(4) 墩台混凝土的浇筑应在整个截面内按一定的厚度、顺序和方向分层浇筑,应在下层混凝土初凝或能重塑前浇筑完上层混凝土,分层应保持水平,分层厚度宜按30cm控制。振捣器与模板间距离宜为10~20cm,插点距离不应大于振捣器作用半径的1.5倍。

3. 质量验收

施工质量验收标准参照《铁路桥涵工程施工质量验收标准》(TB 10415—2018),施工允许偏差应符合表5.12~表5.15规定。

表5.12 墩台模板允许偏差和检验方法

序号	项目	允许误差(mm)	检验方法
1	前后左右距中心线尺寸	±10	测量检查每边不少于2处
2	表面平整度	3	2m靠尺检查不少于5处
3	相邻模板错台	1	尺量检查不少于5处
4	同一梁端两垫石高差	±3	测量检查
5	预埋铁件和预留孔洞位置	5	纵横向尺量检查

表 5.13　滑动钢模板允许偏差和检验方法

序号	项目	允许误差（mm）	检验方法
1	模板中心线与主平台中心线	±5	测量检查
2	模板中心线与墩身中心线	±5	
3	空心墩壁厚	±3	尺量检查不少于5处
4	顶架的垂直度或坡度	±2	吊线尺量检查不少于4处
5	模板下口尺寸（考虑锥度后）	−4, 2	
6	模板上口尺寸（考虑锥度后）	0, 2	
7	顶杆与顶梁或垂直度或坡度	2°	
8	主平台水平度	5	测量检查不少于4处
9	表面平整度	2	2m靠尺检查不少于5处

表 5.14　爬模允许偏差和检验方法

序号	项目	允许误差（mm）	检验方法
1	前后左右距中心线尺寸	±10	测量检查每边不少于2处
2	表面平整度	2	2m靠尺检查不少于5处
3	局部搭接不密贴	1	尺量检查不少于5处
4	预埋铁件和预留孔洞位置	5	

检验数量：施工单位每个安装段全部检查。

表 5.15　混凝土墩台允许偏差和检验方法

序号	项目		允许偏差（mm）	检验方法
1	墩台前后、左右边缘距设计中心线尺寸		±20	尺量检查不少于5处
	采用滑模施工的墩身部位	墩台前后、左右边缘距设计中心线尺寸	+30	
		桥墩平面扭角	2°	尺量检查不少于5处
	表面平整度		5	2m靠尺检查不少于5处
	空心墩壁厚		±5	尺量检查不少于5处

续表

序号	项目		允许偏差（mm）	检验方法
2	墩台支承垫石顶面	高程	0，15	测量检查
		中心位置	15	
3	简支混凝土梁	每片梁一端两支承垫石顶面高差	3	
		每孔梁一端两支承垫石顶面高差	5	
		无支承垫石顶面高差	5	
4	简支钢梁	同一墩顶支承垫石顶面高差		
5	预埋件、预留孔位置		5	

4．安全与环保措施

（1）安全要求

① 运输钢筋时，必须事先观察运行上方或周围是否有高压线，严防碰触。

② 浇筑混凝土使用的模板节间应连接牢固。操作部位应有护身栏杆，不准直接站在溜槽帮上操作。

③ 夜间浇筑混凝土，应有足够的照明设备。

（2）环保要求

① 各种临时设施和场地如堆料场、加工场等距离居民区应不小于300m，而且要设在居民区主要风向的下方。

② 建筑物四周设密目网防护，以减少噪声对周围环境的影响。

③ 脚手架在支设、拆除和搬运时，必须轻拿轻放，上下左右有人传递。

5.3.2 支座安装

1. 施工要点

(1) 支座到达现场后,必须检查产品合格证、附件清单和有关材质报告单或检验报告并对支座外观尺寸和组装质量进行全面检查,符合设计要求才能进行安装。

(2) 根据线路坡度,按设计要求选用支座类型。

(3) 支座安装前应检查桥梁跨距、支座位置及预留锚栓孔位置、尺寸和支座垫石顶面高程、平整度。

2. 质量要点

(1) 支座上下座板必须水平安装,固定支座上下座板应互相对正,活动支座上下座板横向应对正,纵向预留错动量应根据支座安装施工温度与设计安装温度之差和梁体混凝土未完成收缩、徐变量及弹性压缩量计算确定,并在各施工阶段进行调整,当体系转换完成时,梁体支座中心应符合设计要求。

(2) 支座与梁底及垫石之间必须密贴无空隙,垫层材料质量及强度应符合设计要求,支座配件必须齐全,水平各层部件间应密贴无空隙。

(3) 支座锚栓质量及埋置深度和螺栓外露长度必须符合设计要求,支座锚栓固结应在支座及锚栓位置调整后进行施工,预留锚栓孔必须填满捣实,填料种类和质量必须符合设计要求。

3. 质量验收

施工质量验收标准参照《铁路桥涵工程施工质量验收标准》(TB 10415—2018),施工允许偏差应符合下列规定:

(1) 支座安装后,其允许误差应符合表 5.16 的规定。

表 5.16 支座安装允许误差和检验方法

序号	项目		允许误差（mm）	检验方法
1	支座下座板中心与墩台纵向错动量	墩台高度＜30m	20	尺量
		墩台高度≥30m	15	
2	支座下座板中心与墩台横向错动量	墩台高度＜30m	15	
		墩台高度≥30m	10	
3	同端支座中心横向距离	偏差与桥梁设计中心对称时	－10，＋30	
		偏差与桥梁设计中心不对称时		
4	铸钢支座	固定支座的上座板与下座板中线的纵横错动量	3	
		活动支座的横向错动量	3	
		活动支座中线的纵向错动量	3	
		支座下座板中心十字线的扭转	1	
		上下座板及摇轴、辊轴之间的扭转	1	
5	板式橡胶支座	同一梁端两支座相对高差	1	
		每一支座板的边缘高差	2	
		上下座板十字线扭转	2	
		活动支座中线的纵向错动量	±3	
6	盆式橡胶支座	支座板四角高差	1	
		上下座板中心十字线的扭转	1	
		同一梁端两支座相对高差	1	
		一孔箱梁四个支座中，一个支座不平整限值	3	
		固定支座的上下座板及中线的纵横错动量	1	
		活动支座中线的纵向错动量	3	

（2）支座上下板螺栓的螺帽应安装齐全，并涂上黄油，无松动现象，支座与梁底、支座与支承垫石应密贴，无缝隙。

（3）支座锚栓孔应采用压力注浆填实，注浆材料和强度符合设计要求。

4. 安全与环保措施

（1）安全要求

① 高空作业应设置可靠扶梯，作业人员应沿扶梯上下，不得沿立杆与栏杆攀登。

② 发现安全措施有隐患时，立即采取措施消除隐患，必要时停止作业。

③ 遇到各种恶劣天气时，必须对各类安全设施进行检查、校正、修理使之完善。

（2）环保要求

① 施工材料严禁随意丢弃，保持场地整洁。

② 夜间施工，在保证照明的同时，注意防止光污染扰民。

5.4 上部结构

上部结构施工流程如图 5.4 所示。

5.4.1 模板及支架

1. 施工要点

（1）模板及支架应具有足够的强度、刚度和稳定性；能承受所浇混凝土和砌体的重力、侧压力及施工荷载、施工设备和材料等条件进行施工工艺设计，其弹性压缩、预拱度和沉降值应符合设计要求。

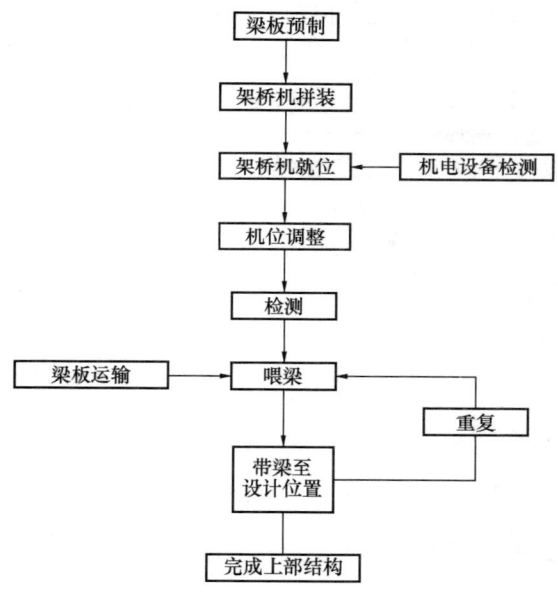

图 5.4 上部结构施工流程图

（2）浇筑混凝土或砌体砌筑前，施工单位应对模板及支架进行交接检验，各方验收合格后进入下步工序。

2. 质量要点

（1）模板及支架必须安置于符合设计要求的可靠基底上，并有足够的支承面积和防、排水或防冻措施。

（2）模板安装必须稳固牢靠，接缝严密，不得漏浆。模板与混凝土的接触面必须清理干净并涂刷隔离剂。浇筑混凝土前，模型内的积水和杂物应清理干净。

3. 质量验收

施工质量验收标准参照《铁路混凝土工程施工质量验收标准》（TB 10424—2018）。

模板安装允许偏差和检查方法除相关专业验收标准有特殊规定外，应符合表 5.17 要求。

表 5.17 模板安装允许偏差和检验方法

序号	项目		允许偏差（mm）	检验方法
1	轴线位置	基础	15	尺量每边不少于 2 处
		梁、柱、板、墙、拱	5	
2	表面平整度		5	2m 靠尺和塞尺不少于 3 处
3	高程	基础	±20	测量
		梁、柱、板、墙、拱	±5	
4	模板的侧向弯曲	柱	$h/1000$	拉线尺量
		梁、板、墙	$l/1500$	
5	梁、柱、板、墙、拱两模板内侧宽度		+10 −5	尺量不少于 3 处
6	梁底模拱度		+5 −2	拉线尺量
7	相邻两板表面高低		2	尺量

注：1. h 为柱高。

2. l 为梁、板跨度。

4. 安全与环保措施

（1）安全要求

① 模板的安装必须按模板的施工组织设计进行，严禁任意变动。

② 配件必须装插牢固，支柱和斜撑下的支承面应平整垫实，并有足够的受力面积。

③ 模板及其支撑系统在安装过程中，必须设置临时固定设施，严防倾覆，支柱全部安装完毕后，应及时沿横向和纵向加设水平撑和垂直剪刀撑，并与支柱固定牢靠。

（2）环保要求

① 模板及支架材料未使用时需妥善保存，定期保养，延长寿命，节约材料。

② 支架搭设/拆除过程中，轻拿轻放，减少施工噪声。

③ 严禁将支架直接丢向地面。

5.4.2 钢筋工程

1. 施工要点

（1）从事钢筋加工和焊（连）接的操作人员必须经考试合格，持证上岗。钢筋正式焊（连）接前，应进行现场条件下的焊（连）接性能检验，合格后方能正式生产。

（2）钢筋进场时，必须按批抽取试件做力学性能（屈服强度、抗拉强度和伸长率）和工艺性能（冷弯）试验，其质量必须符合《钢筋混凝土用钢 第1部分：热轧光圆钢筋》（GB/T 1499.1—2017）和《钢筋混凝土用钢 第2部分：热轧带肋钢筋》（GB/T 1499.2—2018）等国家标准的规定和设计要求。

2. 质量要点

钢筋的加工应符合设计要求。当设计未提出要求时，应符合下列规定：

（1）受拉热轧光圆钢筋的末端应做180°弯钩，其弯曲直径 d_m 不得小于钢筋直径的2.5倍，钩端应留有不小于钢筋直径3倍的直线段。

（2）受拉热轧光圆和带肋钢筋的末端，当设计要求采用直角形弯钩时，直钩的弯曲直径 d_m 不得小于钢筋直径的5

倍，钩端应留有不小于钢筋直径 3 倍的直线段。

（3）弯起钢筋应弯成平滑的曲线，其弯曲半径不得小于钢筋直径 10 倍（光圆钢筋）或 12 倍（带肋钢筋）。

（4）用光圆钢筋制成的箍筋，其末端应做不小于 90°的弯钩，有抗震等特殊要求的结构应做 135°或 180°弯钩；弯钩的弯曲直径应大于受力钢筋直径，且不得小于箍筋直径的 2.5 倍；弯钩端直线段的长度，一般结构不得小于箍筋直径的 5 倍，有抗震等特殊要求的结构，不得小于箍筋直径的 10 倍。

3. 质量验收

施工质量验收标准参照《铁路混凝土工程施工质量验收标准》（TB 10424—2018），钢筋工程允许偏差应符合表 5.18 和表 5.19 的规定。

表 5.18　钢筋加工允许偏差和检验方法

序号	名称	允许偏差（mm）	检验方法
1	受力钢筋全长	±10	尺量
2	弯起钢筋的弯折位置	20	
3	箍筋内净尺寸	±5（桥梁±3）	

表 5.19　钢筋安装及钢筋保护层厚度允许偏差和检验方法

序号	名称		允许偏差（mm）	检验方法
1	受力钢筋排距		±5	尺量两端、中间各一处
2	同一排中受力钢筋间距	基础、板、墙	±20	
		柱、梁	±10	
3	分布钢筋间距		±20	尺量连续 3 处
4	箍筋间距		±10	

续表

序号	名称		允许偏差（mm）	检验方法
5	弯起点位置（加工偏差±20mm包括在内）		30	尺量
6	钢筋保护区厚度 c（mm）	$c \geqslant 30mm$	+10 0	尺量两端、中间各2处
		$c < 30mm$	+5 0	

注：表中钢筋保护层厚度的实测偏差不得超出允许偏差范围。

4．安全与环保措施

（1）安全要求

① 用塔吊吊运时，吊索具必须符合安全规程要求，短小材料和零散材料必须要用容器吊运。

② 弯曲钢筋时，严格依据使用说明书要求操作，严禁超过该机对钢筋直径、根数及机械转速的规定。

③ 弯曲好的钢筋码放时，弯钩不得朝上。

（2）环保要求

① 材料码放场地必须平整坚实，不积水。

② 散乱钢筋应随时清理堆放整齐。

③ 加工好的钢筋需妥善保存，防止生锈腐蚀，造成浪费。

5.4.3 混凝土工程

1．施工要点

（1）混凝土配制拌和前的准备

① 混凝土配制拌和之前，应对所有机械设备、工具、使用材料认真检查，确保混凝土的拌制和浇筑正常连续

进行。

② 开盘前应按工地实验室提供的配合比调整配料系统,并做好记录。

(2) 混凝土的配料和拌制

① 混凝土配合比应考虑强度、弹性模量、初凝时间、工作度等因素,并通过试验来确定。

② 混凝土拌合物配料应采用自动计量装置,粗细骨料中的含水量应及时测定,并按实际测定值调整用水量、粗、细骨料用量;禁止拌合物出机后加水。

③ 混凝土在拌和时,应按选定的理论配合比换算成施工配合比,计算每盘混凝土实际需要的各种材料量。水、水泥、外加剂的用量应准确到±1%,粗、细骨料的用量应准确到±2%(均以质量计)。减水剂可采用粉剂型或溶剂型,采用粉剂型时宜在施工前14~18h预先配制成所需浓度的溶液,粉剂在溶液中要求全部溶解均匀,不得有沉淀或结块。为充分发挥减水剂的作用,在拌和时其溶液宜用后添法。当采用溶剂型减水剂时,其含水量应计入拌和总用水量。混凝土拌合物中不得掺用加气剂和各种氯盐。

(3) 混凝土的运输

混凝土应随拌随用,混凝土运输应采用泵送或混凝土运输车运送。当采用泵送时,输送管路的起始水平段长度不应小于15m,除出口处采用软管外,输送管路其他部分不得采用软管或锥形管。输送管路应固定牢固,且不得与模板或钢筋直接接触。泵送过程中,混凝土拌合物应始终连续输送。高温或低温环境下输送管路应分别采用湿帘或保温材料覆盖。其他要求还应符合《混凝土泵送施工技术规程》(JGJ/T 10—2011)的规定。

2. 质量要点

(1) 混凝土的浇筑

① 混凝土的浇筑采用连续浇筑、一次成型,浇筑时间不宜超过 6h。

② 浇筑梁体混凝土时,应防止混凝土离析,混凝土下落距离不超过 2m。并应保持预埋管道不发生挠曲或移位,禁止管道口直对腹板槽倾倒混凝土。

③ 梁体腹板处的底板混凝土宜采用底板附着式振动器振动。梁体腹板混凝土采用振动棒和附着式振动器振捣。振动棒插振的间距及时间应符合现行《铁路混凝土工程施工技术指南》的有关规定。振动棒禁止触碰胶管或波纹管。

(2) 梁体混凝土养护

① 当采用蒸汽养护时,静停期间应保持棚温不低于 5℃,灌注完 4h 后方可升温,升温速度不应大于 15℃/h,恒温时蒸汽温度不宜超过 50℃,梁体芯部混凝土温度不宜超过 60℃,降温速度不应大于 10℃/h。

② 当采用自然养护时,梁体表面可采用草袋或麻袋覆盖,并在其上覆盖塑料薄膜,梁体洒水次数应能保持混凝土表面充分潮湿。当环境相对湿度低于 60% 时,自然养护不应少于 28d;相对湿度在 60% 以上时,自然养护不应少于 14d。

③ 当环境温度低于 5℃时,梁表面应喷涂养护剂,采取保温措施;禁止对混凝土洒水。

3. 质量验收

施工质量验收标准参照《铁路混凝土工程施工质量验收标准》(TB 10424—2018),混凝土工程允许偏差应符合下列规定:

（1）混凝土原材料每盘称量的允许偏差应符合表 5.20 的规定。

表 5.20 原材料每盘称量的允许偏差

序号	材料名称	允许偏差	
		工地	工厂或搅拌站
1	水泥和干燥状态的掺合剂	±2%	±1%
2	粗、细骨料	±3%	±2%
3	水、外加剂	±2%	±1%

（2）结构外形尺寸允许偏差和检验方法除相关专业验收标准有特殊规定外，应符合表 5.21 的规定。

表 5.21 结构外形尺寸允许偏差和检验方法

序号	项目		允许偏差（mm）	检验方法
1	轴线位置	基础	20	每边尺量不少于 2 处
		梁、柱、板、墙	10	
2	表面平整度		8	2m 靠尺和塞尺测量不少于 3 处
3	高程	基础	±30	测量不少于 2 处
		梁、柱、板、墙	±10	
4	垂直度		$h/1000$（h 为全高），且小于 20	吊线尺量
5	截面尺寸		+20, 0	尺量不少于 3 处
6	预留孔洞	中心位置	15	尺量
		尺寸	+15, 0	
7	预埋件	中心位置	5	尺量
		外露长度	+10, 0	

4. 安全与环保措施

（1）安全要求

① 拌合站的机房、平台、梯道、栏杆必须牢固可靠。

② 用手推车运料时，不得超过其容量的 3/4，推车时不得用力过猛和撒把。

③ 行车道要经常清扫，冬期施工应有防滑措施。

（2）环保要求

① 施工现场的道路、砂石等建筑材料堆场及其他作业区，在连续高湿地面干燥时，要经常洒水湿润，保持尘土不上扬。

② 清理施工垃圾时使用容器吊运，严禁随意抛撒造成扬尘。施工垃圾及时清运，清运时，适量洒水以减少扬尘。

③ 注意运输土料、渣土过程中的遗撒问题，避免影响市容。

5.4.4 预应力工程

1. 施工要点

（1）预应力筋进场时，必须按批次抽取试件做拉伸试验、弯曲试验或反复弯曲试验，其质量必须符合《预应力混凝土用钢丝》（GB/T 5223—2014）、《预应力混凝土用钢绞线》（GB/T 5224—2014）等国家标准和设计要求。

（2）预应力筋用锚具、夹具和连接器进场时，必须按批次进行外观检查和抽取试件做硬度和静载锚固试验，其质量必须符合国家标准《预应力筋用锚具、夹具和连接器》（GB/T 14370—2015）的规定和设计要求。

（3）预留孔道所用的金属螺旋管、橡胶棒（管）等和先张预应力筋隔离套管使用前应进行外观检查，确保其表面无油污、损伤和孔洞。

（4）预应力筋的品种、级别、规格、数量必须符合设计要求。

（5）预应力筋展开后应平顺，不得有弯折；表面不应有裂纹、小刺、机械损伤、氧化铁皮和油污等。

（6）预应力筋用锚具、夹具和连接器的品种、规格、数量必须符合设计要求。

2. 质量要点

（1）后张法预应力筋预张拉或初张拉时，混凝土强度必须符合设计要求。当设计无要求时，预张拉或初张拉时混凝土强度应达到设计强度的80%。

（2）预应力筋的实际伸长值与计算伸长值的差值不得大于±6%。

（3）后张法预应力构件的预应力筋断裂或滑脱数量不得超过预应力筋总数的5‰，并不得位于结构的同一侧，且每束内断丝不得超过1根。

（4）孔道压浆工艺必须符合设计要求。孔道内水泥浆应饱满密实。

（5）水泥浆试件应在压浆地点随机抽样制作。水泥浆的抗压强度必须符合设计要求。

（6）锚具和预应力筋封闭防护前必须按设计要求对锚具和预应力筋做防水处理。锚具和预应力筋封闭防护必须符合设计要求，当设计无要求时应符合下列规定：

① 凸出式锚固锚具的保护层厚度不宜小于50mm；

② 外露预应力的保护层厚度不宜小于30mm。

3. 质量验收

施工质量验收标准参照《铁路混凝土工程施工质量验收标准》（TB 10424—2018），预应力工程允许偏差应符合下

列规定:

(1) 预应力筋下料长度应按设计要求或工艺要求计算确定。其允许偏差和检验方法除相关专业验收标准有特殊规定外,尚应符合表 5.22 的规定。

表 5.22 预应力筋下料长度的允许偏差和检验方法

序号	项目		允许偏差 (mm)	检验方法
1	钢丝	与设计或计算长度差	±10	尺量
		束中各根钢丝长度差	不大于钢丝长度的 1/5000,且不大于 5	
2	钢绞线	与设计或计算长度差	±10	
		束中各根钢丝长度差	5	
3		热轧带肋钢筋	±5	

(2) 预留孔道位置允许偏差和检验方法除相关专业验收标准有特殊规定外,尚应符合表 5.23 的规定。

表 5.23 预留孔道位置允许偏差和检验方法

序号	项目	允许偏差 (mm)	检验方法
1	纵向孔道	4	尺量两端、跨中、1/4 跨、3/4 跨各 1 处
2	横向孔道		尺量两端
3	竖向孔道		尺量两端

(3) 张拉端预应力筋内缩量应符合设计要求;当设计无要求时,张拉端预应力筋内缩量限值和检验方法应符合表 5.24 的规定。

表 5.24 张拉端预应力筋内缩量限值和检验方法

序号	锚具类别		内缩量限值(mm)	检验方法
1	支承式锚具（镦头锚具等）	螺帽缝隙	1	尺量
2	夹片式锚具	有顶压	5	
		无顶压	6	

4. 安全与环保措施

（1）安全要求

① 张拉时，张拉工具与预应力筋应在一条直线上。

② 顶紧锚塞时，用力不要过猛，以防钢丝折断。

③ 拧紧螺母时，应注意压力表读数，一定要保持所需的张拉力。

（2）环保要求

① 机械经常检查，对有漏油现象的机械必须停止使用，进行维修，防止漏油过多而污染工地。

② 钢筋绑扎时，一次绑扎成型到位，避免修整，避免砸和敲击钢筋所产生的噪声影响周围居民区，尤其夜间更不能敲击。

③ 对锈蚀过重的钢筋除锈，将除下来的铁锈集中清扫、统一处理。

5.5 桥面系及附属工程

桥面系及附属工程施工流程如图 5.5 所示。

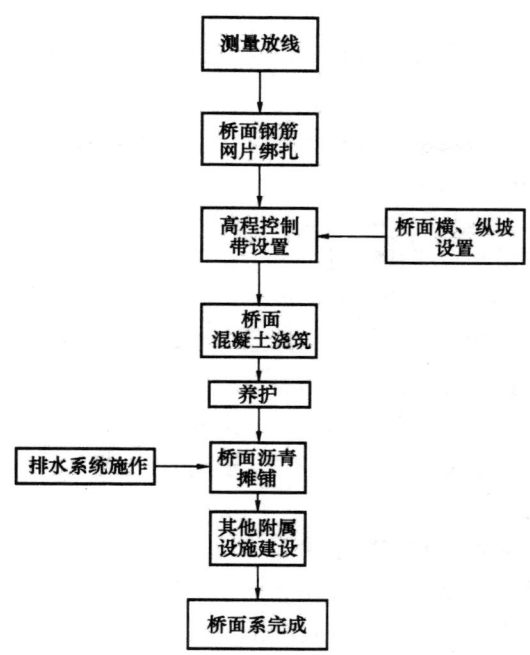

图 5.5 桥面系及附属工程施工流程图

5.5.1 桥面防水及排水

1. 施工要点

(1) 汇水槽、泄水口顶面高程应低于桥面铺装层 10~15mm。

(2) 泄水管下端至少应伸出构筑物底面 100~150mm。泄水管宜通过竖向管道直接引至地面或雨水管线,其竖向管道应采用抱箍、卡环、定位卡等预埋件固定在结构物上。

(3) 桥面应采用柔性防水,不宜单独铺设刚性防水层。**桥面防水层使用的涂料、卷材、胶粘剂及辅助材料必须符合**

环保要求。

（4）桥面防水层应在现浇桥面结构混凝土或垫层混凝土达到设计要求强度，经验收合格后方可施工。

（5）桥面防水层应直接铺设在混凝土表面上，不得在二者间加铺砂浆找平层。

（6）防水基层面应坚实、平整、光滑、干燥，阴、阳角处应按规定半径做成圆弧。施工防水层前应将浮尘及松散物质清除干净，并应涂刷基层处理剂。基层处理剂应使用与卷材或涂料性质配套的材料。涂层应均匀、全面覆盖，待渗入基层且表面干燥后方可施作卷材或涂膜防水层。

（7）防水层严禁在雨天、雪天和 5 级（含）以上大风天气施工。气温低于 $-5℃$ 时不宜施工。

2. 质量要点

（1）防水卷材和防水涂膜均应具有高延伸率、高抗拉强度、良好的弹塑性、耐高温和低温与抗老化性能。防水卷材及防水涂料应符合国家现行标准和设计要求。

（2）桥面采用热铺沥青混合料作磨耗层时，应使用可耐 $140\sim160℃$ 高温的高聚物改性沥青等防水卷材及防水涂料。

（3）桥面防水层应采用满贴法；防水层总厚度和卷材或胎体层数应符合设计要求；缘石、地袱、变形缝、汇水槽和泄水口等部位应按设计和防水规范细部要求做局部加强处理。防水层与汇水槽、泄水口之间必须黏结牢固、封闭严密。

（4）防水层完成后应加强成品保护，防止压破、刺穿、划痕损坏防水层，经验收合格后及时铺设桥面铺装层。

3. 质量验收

施工质量验收标准参照《铁路桥涵工程施工质量验收标

准》(TB 10415—2018)，施工允许偏差应符合下列规定：

（1）桥面排水设施的设置应符合设计要求，泄水管应畅通无阻。

（2）桥面泄水口应低于桥面铺装层10～15mm。

（3）泄水管安装应牢固可靠，与铺装层及防水层之间应结合密实，无渗漏现象；金属泄水管应进行防腐处理。

（4）桥面泄水口位置允许偏差应符合表5.25的规定。

表5.25 桥面泄水口位置允许偏差

项目	允许偏差（mm）	检验频率		检验方法
		范围	点数	
高程	0 −10	每孔	1	用水准仪测量
间距	±100	每孔	1	用钢尺量

（5）防水材料的品种、规格、性能、质量应符合设计要求和相关标准规定。

（6）防水层、黏结层与基层之间应密贴，结合牢固。

（7）混凝土桥面防水层黏结质量和施工允许偏差应符合表5.26的规定。

表5.26 混凝土桥面防水层黏结质量和施工允许偏差

项目	允许偏差（mm）	检验频率		检验方法
		范围	点数	
卷材接槎搭接宽度	不小于规定	每20延长米	1	用钢尺量
防水涂膜厚度	符合设计要求；设计未规定时±0.1	每200m²	4	用测厚仪检测

续表

项目	允许偏差（mm）	检验频率		检验方法
		范围	点数	
黏结强度（MPa）	不小于设计要求，且≥0.3（常温），≥0.2（气温≥35℃）	每200m²	4	拉拔仪（拉拔速度：10mm/min）
抗剪强度（MPa）	不小于设计要求，且≥0.4（常温），≥0.3（气温≥35℃）	1组	3个	剪切仪（剪切速度：10mm/min）
剥离强度（N/mm）	不小于设计要求，且≥0.3（常温），≥0.2（气温≥35℃）	1组	3个	90°剥离仪（剪切速度：100mm/min）

（8）防水材料铺装或涂刷外观质量和细部做法应符合下列要求：

① 卷材防水层表面平整，不得有空鼓、脱层、裂缝、翘边、油包、气泡和褶皱等现象；

② 涂料防水层的厚度应均匀一致，不得有漏涂处；

③ 防水层与泄水口、汇水槽接合部位应密封，不得有漏封处。

4. 安全与环保措施

（1）安全要求

① 在桥边作业时，注意脚下，防止坠落事故。

② 施工时，注意材料管理，不要随意堆放。

③ 在大风及雨雪天气，尽量减少桥面作业，防止滑倒及坠落事故。

（2）环保要求

① 施工过程中产生的垃圾集中处理，严禁直接丢弃至

桥下。

② 防水层涂料采用新型环保材料，减少环境污染。

③ 施工过程中产生的废水，需处理后再排放，防止水污染。

5.5.2 伸缩装置

1. 施工要点

（1）伸缩装置安装前应检查修正梁端预留缝的间隙，缝宽应符合设计要求，上下必须贯通，不得堵塞。伸缩装置应锚固可靠，浇筑锚固段（过渡段）混凝土时应采取措施防止堵塞梁端伸缩缝隙。

（2）伸缩装置安装前应对照设计要求、产品说明，对成品进行验收，合格后方可使用。安装伸缩装置时应按安装时气温确定安装定位值，保证符合设计伸缩量要求。

（3）伸缩装置宜采用后嵌法安装，即先铺桥面层，再切割出预留槽安装伸缩装置。

（4）伸缩装置安装时其间隙量定位值应由厂家根据施工时气温在工厂完成，用定位卡固定。如需在现场调整间隙量，应在厂家专业人员指导下进行，调整定位并固定后应及时安装。

（5）伸缩装置应使用专用车辆运输，按厂家标明的吊点进行吊装，防止变形。现场堆放场地应平整，并避免雨淋暴晒和防尘。

（6）安装前应按设计和产品说明书要求检查锚固筋规格和间距、预留槽尺寸，确认符合设计要求，并清理预留槽。

（7）分段安装的长伸缩装置需现场焊接时，宜由厂家专业人员施焊。

(8) 混凝土达到设计强度后，方可拆除定位卡。

2. 质量要点

(1) 伸缩装置中心线与梁段间隙中心线应对正重合。伸缩装置顶面各点高程应与桥面横断面高程对应一致。

(2) 伸缩装置的边梁和支承箱应焊接锚固，并应在作业中采取防止变形措施。

(3) 过渡段混凝土与伸缩装置相接处应使用密封条。

3. 质量验收

施工质量验收标准参照《铁路桥涵工程施工质量验收标准》（TB 10415—2018），施工允许偏差应符合下列规定：

(1) 伸缩装置的形式和规格必须符合设计要求，缝宽应根据设计规定和安装时的气温进行调整。

(2) 伸缩装置安装时焊接质量和焊缝长度应符合设计要求和规范规定，焊缝必须牢固，严禁用点焊连接。大型伸缩装置与钢梁连接处的焊缝应做超声波检测。

(3) 伸缩装置锚固部位的混凝土强度应符合设计要求，表面应平整，与路面衔接应平顺。

(4) 伸缩装置安装允许偏差应符合表 5.27 的规定。

表 5.27 伸缩装置安装允许偏差

项目	允许偏差（mm）	检验频率		检验方法
		范围	点数	
顺桥平整度	符合道路标准	每条缝	每车道 1 点	按道路检验标准检测
相邻板差	2			用钢尺和塞尺量
缝宽	符合设计要求			用钢尺量，任意选点
与桥面高差	2			用钢板尺和塞尺量
长度	符合设计要求		2 点	用钢尺量

(5) 伸缩装置应无渗漏、无变形，伸缩缝应无阻塞。

4. 安全与环保措施

(1) 安全要求

① 桥面两侧在施工时应布设临时护栏。

② 作业人员在施工时，尽量远离护栏，严禁倚靠。

③ 遇极端天气时，应停止施工，防止事故发生。

(2) 环保要求

① 选择节能环保的机械设备，减少能源消耗及废气排放。

② 施工产生的废水，及时集中处理，避免污染场地。

③ 在干燥天气，施工场地注意及时洒水、降尘。

5.5.3 声屏障

1. 施工要点

(1) 声屏障的加工模数宜由桥梁两伸缩缝之间长度确定。

(2) 声屏障必须与钢筋混凝土预埋件牢固连接。

(3) 5级（含）以上大风时不得进行声屏障安装。

2. 质量要点

(1) 声屏障应连续安装，不得留有间隙，在桥梁伸缩缝部位应按设计要求处理。

(2) 安装时应选择桥梁伸缩缝一侧的端部为控制点，依序安装。

3. 质量验收

施工质量验收标准参照《铁路桥涵工程施工质量验收标准》（TB 10415—2018），施工允许偏差应符合下列规定：

(1) 声屏障安装允许偏差应符合表5.28的规定。

表 5.28　声屏障安装允许偏差

项目	允许偏差（mm）	检验频率		检验方法
		范围	点数	
中线偏差	10	每柱（抽查 30%）	1	用经纬仪和钢尺量
顶面高程	±20	每柱（抽查 30%）	1	用水准仪测量
金属立柱中距	±10	每处（抽查 30%）		用钢尺量
金属立柱垂直度	3	每柱（抽查 30%）	2	用垂线和钢尺量，顺、横桥各 1 点
屏体厚度	±2	每处（抽查 15%）	1	用游标卡尺量
屏体宽度、高度	±10	每处（抽查 15%）	1	用钢尺量

（2）声屏障的降噪效果应符合设计要求；检查数量和检查方法：按环保或设计要求方法检测。

4.安全与环保措施

（1）安全要求

① 高空作业时，人员需系好安全带，防止坠落。

② 机械设备定期检查、保养，防止机械故障造成的伤害。

③ 严禁人员酒后作业，班前应进行人员检查。

（2）环保要求

① 施工时，注意作业时间，居民区附近作业时，尽量避免夜间施工。

② 采用低噪声设备，减少噪声污染。

③ 夜间施工时，照明设备需配备灯罩，避免光源直接照射居民区。

参考文献

[1] 中华人民共和国住房和城乡建设部. 地下铁道工程施工质量验收标准：GB/T 50299—2018[S]. 北京：中国建筑工业出版社，2018.

[2] 中华人民共和国国家质量监督检验检疫总局. 预拌混凝土：GB/T 14902—2012[S]. 北京：中国标准出版社，2012.

[3] 中华人民共和国住房和城乡建设部. 建筑地基基础工程施工质量验收标准：GB 50202—2018[S]. 北京：中国计划出版社，2018.

[4] 中华人民共和国住房和城乡建设部. 建筑基坑支护技术规程：JGJ 120—2012[S]. 北京：中国建筑工业出版社，2012.

[5] 中华人民共和国住房和城乡建设部. 建筑深基坑工程施工安全技术规范：JGJ 311—2013[S]. 北京：中国建筑工业出版社，2013.

[6] 中华人民共和国住房和城乡建设部. 混凝土结构工程施工质量验收规范：GB 50204—2015[S]. 北京：中国建筑工业出版社，2012.

[7] 中华人民共和国住房和城乡建设部. 混凝土结构工程施工规范：GB 50666—2011[S]. 北京：中国建筑工业出版社，2011.

[8] 中华人民共和国住房和城乡建设部. 地下防水工程质量验收规范：GB 50208—2011[S]. 北京：中国建筑工业出版社，2011.

[9] 中华人民共和国住房和城乡建设部. 建筑机械使用安全技术规程：JGJ 33—2012[S]. 北京：中国建筑工业出版社，2012.

[10] 中华人民共和国建设部. 施工现场临时用电安全技术规范：

JGJ 46—2005[S]. 北京：中国建筑工业出版社，2005.

[11] 中华人民共和国住房和城乡建设部. 混凝土结构设计规范：GB 50010—2010[S]. 北京：中国建筑工业出版社，2011.

[12] 国家铁路局. 钢轨焊接 第 4 部分：气压焊接：TB/T 1632.4—2014[S]. 北京：中国铁道出版社，2015.

[13] 国家铁路局. 铁路桥涵工程施工质量验收标准：TB 10415—2018[S]. 北京：中国铁道出版社，2019.

[14] 中华人民共和国国家质量监督检验检疫总局. 钢筋混凝土用钢 第 2 部分：热轧带肋钢筋：GB/T 1499.2—2018[S]. 北京：中国标准出版社，2018.

[15] 中华人民共和国住房和城乡建设部. 混凝土泵送施工技术规程：JGJ/T 10—2011[S]. 北京：中国建筑工业出版社，2012.

[16] 中华人民共和国国家质量监督检验检疫总局. 预应力混凝土用钢丝：GB/T 5223—2014[S]. 北京：中国标准出版社，2015.

[17] 中华人民共和国国家质量监督检验检疫总局. 预应力混凝土用钢绞线：GB/T 5224—2014[S]. 北京：中国标准出版社，2015.

[18] 中华人民共和国国家质量监督检验检疫总局. 预应力筋用锚具、夹具和连接器：GB/T 14370—2015[S]. 北京：中国标准出版社，2016.

[19] 中华人民共和国住房和城乡建设部. 盾构法隧道施工及验收规范：GB 50446—2017[S]. 北京：中国建筑工业出版社，2017.

[20] 中华人民共和国住房和城乡建设部. 建筑工程施工质量验收统一标准：GB 50300—2013[S]. 北京：中国建筑工业出版社，2014.

[21] 中华人民共和国住房和城乡建设部. 钢结构工程施工质量验收标准：GB 50205—2020[S]. 北京：中国计划出版社，2020.

[22] 中华人民共和国住房和城乡建设部. 建筑节能工程施工质量验收标准：GB 50411—2019[S]. 北京：中国建筑工业出版社，2019.

[23] 中华人民共和国建设部. 建筑桩基技术规范:JGJ 94—2008[S]. 北京:中国建筑工业出版社,2008.
[24] 中华人民共和国住房和城乡建设部. 建筑施工模板安全技术规范:JGJ 162—2008[S]. 北京:中国建筑工业出版社,2008.